厦门海关年鉴

2022

《厦门海关年鉴（2022）》编纂委员会——编著

中国海关出版社有限公司
·北京·

图书在版编目（CIP）数据

厦门海关年鉴.2022/《厦门海关年鉴（2022）》编纂委员会编著.—北京：中国海关出版社有限公司，2023.1
（中国海关史料丛书）
ISBN 978－7－5175－0637－9

Ⅰ.①厦… Ⅱ.①厦… Ⅲ.①海关—厦门—2022—年鉴 Ⅳ.①F752.55-54

中国国家版本馆 CIP 数据核字（2023）第 012194 号

厦门海关年鉴（2022）

XIAMEN HAIGUAN NIANJIAN（2022）

作　　者：《厦门海关年鉴（2022）》编纂委员会
责任编辑：景小卫　孙　暘
出版发行：中国海关出版社有限公司
社　　址：北京市朝阳区东四环南路甲 1 号　　邮政编码：100023
编 辑 部：01065194242-7535（电话）
发 行 部：01065194221/4238/4246/5127（电话）
社办书店：01065195616（电话）
https://weidian.com/?userid=319526934（网址）
印　　刷：北京盛通印刷股份有限公司　　经　　销：新华书店
开　　本：889mm×1194mm　1/16
印　　张：19.75　　字　　数：326 千字
版　　次：2023 年 1 月第 1 版
印　　次：2023 年 1 月第 1 次印刷
书　　号：ISBN 978－7－5175－0637－9
定　　价：200.00 元

《厦门海关年鉴（2022）》编纂委员会

《厦门海关年鉴（2022）》编辑部

编辑说明

一、《厦门海关年鉴》是厦门海关根据海关总署关于编纂海关年鉴的统一部署要求，由厦门海关主办、年鉴编纂委员会承编的行业性综合年鉴，一年出版一鉴，2022 年为首次编撰。

二、《厦门海关年鉴》坚持以习近平新时代中国特色社会主义思想为指导，将巩固拓展党史学习教育成果与系统总结海关历史经验紧密结合起来，坚持依法依规编纂，全面、客观记录新时代厦门海关改革发展历程，充分发挥年鉴存史、资政、育人作用。

三、《厦门海关年鉴（2022）》（即本期年鉴）的记述时间为 2021 年 1 月 1 日至 12 月 31 日。此时段内，厦门海关发生的重大事件及其背景、社会影响，改革发展的新业绩、新成就等，以图照、文章、条目、表格等形式收录其中，个别内容根据实际需要适当上溯。

四、本期年鉴的编纂体例由类目、分目、条目组成，采取条块结合的记述方式。类目分为特载、专记、政治建设、业务建设、政务及后勤保障、隶属海关、事业单位、荣誉榜、大事记、附录和索引；分目则根据工作职能细分，业务内容有交叉重叠的，以海关机构“三定”职责划分为准；条目为基本记述单元，记载年内基本情况和发生的大事、要事、特事，一事一条。全书共设有 11 个类目、41 个分目、417 个条目。荣誉榜集中展现本关获得厅局级以上表彰奖励的集体、个人荣誉事项，缉私局所获荣誉没有收录。

五、本期年鉴统一写法，文中提到的“总署”专指“海关总署”；“总关”专指“厦门海关”；直属海关管辖范围称“关区”，隶属海关管辖范围称“辖区”；“自贸区”“自贸试验区”均指“自由贸易试验区”；“全年”“当年”“年内”“年底”“上半年”“下半年”和未指明的年份均对应“2021 年”；“同比”均指“与上年（同期）相比”。

六、本期年鉴在“附录”中列“厦门海关各部门单位全称与简称对照表（2021 年）”“缩略语”，以帮助读者理解单位名称、缩略语、专业术语的含义。

七、本期年鉴单位名称、标点符号、统计数据均按国家有关规定执行，计量单位采用国家法定计量单位和国际单位，技术规范、专业名词从规范要求。货币单位为“元”的，均指人民币。

八、本期年鉴数据以本关统计部门提供为准，未列入统计范围的以业务主管部门提供为准。文中引用数据一般保留小数点后两位，附录统计表保留小数点后一位。因四舍五入，个别合并项与分项和之间略有差异。如与年度发布的统计数据有所出入，以发布数据为准。

九、本期年鉴所收录资料，由厦门海关各部门单位主笔编写提供，编辑部组织进行汇集编撰、核校，并经有关领导审核。年鉴条目作者不随条目署名，采用各分目集中署名方式，按姓氏笔画排序。

前言

年鉴，是史志的一种类型。

“治天下者以史为鉴，治郡国者以志为鉴。”中华民族历来就有治史、学史、用史的光荣传统。习近平总书记指出，“以史为鉴，可以知兴替。我们要用历史映照现实、远观未来”。一百年来，我们党在领导革命、建设和改革的过程中，一贯重视对历史经验的总结和运用，在探究历史规律中掌握历史主动，凝聚智慧力量，不断从胜利走向胜利。

2021年，海关总署首次启动海关年鉴编纂工作。这是海关系统贯彻落实习近平总书记关于深化党史学习教育和修志用志系列重要指示批示精神的具体举措，也是当代海关人的神圣使命和历史责任，必将为新时代海关的改革发展提供强大的精神动力和丰富的史实支撑。

厦门海关历史悠久。早在北宋时期，厦门关区就有类似于海关职能的机构——泉州市舶司。清康熙二十三年（1684年），厦门正式设关，时称“闽海关厦门口”。清同治元年（1862年）3月，设立“厦门关税务司署”，亦称厦门新关、洋关。1950年6月，废“厦门关税务司署”旧称，启称“中华人民共和国厦门海关”。1980年2月，国务院改革海关管理体制，海关建制收归中央，厦门海关直属海关总署领导。1984年7月，国务院批准调整厦门海关为厅局级机构。当前，厦门海关关区范围为福建省厦门市、泉州市、漳州市、龙岩市，总面积4.42万平方千米，海岸线长1,474千米；关区内有空港口岸2个、海港口岸3个、开放港区17个，各类海关监管场所78处、海关特殊监管区域4处、陆地港2处，水、陆、空、邮等海关监管业务一应俱全。

截至2021年年底，厦门海关行政编制2,302名（不含缉私警察编制），实有2,261人；事业编制487名，实有318人。内设20个正处级机构（不含缉私局）：办公室（党委办公室）、法规处、综合业务处、自贸区和特殊区域发展处、关税处、卫生检疫处、动植物检疫处、进出口食品安全处、商品检验处、口岸监管处、统计分析处、企业管理和稽查处、财务处、科技处、督察内审处、人事处（党委组织部）、教育处、机关党委（思想政治工作办公室、党委宣传部、党委巡察工作办公室）、监察室（党委纪检组）、离退休干部办公室。下设 1 个副厅级隶属海关：泉州海关。下设 13 个正处级隶属海关单位：厦门机场海关、厦门邮轮港海关、东山海关、翔安海关、厦门邮局海关、高崎海关、集同海关、东渡海关、海沧海关、古雷海关、漳州海关、龙岩海关、厦门海关风险防控分局。管理 9 个事业单位：厦门海关后勤管理中心、厦门海关技术中心、厦门海关海峡两岸农产品技术中心、厦门国际旅行卫生保健中心（厦门海关口岸门诊部）、中国质量认证中心厦门海关评审中心、厦门海关培训中心、泉州海关综合技术服务中心、漳州海关综合技术服务中心、东山海关综合技术服务中心。代管 1 个海关总署事业单位：中国电子口岸数据中心厦门分中心。

厦门海关历来重视志书的编修工作，已正式出版的《厦门海关志（1684—1989）》《厦门海关志（1990—2015）》两本行业志，得到了专家学者、系统内外单位和有关领导的高度肯定。编纂《厦门海关年鉴（2022）》，是关史研究工作的重要组成部分，也是关区文化建设的一件大事。关党委高度重视年鉴编纂工作，党委书记、关长郑巨刚就加强关史研究、推进年鉴编纂提要求作指示，并审定编纂大纲，组织开展全书出版前的审核验收；关党委委员、政治部主任、厦门海关关史研究领导小组组长张毅东出席年鉴工作动员暨撰稿培训会，对开展年鉴编纂进行动员部署，研究指导推进措施；其他关领导对各自分管单位和业务内容认真审核把关。厦门海关成立年鉴编纂委员会，由关长任主任委员，其他关领导任副主任委员，总工程师、总检验师，各职能部门、隶属海关单位、事业单位主要负责人为编纂委员会委员，编纂委员会下设编辑部，负责年鉴编纂工作的组织协调、培训指导和推进落实，统筹实施组稿、撰稿、统稿、编辑、审稿、报送出版等工作。

《厦门海关年鉴（2022）》全面客观地记载了 2021 年厦门海关重要时事、文献和统计资料，集中准确地反映了改革发展取得的积极成就，展示了厦门海关人迎难而上、开拓进取、拼搏奋进的精神风貌，是一卷年度综合性资料文献。有以下三个特点：其一，坚持“讲政治”。坚持政治立场不移、政治方向不偏，《厦门海关年鉴（2022）》内容上认真贯彻党和国家的路线、方针、政策，坚定不移同党中央保持高度一致，用唯物史观和正确党史观记述事件。其二，确保“真实性”。让历史说话，让史实发言。坚持科学严谨、实事求是，广泛开展调查研究，认真搜集整理资料，以大量的原始材料支撑年鉴编撰，用鲜活生动的事实讲好厦门海关故事。其三，突出“有特色”。《厦门海关年鉴（2022）》反映了厦门海关在口岸监管、税收征管、查缉走私、海关统计、检验检疫等方面的改革发展新思路、新业绩和新经验，尤其体现了在服务海峡两岸经贸发展、推动自贸试验区建设等方面的作为和贡献，充分体现了海关元素，彰显了厦门关区业务特色。

《厦门海关年鉴（2022）》编纂工作得到了全关上下的大力支持。各部门单位认真组织、扎实推进，主要负责人多次把关、及时研究解决实际问题，组织精干力量撰写文稿、审核会稿，特别是在本土新冠肺炎疫情反复期间及时设置年鉴工作 AB 角，确保了撰稿质量和进度。泉州海关就年鉴编纂工作专门成立专班并制发具体工作方案；办公室、统计处、督审处、巡察办、翔安海关、古雷海关、数据分中心 7 个部门单位先行先试，撰写样本稿件，为其他部门单位年鉴文稿撰写提供体例规范、格式要求等参考，对推动关区年鉴工作起到了引领和示范作用。

《厦门海关年鉴（2022）》编纂历时 9 个多月，凝聚了全体厦门海关人的智慧和心血。在此，谨对所有关心、指导编纂工作的领导、专家、同事给予的大力支持和无私帮助，致以诚挚的感谢和崇高的敬意。

由于首次编纂并受限于编者水平，书中难免有错漏之处，欢迎批评指正。

总　目

第一篇　特　载 ………………………… 1
厦门海关组织架构 ……………………… 3
在2021年厦门海关工作会议上的讲话 ……………………………… 4
在2021年厦门海关全面从严治党工作会议上的讲话 ………………… 14

第二篇　专　记 ……………………… 21
厦门海关庆祝中国共产党成立100周年系列活动和党史学习教育 … 23
厦门海关学习宣传贯彻党的十九届六中全会精神 ………………… 29
厦门海关统筹推进新冠肺炎疫情防控和促进外贸稳增长工作情况 …… 32

第三篇　政治建设 …………………… 39
党建工作 ………………………… 41
巡视巡察工作 …………………… 46
纪检工作 ………………………… 49
干部队伍建设 …………………… 52
教育培训 ………………………… 55

第四篇　业务建设 …………………… 57
法治建设 ………………………… 59
业务改革与发展 ………………… 63
自贸区和特殊监管区域管理 ……… 68
风险管理 ………………………… 72
关税征管 ………………………… 76
卫生检疫 ………………………… 79
动植物检疫 ……………………… 83
食品安全监管 …………………… 87
商品检验 ………………………… 91
口岸监管 ………………………… 95
统计分析 ………………………… 100
企业管理和稽查 ………………… 103
查缉走私 ………………………… 107
科技应用 ………………………… 110

第五篇　政务及后勤保障 ……… 113
政务管理 ………………………… 115
财务管理 ………………………… 120
督察内审 ………………………… 123
离退休干部工作 ………………… 127

第六篇　隶属海关 ……………… 131
泉州海关 ………………………… 133
厦门机场海关 …………………… 140
厦门邮轮港海关 ………………… 145
东山海关 ………………………… 148
翔安海关 ………………………… 151
厦门邮局海关 …………………… 156
高崎海关 ………………………… 160
集同海关 ………………………… 165
东渡海关 ………………………… 169

海沧海关 …………………………… 173
古雷海关 …………………………… 178
漳州海关 …………………………… 183
龙岩海关 …………………………… 187

第七篇　事业单位 ………………… 191
后勤管理中心 ……………………… 193
厦门海关技术中心 ………………… 196
厦门国际旅行卫生保健中心 ……… 200
厦门海关培训中心 ………………… 203
中国电子口岸数据中心厦门分中心 …………………………… 206

第八篇　荣誉榜 …………………… 209
厦门海关首次荣获“光荣在党 50 年”纪念章名单 ………………… 211
2021 年度厦门海关获得厅局级以上单位部门表彰的集体荣誉一览表 …………………………………… 212
2021 年度厦门海关获得厅局级以上单位部门表彰的个人荣誉一览表 …………………………………… 215

第九篇　大事记 …………………… 219
2021 年厦门海关大事记 ………… 221

附　录 ……………………………… 235
厦门海关统计资料 ………………… 237
厦门海关各部门单位全称与简称对照表（2021 年） …………… 255
缩略语 ……………………………… 257

索　引 ……………………………… 261

目　录

海关专题图片 …………………………… 1

第一篇　特　载

厦门海关组织架构 ……………………… 3
在 2021 年厦门海关工作会议上的讲话 …… 4
在 2021 年厦门海关全面从严治党工作会议
　上的讲话 ……………………………… 14

第二篇　专　记

厦门海关庆祝中国共产党成立 100 周年
　系列活动和党史学习教育 …………… 23
厦门海关学习宣传贯彻党的十九届六中全会
　精神 …………………………………… 29
厦门海关统筹推进新冠肺炎疫情防控和
　促进外贸稳增长工作情况 …………… 32

第三篇　政治建设

党建工作 ……………………………… 41
　概况 ………………………………… 41
　党史学习教育 ……………………… 41
　落实党建主体责任 ………………… 42
　夯实党建工作基础 ………………… 42
　厦门机场海关机关党委被中共中央
　　授予“全国先进基层党组织”
　　荣誉称号 ………………………… 43
　培树先进典型 ……………………… 43
　“厦门海关政治保卫成果展厅”
　　改造升级 ………………………… 43
　专项教育整顿 ……………………… 44
　廉政教育及内务规范等工作 ……… 44
　群团工作 …………………………… 44
巡视巡察工作 ………………………… 46
　概况 ………………………………… 46
　配合总署党委巡视及推进巡视反馈
　　问题整改“见底清零” ………… 46
　党委巡察监督 ……………………… 47
　巡察反馈及巡察“回头看” ……… 48
　巡察制度和干部队伍建设 ………… 48
纪检工作 ……………………………… 49
　概况 ………………………………… 49
　政治监督 …………………………… 49
　疫情防控监督 ……………………… 49
　巡视整改监督 ……………………… 50
　党委派驻监督 ……………………… 50
　“现场监管与外勤执法权力寻租”
　　专项整治 ………………………… 50
　执纪问责 …………………………… 51

廉政警示教育 …… 51
干部队伍建设 …… 52
概况 …… 52
机构及职能配置优化 …… 52
干部录用及选拔任用 …… 52
干部培养锻炼 …… 52
考核机制建设 …… 52
干部监督 …… 53
专业技术评定与职称评审 …… 53
事业单位岗位设置管理 …… 53
工资管理 …… 53
奖励 …… 53
关衔授予与调整 …… 53
疫情防控人力资源调配和健康管理 …… 53
教育培训 …… 55
概况 …… 55
专业能力提升行动 …… 55
政治能力培训 …… 55
综合培训 …… 55
教学资源建设 …… 56
教育培训研究 …… 56

第四篇　业务建设

法治建设 …… 59
概况 …… 59
海关立法 …… 59
行政复议 …… 59
行政应诉 …… 60
执法规范化建设 …… 60
公职律师管理 …… 60
“证照分离”改革 …… 60
政务服务事项管理 …… 61
普法工作 …… 61
宪法宣传 …… 62
业务改革与发展 …… 63
概况 …… 63
口岸营商环境持续优化 …… 63
压缩通关时间 …… 63
禁止洋垃圾入境 …… 64
“两步申报”改革 …… 64
“两段准入”信息化监管 …… 64
业务改革评估 …… 65
新一代通关管理系统 3.0 版切换 …… 65
通关运行管理 …… 65
技术性贸易措施应对 …… 65
技术规范标准制定 …… 65
知识产权海关保护 …… 66
口岸开放与发展 …… 67
自贸区和特殊监管区域管理 …… 68
概况 …… 68
张晓晖获“厦门经济特区建设40周年先进模范人物”荣誉 …… 68
自由贸易试验区监管制度创新 …… 68
“企业集团加工贸易监管模式”创新 …… 69
改革试点经验在关区复制推广 …… 69

海关特殊监管区域高水平开放高质量发展 …… 69
RCEP 政策措施试点 …… 70
对标国际政策研究 …… 70
区外加工贸易业务 …… 70
加工贸易内销便利化水平进一步提升 …… 70
集成电路保税检测 …… 70
网购保税业务发展 …… 71
业务风险防范 …… 71
风险管理 …… 72
概况 …… 72
信息情报收集利用 …… 72
风险布控 …… 72
行业性伪瞒报情事查处 …… 72
非法进口固体废物风险防控 …… 73
濒危动植物及其制品、野生动物及其产品走私查处 …… 73
文物及出口违禁品走私查处 …… 73
“非贸业务一体化监管平台”投入使用 …… 74
海关后续管理风险防控 …… 74
大数据应用 …… 74
内控评估 …… 75
口岸安全风险联合防控机制 …… 75
关税征管 …… 76
概况 …… 76
国家税收优惠政策落地落实 …… 76
税收征管质量提升 …… 76
通关纳税便利措施持续优化 …… 77
关税技术支持 …… 77
税政调研 …… 77
RCEP 政策研究宣传准备工作 …… 77
属地纳税人管理 …… 78
关税队伍素质能力提升 …… 78
卫生检疫 …… 79
概况 …… 79
口岸新冠肺炎疫情防控 …… 79
内部新冠肺炎疫情防控 …… 80
“多病同防” …… 80
病媒生物检出 …… 81
口岸卫生监督 …… 81
口岸公共卫生核心能力建设 …… 81
卫生检疫专题宣传 …… 81
检疫审批便利化措施 …… 82
动植物检疫 …… 83
概况 …… 83
动植物检疫 …… 83
外来入侵物种防控 …… 84
生物安全监测 …… 84
检疫便利化措施 …… 84
种牛及水生动物种苗入境检疫 …… 85
支持特色农产品出口 …… 85
检疫处理资质管理 …… 85
检疫规范化管理 …… 85
智慧动植检建设 …… 86
食品安全监管 …… 87
概况 …… 87
进口冷链食品疫情防控 …… 87
帮扶厦门燕窝产业发展 …… 88
食品安全两部规章宣传贯彻 …… 88

市场采购贸易方式出口预包装食品试点 …… 88
进口食品“国门守护”行动 …… 88
出口食品化妆品风险管理 …… 89
督促进出口食品安全各方责任进一步落实 …… 89
食品安全社会共治 …… 89
供厦食品标准体系建设 …… 89
食品安全专业能力提升 …… 89

商品检验 …… 91
概况 …… 91
禁止洋垃圾入境 …… 91
进出口危化品检验监管 …… 92
出口防疫医疗物资检验监管 …… 92
完善进出口商品质量安全风险预警和快速反应监管体系 …… 92
重点进出口商品检验监管 …… 93
消费品等重点敏感商品检验监管 …… 93
推行商品检验便利化措施 …… 93
支持平行进口汽车业务发展 …… 94

口岸监管 …… 95
概况 …… 95
运输工具监管 …… 95
口岸货物监管 …… 96
快件邮件监管 …… 96
跨境电商监管 …… 96
行李物品监管 …… 96
场所场地监管 …… 97
对台贸易监管 …… 97
中欧班列监管 …… 97
市场采购贸易监管 …… 97
安全生产专项整治三年行动 …… 98
口岸监管涉恐查缉 …… 98
智能审图应用 …… 98
监管装备管理 …… 98
监管工作用犬管理 …… 98
监控指挥体系建设 …… 99

统计分析 …… 100
概况 …… 100
海关统计专项调查 …… 100
数据质量控制 …… 100
业务统计指标调整 …… 100
业务统计质量管控 …… 101
数据监测与统计监督 …… 101
报关单申报项目调整 …… 101
报关单证档案管理 …… 101
进出口信息发布与服务 …… 101
监测预警分析研究 …… 102

企业管理和稽查 …… 103
概况 …… 103
执法规范化管理 …… 103
稽核查后续监管 …… 104
稽查业务改革 …… 104
核查业务改革 …… 104
企业资质管理及业务改革 …… 104
出口食品生产企业境外注册 …… 105
AEO 认证 …… 105
企业信用管理及业务改革 …… 105
属地查检 …… 106

查缉走私 …… 107
概况 …… 107

涉税走私查缉 …………………… 107
非涉税走私查缉 ………………… 107
走私关联犯罪查缉 ……………… 108
智慧缉私及刑事科学技术 ……… 108
缉私国际执法合作 ……………… 108
缉私执法规范化建设 …………… 109
“平安建设”综合治理 ………… 109
科技应用 ………………………… 110
概况 ……………………………… 110
实验室能力建设 ………………… 110
科技创新 ………………………… 111
“海关检疫 E 码通”功能
优化 …………………………… 111
厦门海关疫情防控专项应用
开发上线 ……………………… 111
“非执法领域管理联动平台”
优化升级 ……………………… 111
“执法办案动态监控应用”
二期部署上线 ………………… 112
网络安全和数据安全保障 ……… 112
网络通信畅通保障 ……………… 112

第五篇 政务及后勤保障

政务管理 ………………………… 115
概况 ……………………………… 115
厦门海关 2021 年工作会议及全面
从严治党工作会议 …………… 115
督查督办 ………………………… 115
应急值守 ………………………… 116
政策研究 ………………………… 116
信息编发与报送 ………………… 116
新闻宣传 ………………………… 116
机要保密 ………………………… 117
档案管理及开发利用 …………… 117
建议提案办理与信访工作 ……… 117
政务公开 ………………………… 117
外事及港澳台事务管理 ………… 118
海关学会工作 …………………… 118
财务管理 ………………………… 120
概况 ……………………………… 120
税费财务管理 …………………… 120
预决算管理 ……………………… 120
预算绩效管理 …………………… 120
涉案财物管理 …………………… 121
机关财务管理 …………………… 121
事业单位财务管理 ……………… 121
厦门海关获评“2021—2023 年全国
公共机构水效领跑者”称号 … 122
防疫物资保障 …………………… 122
督察内审 ………………………… 123
概况 ……………………………… 123
审计监督 ………………………… 123
审计整改 ………………………… 124
专项审计“百日自查” ………… 124
督察监督 ………………………… 124
专项督察 ………………………… 124
疫情防控监督 …………………… 125
内控机制建设 …………………… 125

"海关内部控制与监督子系统"应用 …… 125
执法评估 …… 125
专题评估 …… 126
离退休干部工作 …… 127
概况 …… 127
离退休干部政治建设 …… 127
离退休干部正能量活动 …… 128
离退休干部服务保障 …… 128
离退休干部信息化建设 …… 129

第六篇　隶属海关

泉州海关 …… 133
概况 …… 133
党建工作 …… 134
税收征管 …… 134
卫生检疫 …… 134
动植物检疫 …… 135
食品安全监管 …… 135
危化品监管与安全生产 …… 135
市场采购试点监管 …… 135
快件邮件监管 …… 136
综合保税区监管 …… 136
保税物流中心（B 型）监管 …… 136
金门供水监管 …… 137
压缩通关时间 …… 137
企业管理和稽查 …… 137
查缉走私 …… 137
实验室建设 …… 138
队伍管理 …… 138
泉州市舶司遗址申遗成功 …… 139
厦门机场海关 …… 140
概况 …… 140
党建工作 …… 141
空港进出境检验检疫 …… 141
空港口岸卫生监督 …… 141
空港航空器监管 …… 142
水生动物智能物流监管 …… 142
在途监管平台上线运行 …… 142
维护国门安全行动 …… 142
扶持空港免税店复工 …… 142
支持跨境电商发展 …… 143
助力航空维修产业复苏 …… 143
空港口岸营商环境优化 …… 143
科技助力抗疫 …… 144
国际到达第二通道启用 …… 144
防护督导常态化 …… 144
厦门邮轮港海关 …… 145
概况 …… 145
党建工作 …… 145
口岸疫情防控 …… 146
台湾水果入境检验检疫 …… 146
口岸安全生产管理 …… 146
承接同益码头业务 …… 147
推动五通客运码头三期核心能力建设 …… 147
厦金客轮"外贸转内贸"推进 …… 147
服务外贸发展 …… 147

东山海关 …………………………… 148
概况 …………………………… 148
党建工作 …………………………… 148
新冠肺炎疫情防控 …………………… 149
水产业发展帮扶工作 ……………… 149
优化营商环境 ……………………… 149
服务特色农产品出口 ……………… 150
口岸监管进一步加强 ……………… 150
服务中菲（律宾）“两国双园”项目 …………………………… 150
支持漳州核电项目建设 ………… 150
翔安海关 …………………………… 151
概况 …………………………… 151
党建工作 …………………………… 151
新冠肺炎疫情防控 …………………… 152
国门生物安全保障 ………………… 152
食品安全监控 ……………………… 152
安全生产 …………………………… 153
加贸保税监管 ……………………… 153
保税物流中心转型指导 ………… 154
优化营商环境 ……………………… 154
“外贸转内贸”业务办理 ……… 154
核查工作 …………………………… 154
查缉走私 …………………………… 154
大嶝对台小额商品交易市场管理升级 …………………………… 155
厦门邮局海关 ……………………… 156
概况 …………………………… 156
党建工作 …………………………… 156
新冠肺炎疫情防控 …………………… 157
寄递渠道监管 ……………………… 157
邮递渠道“清邮”行动 ………… 157
“国门绿盾 2021”行动………… 158
“国门利剑 2021”行动………… 158
打击跨境电商进口走私 ………… 158
深化改革服务发展 ………………… 159
智能审图建设 ……………………… 159
高崎海关 …………………………… 160
概况 …………………………… 160
党建工作 …………………………… 160
新冠肺炎疫情防控 …………………… 161
属地纳税人管理优化 ……………… 161
落实减免税优惠政策 ……………… 162
加工贸易保税监管 ………………… 162
智能审图 …………………………… 162
企业资质管理 ……………………… 162
企业信用管理 ……………………… 163
企业核查 …………………………… 163
“国门利剑 2021”行动………… 163
集同海关 …………………………… 165
概况 …………………………… 165
党建工作 …………………………… 166
新冠肺炎疫情防控 …………………… 166
维护国门生物安全 ………………… 166
安全生产 …………………………… 166
优化营商环境 ……………………… 167
促进外贸稳增长 …………………… 167
稽查发展与改革 …………………… 168
查缉走私 …………………………… 168
东渡海关 …………………………… 169
概况 …………………………… 169
党建工作 …………………………… 169

新冠肺炎疫情防控 …………………… 170
内部风险防控 ………………………… 170
检验检疫 ……………………………… 171
口岸监管 ……………………………… 171
服务地方经济发展 …………………… 172
打私效能提升 ………………………… 172
队伍管理与文化建设 ………………… 172
海沧海关 ………………………………… 173
概况 …………………………………… 173
党建工作 ……………………………… 173
新冠肺炎疫情防控 …………………… 174
口岸监管 ……………………………… 174
查获出口侵权卫生用品系列案 …… 175
优化口岸营商环境 …………………… 175
压缩通关时间 ………………………… 175
服务地方经济发展 …………………… 175
助力海沧港综合保税区通过
验收 ………………………………… 176
中欧（厦门）班列监管 …………… 176
支持厦门燕窝产业发展 …………… 176
政务运行提质增效 …………………… 177
古雷海关 ………………………………… 178
概况 …………………………………… 178
党建工作 ……………………………… 178
新冠肺炎疫情防控 …………………… 179
动植物疫情防控 ……………………… 179
出入境检验监管 ……………………… 179
推动古雷口岸公共卫生核心能力
建设 ………………………………… 179
支持古雷口岸扩大开放 …………… 179
推动加工贸易发展 …………………… 180
安全生产 ……………………………… 180
优化营商环境 ………………………… 181
助力石化产业加速发展 …………… 181
服务农林渔特色产业发展 ……… 181
支持林浆纸一体化项目 …………… 182
漳州海关 ………………………………… 183
概况 …………………………………… 183
党建工作 ……………………………… 184
新冠肺炎疫情防控 …………………… 184
出入境检疫监管 ……………………… 184
优化营商环境 ………………………… 185
扶持特色农产品出口 ……………… 185
创设“骐骥工作室”和“一线
工作站” …………………………… 185
“国门利剑2021”行动………… 185
监管新模式创新 ……………………… 186
海关检疫监管业务实训点建立 ……
……………………………………… 186
龙岩海关 ………………………………… 187
概况 …………………………………… 187
党建工作 ……………………………… 187
动植物检疫 …………………………… 188
危化品监管 …………………………… 189
助力龙岩革命老区高质量
发展 ………………………………… 189
支持跨境电商综合试验区
建设 ………………………………… 189
代管事业单位跨越发展 …………… 190

第七篇　事业单位

后勤管理中心 …………………………… 193
　概况 ………………………………… 193
　党史学习教育 ……………………… 193
　接受巡视巡察审计监督 ………… 193
　后勤服务 …………………………… 194
　企业监督管理 ……………………… 195
厦门海关技术中心 ………………… 196
　概况 ………………………………… 196
　党史学习教育 ……………………… 196
　新冠肺炎疫情防控 ………………… 197
　执法保障能力建设 ………………… 197
　动植物检疫鉴定 …………………… 197
　禁止进境废物鉴定 ………………… 197
　科研成果 …………………………… 198
　开拓检测市场业务 ………………… 198
　安全生产隐患排查整改 ………… 198
　实验室能力建设 …………………… 199
厦门国际旅行卫生保健中心 ……… 200
　概况 ………………………………… 200
　党史学习教育 ……………………… 200
　新冠肺炎疫情防控 ………………… 201
　实验室检测 ………………………… 201
　内控机制建设 ……………………… 201
　科研成果 …………………………… 201
　机构人员调整与岗位聘用 ……… 202
厦门海关培训中心 ………………… 203
　概况 ………………………………… 203
　党建工作 …………………………… 203
　培训疗养机构改革 ………………… 203
　国企改革 …………………………… 204
　集中封闭管理二级专班管理 …… 204
　地方疫情防控支援 ………………… 204
　高崎片区海关单位后勤保障 …… 204
　会议培训及疗养服务保障 ……… 205
　开拓服务发展空间 ………………… 205
中国电子口岸数据中心厦门分中心 …… 206
　概况 ………………………………… 206
　推动“关银一 KEY 通”项目
　　落地 ……………………………… 207
　“掌上单一窗口”手机 App 推广
　　应用 ……………………………… 207
　“进出口双信息放行应用系统”
　　优化升级 ………………………… 207
　数据分中心对外服务网站
　　下线 ……………………………… 207
　业务现场分拣线网络接入模式
　　逐步统一 ………………………… 207
　深化国际贸易“单一窗口”
　　标准版应用 ……………………… 207
　厦门口岸首家码头生产作业数据
　　联网接入 ………………………… 207
　厦门关区电子口岸用户服务 …… 208
　电子口岸专网分节点运行维护和
　　网络安全保障 …………………… 208

第八篇　荣誉榜

厦门海关首次荣获"光荣在党 50 年"纪念章名单 …… 211
2021 年度厦门海关获得厅局级以上单位部门表彰的集体荣誉一览表 …… 212
2021 年度厦门海关获得厅局级以上单位部门表彰的个人荣誉一览表 …… 215

第九篇　大事记

2021 年厦门海关大事记 …… 221

附　录

厦门海关统计资料 …… 237
厦门海关进出口商品年度总值表 …… 237
2021 年厦门海关进出口商品月度总值表 …… 239
2021 年厦门海关进出口商品国别（地区）前 30 位总值表 …… 240
2021 年厦门海关进出口商品贸易方式总值表 …… 242
2021 年厦门海关进出口企业性质总值表 …… 243
2021 年厦门海关进出口商品收发货人所在地总值表 …… 244
2021 年厦门海关进出口商品关别总值表 …… 246
2021 年厦门海关进出口商品运输方式总值表 …… 247
2021 年厦门海关进出口商品类章总值表 …… 248
厦门海关各部门单位全称与简称对照表（2021 年） …… 255
缩略语 …… 257

索　引

索　引 …… 263

"中国海关史料丛书" 编委会

"中国海关史料丛书" 编委会 …… 269

海关专题图片

▲厦门海关办公楼（厦门市思明区鹭江道 269 号）

领导活动

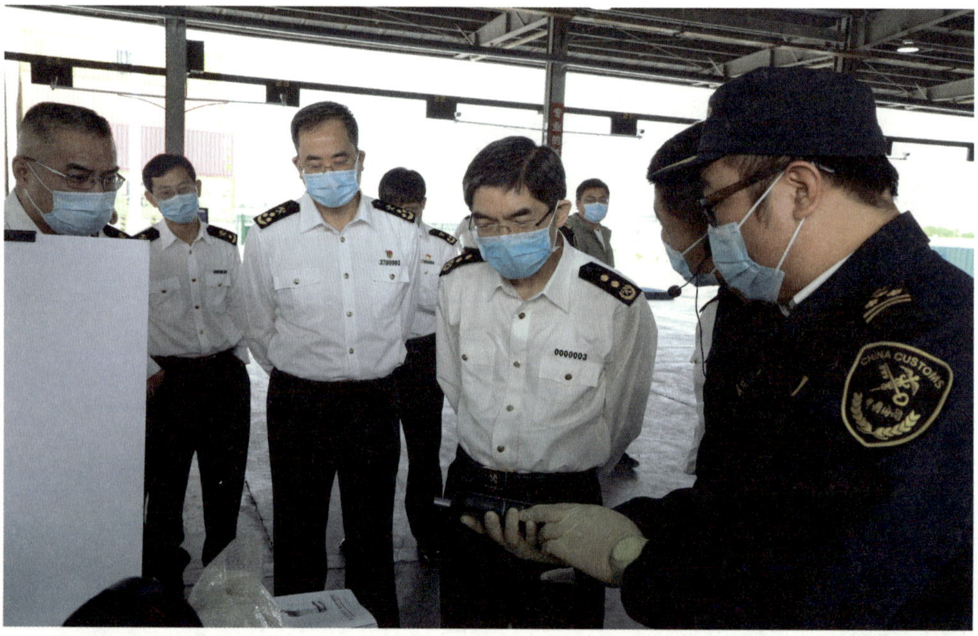

▲2021 年 4 月 8 日，总署党委委员、副署长王令浚（右三）在厦门海关业务现场调研

▲2021 年 10 月 22 日，总署党委委员、副署长邹志武（左二）在厦门美亚柏科信息股份有限公司调研

▲2021 年 2 月 9 日，福建省委常委、厦门市委书记赵龙（左二）在厦门海关调研新冠肺炎疫情防控工作

▲2021 年 7 月 13 日，福建省副省长郭宁宁（中）在东渡海关调研

◀ 2021 年 2 月 19 日，厦门海关党委书记、关长郑巨刚（右一）到海沧海关实地调研

2021 年 6 月 17 日，厦门海关党委书记、关长郑巨刚（右四）带领新提任的正处级领导干部参观厦门海关廉政警示教育室 ▶

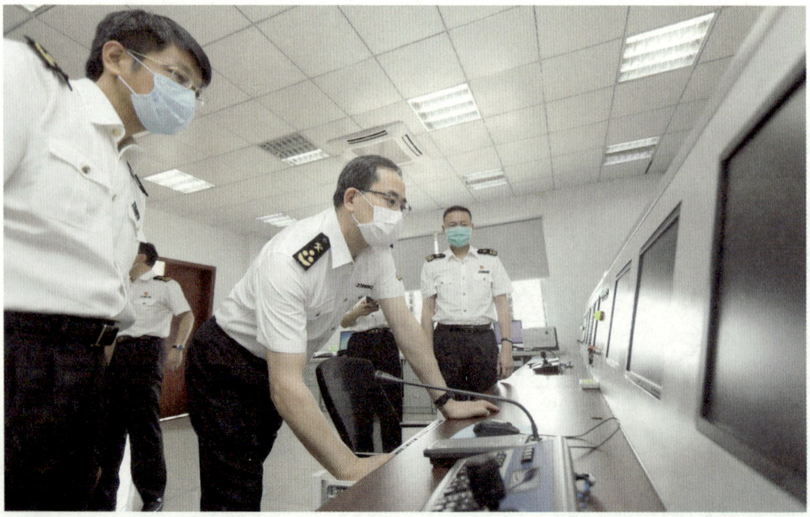

◀ 2021 年 7 月 7 日，厦门海关党委书记、关长郑巨刚（中）到东渡海关实地调研

2021 年 11 月 4 日，厦门海关党委委员、副关长叶超俊（中）到风控分局调研重点业务领域风险防控工作 ▶

◀ 2021 年 11 月 25 日，厦门海关党委委员、政治部主任张毅东（前排右二）到高崎海关业务现场调研

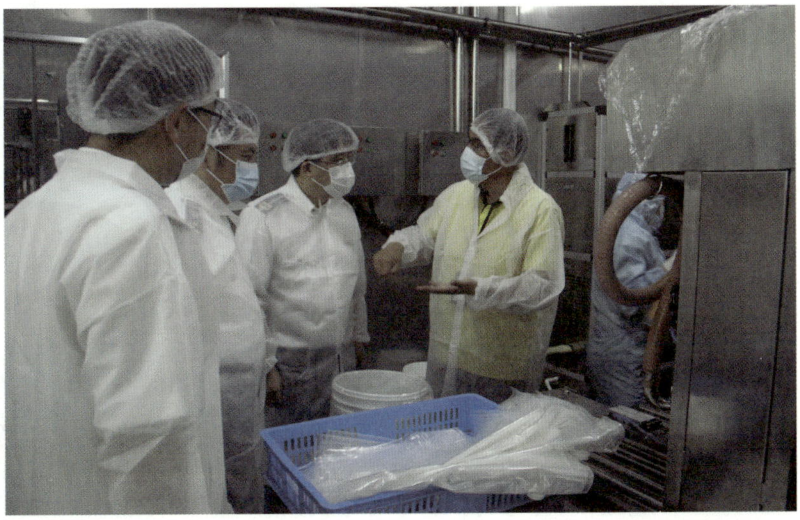

2021 年 5 月 24 日，厦门海关党委委员、副关长陈宇（左三）到古雷海关辖区企业调研 ▶

◀2021 年 5 月 14 日，厦门海关党委委员、副关长娄传永（左四）到泉州海关调研国际航行船舶船员疫情防控工作

2021 年 4 月 27 日，厦门海关党委委员、纪检组长周力（左一）到象屿保税区贝莱胜电子（厦门）有限公司调研 ▶

◀2021 年 3 月 3 日，厦门海关党委委员、副关长张冬冬（前排右二）参加 2021 年全国海关商品检验工作电视电话会议

2021年9月2日，厦门海关党委委员、泉州海关关长叶云（中）到泉州综保区调研 ▶

◀ 2021年7月2日，厦门海关党委委员、缉私局局长崔庆超（中）到机场海关缉私分局调研

党的建设

2021 年 2 月 3 日，厦门海关召开 ▶
基层党建工作述职评议会

◀ 2021 年 5 月 7 日，泉州海关机关
党委开展“四强”支部考评

2021 年 5 月 8 日，机场海关旅检 ▶
现场开展党建活动

◀ 2021年5月12日，翔安海关举办“百年党史大家讲，薪火传承谱新篇”活动

2021年5月21日，财务处、邮轮海关党员到五通纪念碑开展爱国主义教育 ▶

◀ 2021年6月18日，厦门海关党委集体参观“百年风华今正茂”——庆祝建党100周年书画摄影展

2021 年 6 月 22 日，厦门海关举办“学百年党史 做忠诚卫士”——庆祝建党 100 周年主题宣讲比赛 ▶

◀ 2021 年 7 月 1 日凌晨 2 点，厦门机场海关坚守入境卫生检疫岗位的关员，在航班间隙与党旗合影，庆祝中国共产党成立 100 周年

2021 年 7 月 2 日，后管中心开展党建知识竞赛活动 ▶

2021 年 7 月 5 日，厦门海关党委集体与“全国先进基层党组织”——厦门机场海关机关党委代表合影 ▶

◀ 2021 年 7 月 5 日，厦门海关举办庆祝建党 100 周年专场活动

队伍建设

2021 年，厦门海关准军事化队列训练考核 ▶

◀ 2021 年 4 月 1 日，漳州海关、漳州海关缉私分局共青团员参观“毛主席率领红军攻克漳州纪念馆”

2021 年 4 月 20 日，厦门海关党委集体参观厦门海关廉政警示教育室 ▶

2021 年 7 月 1 日，厦门海关 ▶
举行升旗仪式

◀ 2021 年 7 月 25 日，古海关遗址——泉州市舶司被列入世界文化遗产

2021 年 12 月 29 日，厦门海关召 ▶
开专业能力提升行动总结表彰会

疫情防控

◀2021 年 3 月 5 日，海沧海关关员对进口巴西大豆实施登轮检疫

2021 年 4 月 9 日，厦门海关组织开展国际邮轮新冠肺炎疫情防控桌面推演 ▶

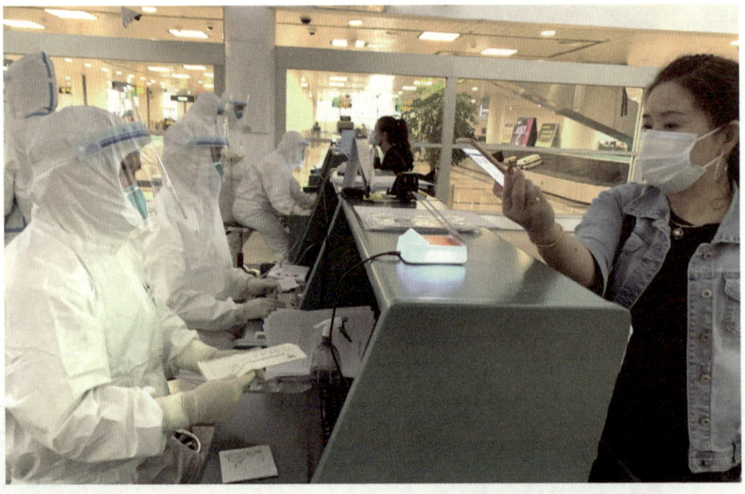

◀2021 年 4 月 14 日，厦门海关自主研发“海关检疫 E 码通”上线一周年，海关关员指导旅客进行电子健康申报

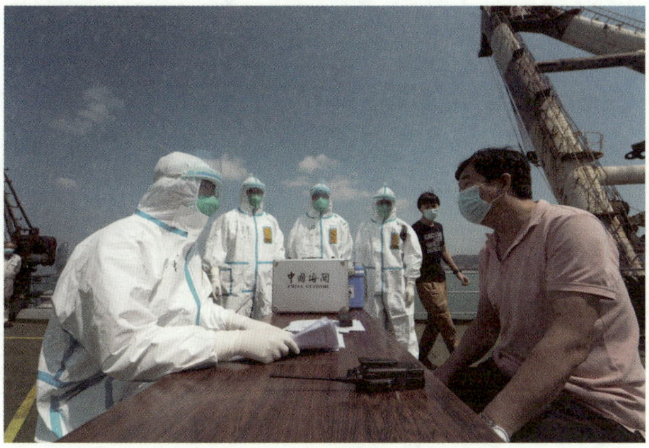

◀ 2021 年 4 月 28 日，东渡海关关员对入境船舶船员实施流行病学调查和医学排查

2021 年 4 月 30 日，东渡海关关员对入境船舶进行卫生检查 ▶

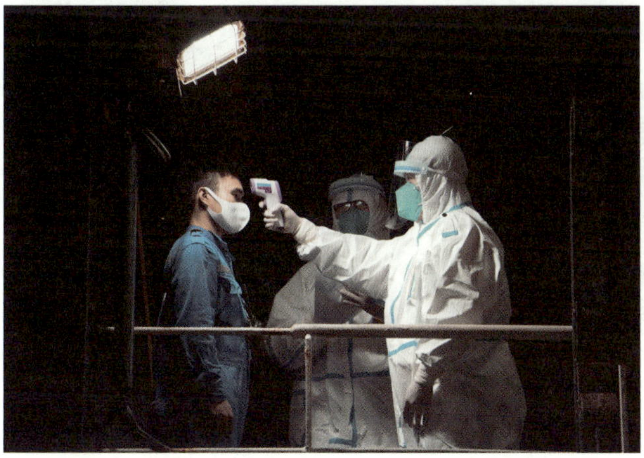

◀ 2021 年 5 月 27 日，东渡海关关员夜间对入境船舶实施检疫

2021 年 9 月 5 日，邮轮海关关员对办理“外转内”手续的“向阳红 03”号科考船开展登临检疫工作 ▶

业务建设

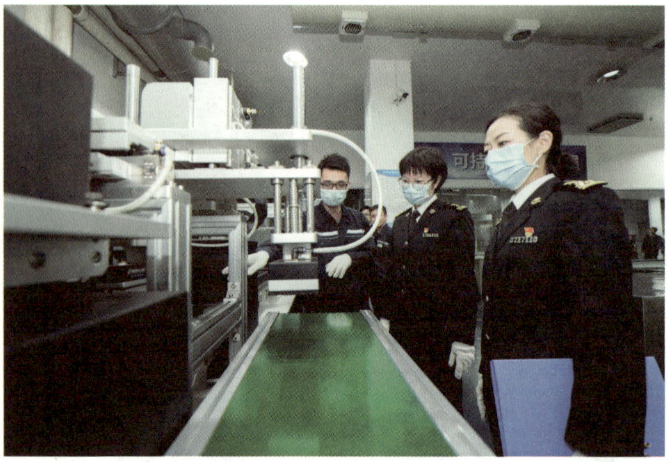

◀2021年1月8日，海沧海关关员到紫金矿业指导保税业务

2021年3月16日，东渡海关关员对福建自贸区（厦门片区）首家高端鱼类加工出口企业申请国外注册开展实地调研 ▶

◀2021年3月16日，翔安海关关员对当年关区首批进口种牛实施检验检疫

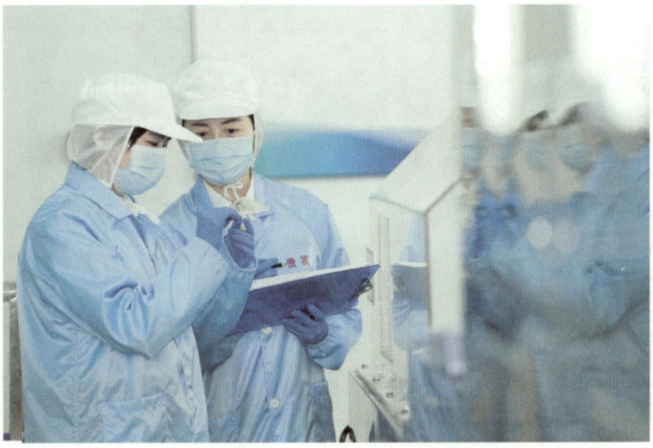

2021 年 3 月 18 日，海沧海关关员对进 ▶ 境毛燕实施检验检疫

◀ 2021 年 3 月 31 日，厦门海关联合厦门火炬高新区管委会举办进出口货物减免税管理办法政策宣讲会

2021 年 3 月 31 日，翔安海关关员到出 ▶ 口胡萝卜产地实施采收前监管

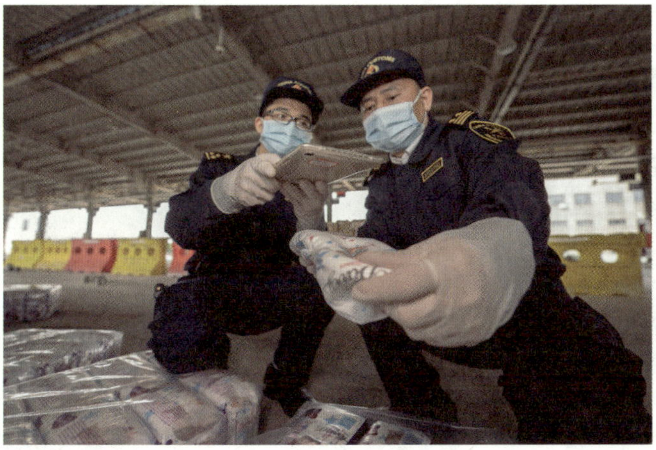

◀ 2021 年 4 月 1 日，海沧海关关员对出口卫生用品实施查验

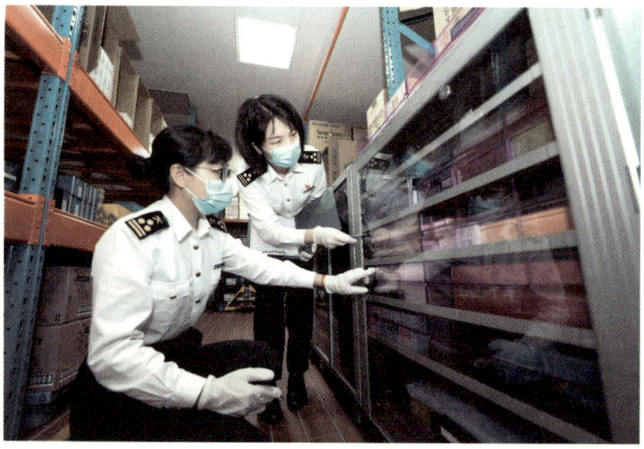

◀ 2021 年 4 月 9 日，机场海关关员对机上免税品进行验核监管

2021 年 4 月 9 日，漳州海关缉私分局查获走私雪茄案 ▶

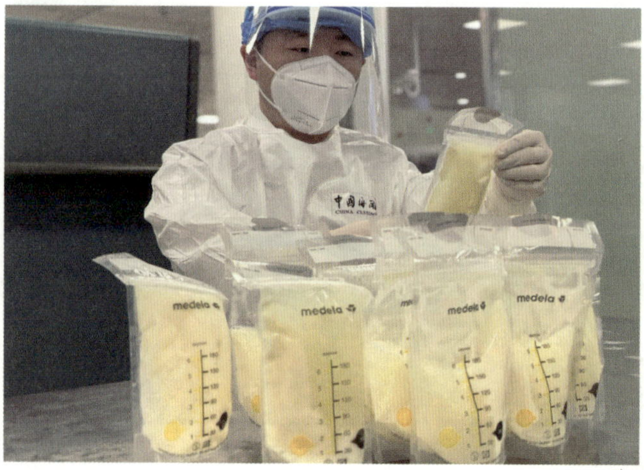

◀ 2021 年 4 月 12 日，机场海关关员查获非法入境母乳

2021 年 4 月 15 日，厦门海关开展“全民国家安全教育日”国门生物安全教育活动 ▶

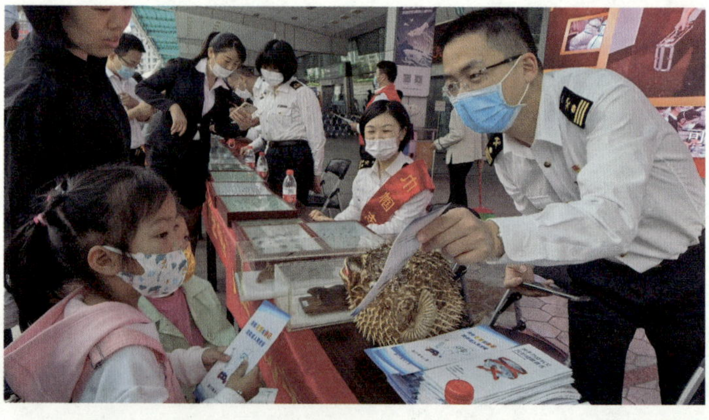

2021 年 4 月 28 日，东渡海关 ▶
关员在锚地实施登临检查

◀ 2021 年 5 月 7 日，翔安海关关员对某企业出口洗手液进行监管

2021 年 5 月 7 日，高崎海关关员 ▶
出勤机动查验监管

◀2021 年 5 月 16 日，东渡海关关员对 H986 大型集装箱检查设备进行常规维护

2021 年 5 月 20 日，东渡海关关员对进口塑料米实施查验 ▶

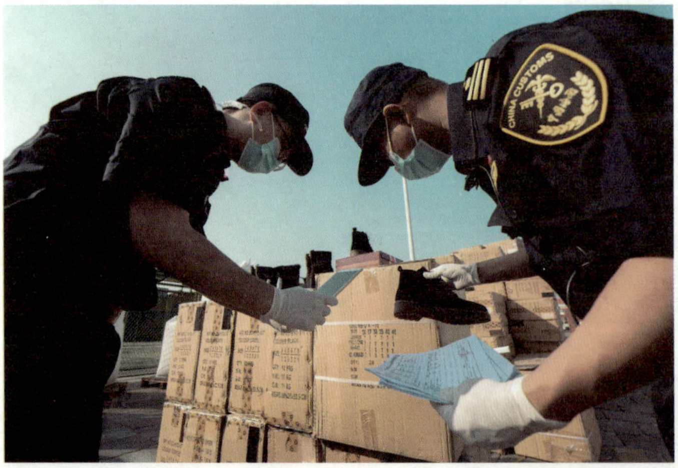

◀2021 年 5 月 20 日，东渡海关关员对出口鞋实施查验

2021 年 5 月 22 日（国际生物多样性日），央视报道厦门海关查获的走私犀牛角案件 ▶

◀ 2021 年 6 月 2 日，机场海关关员对入境维修航空器实施监管

2021 年 6 月 2 日，海沧海关助力中欧（厦门）班列第 1,000 列顺利发运 ▶

◀2021 年 7 月 2 日，龙岩海关关员开展出口生姜原料基地采收前监管

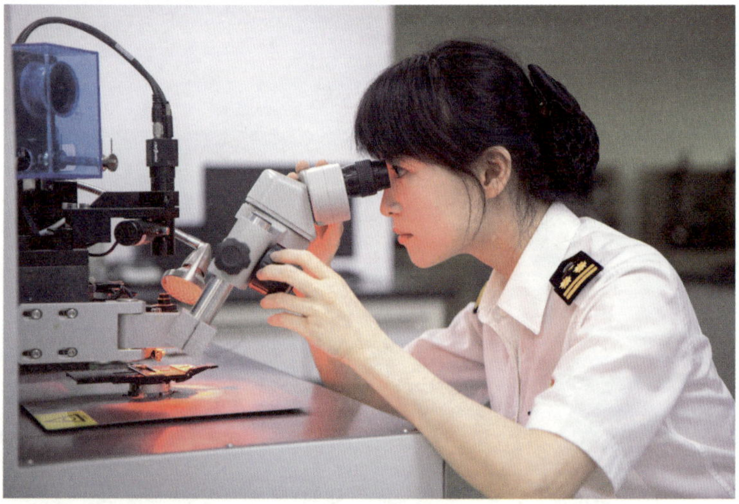

2021 年 8 月 2 日，高崎海关关员对企业集成电路保税检测业务进行辅导 ▶

◀2021 年 8 月 16 日，东渡海关关员查获文物走私出境案

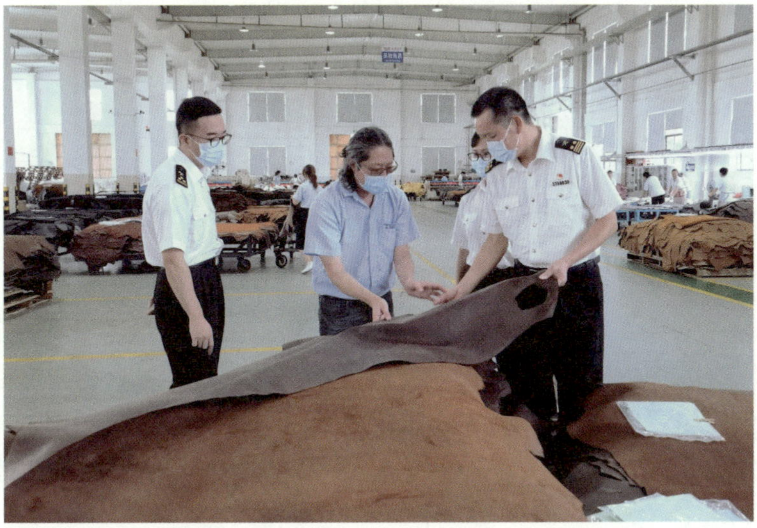

2021 年 10 月 19 日，古雷海关关员到企业现场指导皮革加工贸易业务 ▶

◀ 2021 年 11 月 19 日，泉州海关关员对新产季首批出口芦柑实施检验检疫

2021 年 12 月 1 日，高崎海关关员热心服务企业 ▶

◀2021 年 12 月 7 日，泉州海关关员对供应金门的淡水水源进行监测

2021 年 12 月 13 日，漳州海关关员首次在关区使用无人机对进口粮食开展表层检疫 ▶

◀2021 年 12 月 15 日，泉州海关关员在全国首个获批市场采购贸易方式预包装食品出口试点——石狮服装城开展出口预包装食品监管

第一篇

特载

厦门海关组织架构

- 厦门海关
  - 内设机构
    - 办公室（党委办公室）
    - 法规处
    - 综合业务处
    - 自贸区和特殊区域发展处
    - 关税处
    - 卫生检疫处
    - 动植物检疫处
    - 进出口食品安全处
    - 商品检验处
    - 口岸监管处
    - 统计分析处
    - 企业管理和稽查处
    - 缉私局
    - 财务处
    - 科技处
    - 督察内审处
    - 人事处（党委组织部）
    - 教育处
    - 机关党委（思想政治工作办公室、党委宣传部、党委巡察工作办公室）
    - 监察室（党委纪检组）
    - 离退休干部办公室
  - 隶属海关单位
    - 泉州海关
    - 厦门机场海关
    - 厦门邮轮港海关
    - 东山海关
    - 翔安海关
    - 厦门邮局海关
    - 高崎海关
    - 集同海关
    - 东渡海关
    - 海沧海关
    - 古雷海关
    - 漳州海关
    - 龙岩海关
    - 厦门海关风险防控分局
  - 事业单位
    - 厦门海关后勤管理中心
    - 厦门海关技术中心
    - 厦门海关海峡两岸农产品技术中心
    - 厦门国际旅行卫生保健中心（厦门海关口岸门诊部）
    - 中国质量认证中心厦门海关评审中心
    - 厦门海关培训中心
    - 泉州海关综合技术服务中心
    - 漳州海关综合技术服务中心
    - 东山海关综合技术服务中心
    - 中国电子口岸数据中心厦门分中心

注：根据海关总署关于厦门海关机构设置规定，制作该组织架构图。

在 2021 年厦门海关工作会议上的讲话

厦门海关关长、党委书记　郑巨刚

（2021 年 2 月 1 日）

这次会议的主要任务是：以习近平新时代中国特色社会主义思想为指导，深入学习贯彻党的十九大和十九届二中、三中、四中、五中全会精神，全面落实全国海关工作会议、全国海关全面从严治党工作会议部署，总结回顾 2020 年工作，部署 2021 年工作。

▲2021 年 2 月 1 日，厦门海关召开 2021 年工作会议

一、2020 年工作回顾

2020 年是极不平凡的一年。厦门海关在总署党委的正确领导下，全关上下坚持以习近平新时代中国特色社会主义思想为指导，全面落实“五关”建设要求，围绕“理念先进、作风严谨、管理高效、富有活力”目标愿景，众志成城、负重前行，在疫情防控大战大考中践行初心使命、展现责任担当，推动各项工作提质增效、创先进位，交出了一份满意答卷。

这一年，我们强化政治建关，践行“两个维护”坚定走在第一方阵。关党委带头第一时间跟进学习习近平总书记重要讲话重要指示批示精神，树牢政治机关意识，以最坚决的态度、最迅速的行动、最有力的举措贯彻落实党中央重大决策部署，全面筑牢口岸疫情防线，严打洋垃圾、濒危物种走私，推动 4 个定点帮扶贫困村全部脱贫摘帽。加强意识形态工作，建成全国海关首个政治保卫成果展厅，开展“国家安全周”教育活动，举办“爱国主义大课堂”厦门海关专场，不断增强“四个意识”、坚定“四个自信”、做到“两个维护”。

这一年，我们尽锐出征，口岸新冠肺炎疫情防控阻击战打出精气神。牢记“疫情就是命令，防控就是责任”，做到“谋划早一步，主动不止一步”，不等、不靠、不拖，不迟疑、不退缩，切实把各项工作抓早、抓细、抓落地。克服战线长、任务重、压力大等困难，科学研判、精准施策、立体防控，坚决筑牢口岸疫情防控第一道防线。应急指挥机制全天候实体化高效运作，网格化管理全面提升一线实战效能，“海关检疫E码通”被总署列为“三智”早期收获项目，“冷链产品外包装多维智能消杀设备”得到省领导高度肯定并在全省推广。坚持“人物同防”两线作战，航空、海运、寄递等多渠道防控次第高效展开，率先从货物渠道检出全国海关首例阳性样本，妥善处置全国首例因船员感染新冠肺炎疫情影响的进口大豆检验检疫案例，全年累计采样检测16.47万人次，进口冷链食品疫情防控专项考核得分居全国海关系统第一。同步严防埃博拉、拉沙热等其他传染病传入。关区抗疫成效得到国务院督导组充分肯定。始终保持高度警觉，严格落实顶格防护要求，毫不松懈抓好内部安全防护，做到“打胜仗、零感染”。

这一年，我们不断创新，全面深化改革亮点纷呈。“改革2020”深入推进。“两步申报”比例稳步提高，“两类通关”率先试点，“两段准入”实现关区全覆盖。5项自贸创新举措获评全国首创，5项入选福建省可复制创新成果，2个特殊监管区域成功升级为综合保税区，“一般纳税人”资格试点等“两区优化”政策落地见效。跨关区企业ERP联网监管改革并线运行，“非贸业务一体化监管平台”初步建成，新冠病毒采样机器人等“四类机器人”研发启用，实验室检测能力大幅提升。

这一年，我们严格履职，维护国门安全更加有力。综合治税持续深化，全年税收入库329.93亿元，如期完成税收预算目标。口岸反恐维稳和安全生产整治扎实推进，国门生物安全防控持续加强，有效阻截非洲猪瘟、高致病性禽流感、沙漠蝗等重大动植物疫情疫病传入传出和外来物种入侵。进出口食品、商品检验监管能力稳步提升，检出未准入境进口食品178批，获批全省首个商品质量安全风险一级监测点，全年检出不合格商品643批次、同比增长92.5%。2起知识产权保护案件获评2019年中国海关知识产权保护十大典型案例。

这一年，我们深化综合治理，打击走私再创佳绩。全员打私有力推进，“国门利剑2020”等专项行动成效显著，成功侦办“忠诚”系列特大走私案件，打击违法出口防疫物资行动取得积极效果。全年共查办各类案件2,265起、案值126.7亿元，刑事案件立案数、案值、业务部门移交刑事案件占比率等主要指标均创历史新高。

这一年，我们主动站位全局，落实“六稳”“六保”成效显著。在全国海关系统率先出台“防疫情、稳外贸”14 项举措和 58 条细化措施；全面落实减税降费部署，进口、出口整体通关时间全国排名大幅跃升，助力厦门成为“全国营商环境标杆城市”；“丝路海运”平台影响力进一步扩大，中欧（厦门）班列开行数、标箱数、货值均创历史新高；助推关区新增 2 个跨境电商综试区、1 个市场采购贸易方式试点；进出口监测预警报告获国务院、省市领导批示 20 篇次；税政调整建议被国家主管部门采纳数占全国海关 1/5，解决了航空维修产业政策瓶颈问题；细化落实《海关总署 福建省人民政府合作备忘录》，各项工作获得省市领导和社会各界广泛赞誉。

这一年，我们突出严管厚爱，干部队伍活力充分激发。坚持好干部“五条标准”一把尺子量干部，干部选拔任用步伐明显加快。更加重视做强基层，精简机构和机关人员，选配骨干力量充实到业务一线，科级和机关机构管理能力和水平明显提升。进一步推进关检融合，开展一线业务执行岗位能力提升行动，评选关区首届十佳学习标兵、业务能手、业务能力建设先进科室。深化党建“强基提质工程”，6 个支部获评全国海关党建品牌，4 个案例获评全省机关体制机制创新优秀案例。高度重视文明单位创建工作，新增 1 个全国级、2 个省级文明单位，累计获批 5 个全国级、4 个省级文明单位。新增 1 个全国三八红旗集体，关工会获评全国模范职工之家，全年共有 18 个集体、26 人次获省部级以上表彰。

这一年，我们持续正风肃纪，清廉海关建设纵深推进。制订关党委全面从严治党主体责任清单，开展常规巡察 9 次、专项巡察 1 次，两级党委班子责任不断压紧压实。党委派驻监督持续深化，经济责任审计实现全覆盖。出台从严管理制度 43 项，首创整治形式主义官僚主义专项考核，干部作风明显改进。升级廉政警示教育室，两个“第一课堂”作用有效发挥。精准运用“四种形态”，执纪问责严肃有力。

这一年，我们加强精细化管理，综合保障水平不断提升。政务运行更加规范高效，12360 热线服务水平提升，绩效、综治考核蝉联厦门市“双优秀”。行政执法“三项制度”全面落实。过“紧日子”要求落实落细，保障能力得到加强。安全管理体系更加严密，应急处突能力大幅提高。后勤服务满意度不断提升。工青妇、老干部、学会工作进一步加强。

艰难方显勇毅，磨砺始得玉成。回望刚刚过去的 2020 年，面对近百年来影响范围最广的全球性大流行病的严峻形势，全关上下坚决响应党中央号召，坚定执行总署党委命令，越是艰险越向前。全关 865 名同志主动报名请战，1, 000 多名干部职工出击一线，同志们在局促的旅检通道上、在刺骨的冷链仓库内、在颠簸的出入境船舱中、在忙碌的检测实验室里……白衣为甲，出入险境而无惧色，历经寒暑而不懈怠，忠诚担当，恪尽职守，舍小家为国家，舍小我为大家，用实际行动生动展现了新时代厦门海关人的风采！在此，我代表关党委向全体干部职工、离退休老同志，特别向一年来夜以继日奋战在抗疫一线的同志们，表示衷心的感谢，并致以崇高的敬意！

▲2021 年 2 月 1 日，获评全国海关、福建省抗击新冠肺炎疫情先进个人和集体代表以及一线业务执行岗位能力提升行动三个“十佳”代表上台领奖

二、面临的形势和任务

2021 年是“十四五”的开局之年，是中国共产党成立 100 周年，是我国现代化建设进程中具有特殊重要意义的一年。新形势孕育新机遇，新任务带来新挑战，新征程催生新气象。我们要切实把思想认识统一到中央对形势的分析判断上来，按照倪岳峰署长在全国海关工作会议上提出的部署要求，自觉把关区工作置于全局中思考，找准工作方位。

（一）适应新发展阶段，牢记政治机关定位，在践行“两个维护”上保持更高站位。

习近平总书记指出，进入新发展阶段，是中华民族伟大复兴历史进程的大跨越。国内外环境的深刻变化既带来一系列新机遇，也带来一系列新挑战。党的十八大以来，特别是 2020 年以来的抗疫实践雄辩地证明，越是形势复杂，越是征程壮阔，越需要习近平总书记举旗定向、掌舵领航，越需要发挥党中央集中统一领导的定海神针作用。海关作为政治机关，是践行“两个维护”的第一方阵。厦门地处习近平新时代中国特色社会主义思想的重要孕育地和实践地，是习近平总书记在福建工作的第一站。我们更应增强政治意识，不断提高政治判断力、政治领悟力、政治执行力，努力在第一方阵中走在前列。

（二）贯彻新发展理念，守住安全底线，在维护国门安全上展现更大作为。

习近平总书记指出，贯彻新发展理念，必须增强忧患意识、坚持底线思维，坚持政治安全、人民安全、国家利益至上有机统一。当前，新冠肺炎疫情“外防输入”压力巨大，各种传统和非传统安全问题带来的风险挑战明显增多。在内外因素的交织作用下，国门安全在国家全局中的重要性更加凸显，海关落实总体国家安全观，更好统筹发展和安全，比历史上任何时候都要艰巨复杂。厦门地处祖国东南沿海，是全国最早的四个经济特区之一，也是全国对外开放程度最高的地区之一。我们更应着眼国家安全大局，全面履行职能，时刻牢记严格监管职责，切实把国家利益维护好。

（三）构建新发展格局，突出高质量发展，在促进国内国际双循环上作出更大贡献。

习近平总书记指出，构建新发展格局，要重视以国际循环提升国内大循环效率和水平，推动我国产业转型升级。海关是推动高水平对外开放的重要力量。我们要进一步拓展服务的广度深度，助力发挥经济特区、自贸试验区、“海丝”核心区等开放平台作用，更好联通国内国际市场，维护产业链供应链创新链安全稳定，为服务福建全方位高质量发展超越和厦门“两高两化”城市建设作出更大贡献。

（四）锚定新发展目标，坚持系统观念，在推动自身发展上实现更大提升。

党的十九届五中全会开启了全面建设社会主义现代化国家新征程。总署提出全面建设社会主义现代化海关目标，厦门海关要自我加压，不断增强责任感、使命感、紧迫感，强化系统观念，争当海关事业的“排头兵”“先行者”，在全国全省经济社会发展中找准方位，为全面建设社会主义现代化国家作出应有贡献。

征途漫漫，惟有奋斗。2020年，关党委发出了开展“质量与效率提升年”倡议。一年来，我们在构建疫情防控指挥部、实施网格化管理、整治形式主义官僚主义、推进科技创新应用、优化干部管理机制、推动事业单位改革等诸多方面取得积极进展，引领关区各项事业向着“理念先进、作风严谨、管理高效、富有活力”的16字目标愿景迈出了坚实的一步。站在新的历史起点，关党委决定，把建设“更有效率海关”作为今后一段时间关区工作的主要任务，引导全关上下扛起历史责任、强化使命担当，持续推进关区各项工作图强跨越、创先进位，让讲求效率成为共识、成为习惯、成为追求，更加扎实地推进16字目标愿景。建设“更有效率海关”，我们不仅要善于与自己的过去比，也要主动与兄弟海关横向比，更要跳出海关站在更加广阔的天地里全面衡量，不妄自菲薄，不沾沾自喜，理智看待进步，冷静分析短板，寻求他山之石，锻造攻玉利器，持之以恒改进工作，做到苟日新、日日新、又日新，推动厦门海关事业加快发展。

关党委研究确定，2021年总体思路是：以习近平新时代中国特色社会主义思想为指导，深入贯彻党的十九大和十九届二中、三中、四中、五中全会精神，立足新发展阶段，贯彻新发展理念，构建新发展格局，坚持系统观念，守住安全底线，服务“六稳”“六保”，全面落实全国海关工作会议、全国海关全面从严治党工作会议精神，扎实推进“五关”建设，马上就办、真抓实干，锲而不舍、一以贯之，努力建设“更有效率海关”，在全面建设社会主义现代化海关征程中走在前列，以优异成绩庆祝建党100周年。

三、高质量完成2021年各项工作

（一）强化政治建设，在坚定走好“两个维护”第一方阵上再提升。

深化政治建关，始终心系“国之大者”，不断提高政治判断力、政治领悟力、政治执行力，增强“四个意识”、坚定“四个自信”、做到“两个维护”。

坚持不懈抓好创新理论武装。聚焦学习习近平新时代中国特色社会主义思想和党的十九大及十九届二中、三中、四中、五中全会精神，发挥党委理论学习中心组示范作用，组织处级干部轮训，深入推进青年理论学习提升工程，推动党的创新理论武装往深里走、往心里走、往实里走。巩固深化“不忘初心、牢记使命”主题教育成果，精心组织庆祝建党100周年系列活动，认真开展“四史”教育，引导党员干部坚定理想信念、厚植爱国情怀。

坚决贯彻落实习近平总书记重要指示批示精神。时刻关注习近平总书记强调什么、要求什么，坚持“第一议题”制度，开好形势分析及工作督查例会，健全学习、传达、督促、落实闭环链条，以高度的政治责任感、坚定坚决的态度、严谨务实的作风、迅速有力的行动，扭住不放、狠抓落实，走好“两个维护”第一方阵。巩固深化脱贫攻坚成果，确保讲政治见行动。

大力加强政治机关建设。树牢政治机关意识，深化模范机关创建。巩固深化中央巡视整改工作要求，严格执行重大事项请示报告制度和领导干部个人事项申报制度，高度警惕和坚决防范“七个有之”等问题。全面落实意识形态工作责任制，加强关区意识形态阵地建设管理，充分发挥政治保卫成果展厅效用，引导党员干部开展经常性政治体检，提高从政治上观察和处理问题的能力。

（二）落实“外防输入”，在抓好口岸疫情防控上再提升。

弘扬伟大抗疫精神，按照“人物同防”要求，慎终如始、善作善成，做好口岸疫情防控工作，坚决守住国门第一道防线。

从严从密织牢口岸防控网络。密切关注疫情形势，完善常态化精准防控应急管理机制。严格实施入境人员和交通工具卫生检疫，持续优化疫情防控技术方案，不断完善“水陆空邮”立体防控体系。严格开展进口冷链食品和高风险非冷链集装箱货物风险监测，科学规范实施抽采样和实验室检测，督促落实口岸环节预防性消毒。加强口岸联防联控，完善信息交互和协作配合机制，扎紧扎牢防输入闭合链条。

从快从实提升抗疫保障水平。高效组织抗疫梯队，精准调配一线防控人员，健全支援保障体系，关心爱护抗疫人员身心健康，始终保持强大战斗力。加快推动生物安全二级实验室运行。优化拓展“海关检疫E码通”功能，提升疫情防控信息化智能化水平。严格落实指挥部应急值班制度，不断完善网格化管理模式，持续提升应急处突能力。

从细从紧抓好内部安全防护。加强一线人员安全防护培训，健全“岗前检查、工作巡查、全程督查”监督制度，坚决防止职业暴露感染事故。严格履行出行审批、登记程序，加大高风险岗位人员核酸和抗体检测力度，做好新冠病毒疫苗接种工作，确保“打胜仗、零感染”。

（三）推进改革创新，在治理能力治理水平上再提升。

正确把握倪岳峰署长关于“规定动作”与“自选动作”的辩证关系，坚持以系统观念统筹谋划关区各项改革创新，同步防范伴生风险，进一步提升关区改革综合效能。

全力落实总署重大改革部署。持续拓展“两步申报”应用范围，全面推行“两段准入”信息化监管，稳步推进属地查检，规范检疫处理。建立属地核查监管作业新模式，推动核查“第三方检验结果采信”“企业自查结果认可”等试点落地。

积极开展重点领域创新。对标国际先进规则，深化自贸区海关监管制度集成创新和复制推广，支持自贸试验区扩区，助推厦门建设具有自由港特征的经济特区。扩大ERP联网监管应用范围，加快探索契合企业内部管理的顺势监管机制。加快“非贸业务一体化监管平台”功能提升，全面强化非贸领域风险防控。探索适应大规模物流进出的新型监管模式。创新旅客行李物品智能化监管，完善“无感通关”模式。

持续提升科技应用水平。开展多领域“机器代人”论证研究，加快新冠病毒采样机器人等“四类机器人”等新技术新装备应用，持续为一线监管减压赋能。全面推广应用H2018通关管理系统，整合优化关区各类信息系统，统筹推进海空物流链平台建设。加快口岸初筛、走私物品鉴定等实验室建设，提升关区实验室管理水平和工作效率。

全面加强法治海关建设。贯彻中央全面依法治国工作会议精神，加大“八五”普法宣传力度，修订厦门海关权责清单。持续推进业务制度“立改废释”，强化法治对业务改革的规范和保障。建立执法疑难问题解决机制，健全复议应诉工作制度，发挥复议应诉的监督纠错和反哺作用。统筹关区行政处罚事项，优化行政案件管理机制。

（四）加强风险防范，在筑牢国家安全屏障上再提升。

统筹发展和安全，增强忧患意识、坚持底线思维，不断提高风险预判处置能力，有效防范化解各类国门安全风险。

扎实推进综合监管。加强风险情报信息网络建设，推动涉检安全深度融入防控链条，提升布控针对性有效性，实现安全准入风险一体化防控。探索推行口岸监管现场综合查验模式，加强进出口贸易禁限管控，严格落实全面禁止进口固体废物政策。加强关区两级监控指挥中心建设，强化口岸监管环节反恐维稳，持续推进安全生产专项整治三年行动，实现风险隐患常态化排查整改。优化稽查职能和执行管理，加强涉税、涉检等重点领域专项稽核查，探索将主动披露适用范围扩大到检验检疫领域。加大知识产权保护力度。严防新冠病毒疫苗、防疫物资非法出境。

持续深化综合治税。优化属地纳税人管理，落实差别化征管举措，加强税收监控分析和风险协同防控，强化非贸税收征管，高水平完成税收预测目标。进一步推广汇总征税、关税保证保险、预裁定等便利措施，持续深化减免税智能审核、原产地证自助申领等征管创新。认真落实RCEP优惠贸易安排等国家重点关税措施，加大税政调研力度，为优化产业政策提出建设性意见建议。

维护国门生物安全。贯彻落实《中华人民共和国生物安全法》，建设国门生物安全展厅，强化国门生物安全教育和社会宣传。认真开展埃博拉、拉沙热等口岸重点传染病防控，严防疫情叠加。推进旅检现场检疫设施改造，进一步提升关区口岸公共卫生核心能力。健全关区动植物检疫制度体系，完善检出情况通报及考核机制。加强进口种畜隔离检疫监管，推进农产品检疫分类管理，严防动植物病虫害传入传出和外来有害生物入侵。

加强进出口检验监管。深入推进进口食品“国门守护”行动，认真开展进出口食品化妆品安全监督抽检和风险监测，严格实施进出口食品安全情况通报。健全与地方监管部门协作配合机制，推动构建进出口食品安全共管共治格局。加强进出口商品质量安全风险一、二级监测点建设，发挥好“哨点”作用。加强进出口危化品安全监管，规范消费品、机动车、旧机电、医疗器械、特种设备等重点敏感商品监管。

加大打击走私力度。认真组织开展“国门利剑2021”等专项行动，严打象牙等濒危动植物及其制品、洋垃圾、涉枪涉毒、重点涉税商品、冻品等走私。优化全员打私工作机制，强化反走私综合治理，全面提升打、防、管、控整体效能。建设打击成品油走私智能化应用平台，推进“大数据侦查”模式实体化、常态化运作，打造“智慧缉私”升级版。加强全国缉私境外追逃分中心（东南亚）建设，强化境外源头管控。

（五）贯彻高质量发展要求，在促进国内国际双循环上再提升。

发挥海关职能优势，找准工作切入点，助力畅通国际物流大通道，促进国内国际双循环。

高标准优化口岸营商环境。深化“放管服”改革，落实总署新一轮跨境贸易便利化专项行动部署，探索建设通关全流程可视化平台，优化重点商品、重点企业通关时间动态分析机制，持续巩固压缩整体通关时间工作成效。优化商品检验合格评定方式，稳妥推进第三方检验结果采信。积极参与国际贸易“单一窗口”标准版试点和推广。

高水平服务开放型经济发展。全力服务“六稳”“六保”，持续落实落细《海关总署 福建省人民政府合作备忘录》，促进关区外贸量稳质升。支持厦门“进口贸易促进创新示范区”建设和“服务贸易创新发展”试点。出台促进跨境电商高质量发展指导意见。研究扩大出口预包装食品试点范围，稳步推进石狮、晋江市场采购贸易方式发展。支持厦门国际航材保障中心建设，推广生物材料特殊物品“一次评估、分批进口”模式，优化集成电路保税检测措施，助推航空维修、生物医药、集成电路产业链提档升级。提升外贸统计分析和监测预警水平，持续做好技术性贸易措施应对和实施。

高起点推动开放平台建设。主动服务“海丝”核心区开放发展，支持厦门港做大国际中转和过境运输业务，促进“丝路海运”平台、中欧（厦门）班列持续健康发展。推动海沧港区海通码头和泉州石湖港保税物流中心（B型）开放运营，提升关区口岸整体发展水平。加快综合保税区新版辅助管理系统和智能化卡口建设，推进海沧港综合保税区验收运作，推动促进综合保税区发展措施落地实施。支持厦门金砖创新基地建设，发挥好“双中心”作用，落实与南非德班海关关际合作计划。

（六）落实全面从严，在干部人才队伍建设上再提升。

坚决贯彻全面从严治党部署，全力锻造忠诚干净担当高素质专业化干部队伍，为关区事业发展提供坚强保障。

全面提高党建工作质量。巩固党建“强基提质工程”成效，制定促进党建与业务深度融合具体措施，深化“灯下黑”问题整治。融合开展“五星党支部”与“四强”支部争创活动，实施基层党支部书记、党务干部能力提升计划，补强事业单位党建工作短板，推动关区党建工作全面进步全面过硬。拓展红色海关教育基地功能，打造关区特色党建文化品牌。扎实开展准军事化集训，严格内务规范检查通报，坚决杜绝酒驾醉驾。

全面激发干部队伍活力。深化关区干部工作“五大体系”建设，突出好干部标准，选优配强各级领导班子。加强执法一线科长队伍建设，大力培养优秀年轻干部，统筹用好各年龄段干部。加强职级干部管理，抓好专业技术类公务员任职资格评定及分类管理，充分发挥职务与职级并行制度激励作用。加强队伍日常监督工作。推进基层教培品牌建设，深入开展岗位练兵，提升干部职工能力素质。

全面提升综合保障能力。加强机关效能建设，巩固精文减会成效，高标准做好值班应急、新闻宣传、机要档案、建议提案办理、政务公开和信访等工作。持续抓好绩效和综治考核。加强网络安全防护体系建设，提升关区数据安全防护水平。严格落实过“紧日子”要求，提升预算执行效能，集中财力保障重点领域支出。落实事业单位改革，加强技术支撑能力建设，支持事业单位合法创收。深化精神文明创建活动，加大先进典型培树宣传力度，做好老干部工作，更好发挥群团组织作用，增强干部职工职业荣誉感归属感。

全面深化清廉海关建设。认真落实十九届中央纪委五次全会精神，建立落实全面从严治党主体责任检查考核机制，推动全面从严治党部署落地落细落实。完善整治形式主义官僚主义专项考核，持之以恒落实中央八项规定及其实施细则精神，深化“好差评”系统应用，不断改进作风。加强“制度+科技”反腐成果运用，完善内控机制建设。深化开展廉政警示教育月活动，用好两个“第一课堂”，提升以案促改质量。健全巡察制度体系，完善督审工作机制，推动关区各类监督贯通融合、提升效能。深化运用“四种形态”，坚持打私反腐“一案双查”，提升线索处置和案件查办质效，持续整治群众身边腐败和不正之风，整治带病提拔、违规经商办企业、不担当不作为等问题，一体推进不敢腐、不能腐、不想腐。

做好2021年工作，处级领导干部，特别“一把手”是关键。关党委要求：

一是带头讲政治。不断提高政治判断力、政治领悟力、政治执行力，对“国之大者”做到心中有数，增强“四个意识”、坚定“四个自信”、做到“两个维护”，充分认识海关各项工作首先是政治工作，善于从讲政治高度来观察、处理和谋划，做到在重大问题和关键环节上头脑特别清醒、眼睛特别明亮，做政治上的明白人。

二是带头勇担当。知责于心、担责于身、履责于行，强化问题导向，敢于直面问题，不回避矛盾，时刻保持敢为人先的创新精神、迎难而上的进取精神，知重负重、跳起摸高，在各项工作中始终坚持高标准、严要求，提质增效、创先进位。

三是带头抓落实。坚决落实准军事化管理要求，强化纪律意识，做到闻令而动、遵令而行、令行禁止，及时、完整、准确地把上级党委的决策部署传达到基层、落实到基层。要善于做群众工作，既能虚心听取干部职工的呼声、解干部职工之难，又能及时因势利导化解干部群众思想疙瘩，善于团结大家向前走。

四是带头严自律。时刻自重自省自警自励，慎独慎微慎始慎终，把好传统带进新征程，将好作风弘扬在新时代，认真履行“一岗双责”，持之以恒纠治形式主义官僚主义现象，努力营造风清气正的政治生态。

在 2021 年厦门海关全面从严治党工作会议上的讲话

厦门海关党委书记、关长　郑巨刚

（2021 年 2 月 1 日）

这次全面从严治党工作会议的主要任务是：深入学习贯彻十九届中央纪委五次全会精神，落实全国海关全面从严治党工作会议部署，分析形势任务、统一思想行动，研究安排 2021 年关区全面从严治党工作。

▲2021 年 2 月 1 日，厦门海关召开全面从严治党工作会议

一、2020 年工作回顾

2020 年全关上下坚持以习近平新时代中国特色社会主义思想为指导，在海关总署党委的坚强领导下，众志成城加油干，越是艰险越向前，推动全面从严治党工作取得新成效。

（一）走好第一方阵，践行“两个维护”更坚定。

关党委始终用旗帜鲜明讲政治的党性领航定向，坚持党旗所指即是胜利所向。坚决把学习贯彻习近平总书记重要讲话重要指示批示精神作为首要任务，马上就办、真抓实干，锲而不舍、一以贯之，坚持“第一议题”制度，切实做到习近平总书记重要讲话重要指示批示精神第一时间学习、第一时间研究、第一时间部署、第一时间落实。坚持中心组学习制度，开展集中学习和交流研讨。持续高压严打洋垃圾、濒危物种走私，强化口岸安全管控，破获走私犀牛角、穿山甲鳞片、海马干和松脂等大案。坚决打好脱贫攻坚收官战，我关定点帮扶贫困村全部脱贫。千方百计把总书记关注的“国之大者”植根于心、落地落实，做到维护意识更强、维护行动更实、维护标准更严。

（二）突出党建引领，统筹抗疫发展更担当。

关党委将加强党的领导贯穿到新冠肺炎疫情防控和关区工作的各方面全过程，让党旗始终在一线高高飘扬。在严峻的抗疫斗争中，许多人舍小家为大家，无惧风险做逆行者，展现了海关干部职工的情怀。网格化管理为抗疫提供坚实组织保障，“海关检疫E码通”被总署列入“三智”早期收获项目、作为典型经验推广，率先在全国海关从货物渠道成功检出阳性案例；坚持一手抓抗疫，一手抓优化营商环境，助推厦门连续两年获评“中国十大海运集装箱口岸营商环境测评”第一名。在统筹推进口岸疫情防控和促进外贸稳增长等工作中，关区党组织政治功能和组织功能充分发挥，党员先锋模范作用更加凸显，充分展现了海关作为政治机关听党指挥的本色和准军事化纪律部队令行禁止的作风。

（三）夯实基层基础，关区党建品牌更彰显。

关党委始终将“强基提质工程”抓在手上，大抓基层、狠抓基础，深挖基层热源，打造一线战斗堡垒。根据关区机构调整和事业单位改革，同步推进党组织设置调整、委员增补选以及发展党员等工作。扎实推进“四强”支部建设，举办党支部书记轮训班，进一步规范“三会一课”、主题党日、政治生日等组织生活。深化党建品牌创建，6个支部获评全国海关基层党建示范和培育品牌，4个案例获评全省机关体制机制创新优秀案例。精神文明创建工作持续推进，关区获批全国文明单位5个、省级文明单位4个，蝉联厦门市绩效考核和综治考核“双优秀”，创建工作得到中央、省市文明办高度肯定，关区党建名片更加亮眼。全年新增1个全国模范职工之家、1个全国三八红旗集体，6个集体、20名个人获总署和福建省抗疫先进表彰，各级党组织的凝聚力、战斗力明显增强。

（四）强化能力提升，创先进位氛围更浓厚。

关党委始终将政治标准和工作绩效作为评先评优和干部选任的明确导向，激励担当作为。选优配强各级领导班子，出台干部交流实施办法，推动处级职级干部岗位、办公、考核“三到科室”。在全国海关首创整治形式主义官僚主义专项考核，机关作风明显改进。开展一线业务执行岗位能力提升行动，强化分级分层、贴近实战的精准化培训，评选关区首届“十佳学习标兵”“十佳业务能手”“业务能力建设十佳科室”。用心用情做好思想政治工作和心理关怀疏导，开展“守初心、担使命，国门卫士传承红色基因”活动，在厦门电视台举办“忠诚到永远”《中国梦 奋斗志——爱国主义大课堂》厦门海关专场特别节目，受到广泛好评。通过全关上下的共同努力，“16字目标愿景”和“提质增效、创先进位”的工作要求得到大家普遍认同和积极落实，队伍精气神大大提振，团结奋进的氛围更为浓厚。

（五）压紧压实责任，推进从严治关更有力。

关党委始终坚持严的主基调，一刻不停推进全面从严治党和党风廉政建设。制定出台全面从严治党主体责任清单、意识形态责任制实施办法等制度，统筹推动“三个责任制”落实。强化责任传导，专项督办落实驻署纪检监察组组长陶治国调研指示要求，关区2020年全面从严治党重点工作任务全部按要求完成。坚持问题导向，对17个部门单位开展巡察监督。开展关级经济责任审计11个、专项审计2个，实现行政、事业、企业单位及离任、任中、专项审计全覆盖。清理规范干部企业兼职情事，调整规范配偶移居国（境）外人员的岗位任职。关区各级纪检监察部门围绕监督保障执行、促进完善发展职责，突出政治监督，严格执纪问责，为关区改革发展发挥了积极作用。升级厦门海关廉政警示教育室，上线“廉政警示教育云展厅”并组织线上学习，新录用关员和新提任干部两个“第一课堂”作用有效发挥。深化运用监督执纪“四种形态”。关区全面从严治党工作步入标本兼治、“两手抓、两手硬”的新阶段。

二、2021年主要任务

2021年关区全面从严治党工作的总体要求是：以习近平新时代中国特色社会主义思想为指导，深入贯彻党的十九大和十九届二中、三中、四中、五中全会精神，增强“四个意识”、坚定“四个自信”、做到“两个维护”，坚持稳中求进，坚持系统观念，坚持严的主基调，立足新发展阶段，贯彻新发展理念，推动构建新发展格局，以高质量发展为主题，深入贯彻全面从严治党的战略方针，立起高标准、明确严要求、拿出硬措施，持续创先进位、提质增效，为打造更有效率的海关提供坚强保证，以优异成绩庆祝中国共产党成立100周年。

重点做好以下7个方面工作：

（一）高标准推进政治建关，走好“两个维护”第一方阵。

要坚定践行“两个维护”。把党的全面领导贯穿到促进国内国际双循环、筑牢国家安全屏障等重要工作部署中去。不断提高把握新发展阶段、贯彻新发展理念、构建新发展格局的政治能力，凝心聚力做好“十四五”开局之年关区各项工作。强化“第一议题”制度，建立健全学习、传达、督促、落实的闭环机制，确保常态化疫情防控、打击洋垃圾和濒危物种走私、优化口岸营商环境、推动外贸高质量发展等重要工作任务，得到迅速、有力、高效落实。进一步健全定点帮扶工作机制，巩固脱贫攻坚成果。

要不断强化理论武装。认真落实意识形态工作责任制，严格落实两级党委中心组理论学习制度，持续抓好《习近平谈治国理政》第三卷和党的十九届五中全会精神学习宣传贯彻，开展干部集中轮训活动。巩固深化“不忘初心、牢记使命”主题教育成果，把学懂弄通做实习近平新时代中国特色社会主义思想同学习党史、新中国史、改革开放史、社会主义发展史贯通起来，同及时跟进学习习近平总书记重要讲话精神结合起来，探索学习效果评估和成果转化机制。

要持续深化党性教育。以庆祝建党100周年为契机，加强红色海关精神研究，推动各部门单位用好关区红色资源开展党性教育。按照中央部署开展“党旗在基层一线高高飘扬”活动，组织“七一”系列活动，举办全面从严治党成果展、党的知识竞赛、基层理论宣讲等，引导党员干部增强“两个维护”的自觉性坚定性，做对党绝对忠诚的国门卫士。

（二）高标准完善监督体系，形成常态长效监督合力。

要全面加强政治监督。纪检监察部门要紧紧围绕“两个维护”，健全贯彻党中央重大决策部署督查问责机制。进一步健全关区巡察制度体系，加强巡察干部队伍建设，开展常规巡察，统筹开展专项巡察和巡察“回头看”，强化巡察整改落实，推动关区巡察工作提质增效。

要完善日常监督体系。认真落实总署党委加强对党委“一把手”和领导班子监督的意见，着力破解“一把手”监督、同级监督难题。进一步健全监督部门联系配合机制，推进纪检监督、派驻监督、审计监督、干部监督、巡察监督贯通融合，增强监督合力。各级纪检监察部门特别是派驻纪检组要进一步提高政治站位，盯住重点人重点事，大胆开展监督，全面履职尽责。审计部门要深化内控机制建设，充分发挥“新海廉”平台监督功能。要严格干部管理监督，加大干部个人有关事项申报核实力度，继续规范领导干部配偶、子女及其配偶从业。要继续开展外出执法廉政监督情况抽查回访，借力外部监督促进公正廉洁执法。

要支持配合监督工作。关党委全力支持纪检监察等部门开展监督工作，并带头接受各方面监督。各级领导班子和领导干部都要主动接受监督，大力支持纪检监察等部门工作。纪检监察等部门要不断推进监督工作理念、思路、制度和机制创新，深入探索有效开展监督、服务关区改革建设的创新举措。同时要加强队伍自身建设，强化内控监督，严防“灯下黑”。

（三）高标准强化责任落实，进一步压紧全面从严治党主体责任链条。

要压实主体责任。关区两级党委要认真落实并不断完善可操作、能落地的主体责任清单。党委书记要带头坚决扛起主责、抓好主业、当好主角，加强对全面从严治党各领域、全过程的领导，加强组织推动，紧盯重点、跟踪问效、抓好落实，做到敢抓敢管、善抓善管，管好班子、带好队伍；党委委员要认真履行“一岗双责”，全面抓好分管部门、分管领域全面从严治党工作。

要强化责任传导。落实主体责任检查考核制度，结合述责述廉、党建述职、民主生活会等，强化结果运用，推动各级领导干部切实做到明责、履责、尽责。紧盯领导干部这个“关键少数”，突出重点领域，聚焦政治责任，对责任不落实或落实不到位的，及时约谈提醒，情节严重或造成不良影响的，要严肃追责问责。

要精准规范问责。规范问责工作程序，增强问责工作的政治性、精准性、实效性，强化震慑效应。坚持“三个区分开来”，落实容错纠错机制，防范“洗碗效应”，确保政治效果、法纪效果和社会效果的统一。

（四）高标准深化“强基提质”，着力推动关区党的建设高质量发展。

要抓实基层党建。组织“强基提质工程”回头看，实施基层党支部书记能力提升计划，出台党支部工作指导手册，推动基层组织生活形式和载体创新。探索制定促进党建与业务深度融合具体措施，着力破解“两张皮”问题。

要加强分类指导。根据总关机关、隶属单位、事业单位不同特点，加强针对性、精细化指导。总关机关党建工作要重点加强规范化建设，发挥示范表率作用；隶属单位党建工作要重点推动机关党委（党总支）履职尽责、发挥作用；事业单位党建工作要重点加强党的全面领导，研究出台推进事业单位党建工作的意见，加强针对性指导、监督和检查，促进关区党建工作全面进步、全面过硬。

要强化典型引领。扎实开展模范机关创建活动，深化开展“四强”支部争创活动，完善考核评价机制，加大对工作实绩和企业群众满意度的考察力度。坚持“抓两头带中间”，推进基层党建品牌提档升级，强化指导、提升“中间支部”，开展结对帮扶、以强带弱，推动基层党建全面协调、高质量发展。

（五）高标准实施人才强关，全面激励干部担当作为、干事创业。

要树立鲜明选人用人导向。坚持好干部标准，把政治标准放在首位，突出实干实绩，用正确用人导向引领干事创业。选优配强领导班子，不断优化年龄、知识、专业、经历结构，加强执法一线科长队伍建设，健全优秀年轻干部“选育管用”全链条机制。

要完善正向激励管理机制。坚持严管厚爱结合、激励约束并重，引导广大干部勇于担当、主动作为。做好队伍思想动态分析和“一人一事”的思想政治工作，加大先进典型培树力度，加强人文关怀和心理疏导，灵活开展群团文体活动，进一步激发队伍干事创业敢担当的内生动力。做好海关专业技术类公务员分类管理，深化职务职级并行制度，探索进一步用好职级干部的有效办法。推进事业单位改革，建立“能上能下”的岗位聘用机制，实施绩效工资制度。严肃查处诬告陷害行为，对失实检举控告及时澄清正名，营造良好政治生态。

要切实提高队伍能力水平。推进处科级领导干部能力建设，实施青年能力提升工程，加强专业技术人才培养和人力资源储备，充实专业人才库。深化一线人员岗位能力提升行动，组织实操技能和理论知识培训考核，灵活开展专项岗位练兵和技能比武。

（六）高标准加强作风建设，努力锻造全面过硬的准军事化纪律部队。

要从严纠治“四风”问题。持之以恒落实中央八项规定及其实施细则精神，开展节约型机关创建行动，对公款吃喝、餐饮浪费等歪风陋习露头就打、反复敲打。持续开展整治形式主义官僚主义专项考核，紧盯老问题和新表现，强化“指尖上的形式主义”排查，全面推动职能部门改进作风，切实为基层松绑减负。

要持续强化日常管理。扎实开展内务规范专项提升行动，组织升国旗、晋升关衔、宪法宣誓等仪式教育。深入开展内务督察检查，加大通报考核力度，强化疫情防控纪律督察，严格酒驾醉驾问题整治，加强干部职工“8 小时”内外管理监督。

要深化政风行风建设。积极参与国际贸易“单一窗口”标准版试点和推广，全面落实窗口单位服务承诺制，用好 12360 服务热线和“好差评”系统，推动办事效率和服务水平进一步提升。持续推进各级文明单位和文明岗号创建活动，推动关区精神文明建设再上新台阶。

（七）高标准建设清廉海关，一体推进“不敢腐、不能腐、不想腐”。

要保持惩治腐败高压态势。依规依纪依法严肃查处各类违纪违法行为，坚决整治推诿扯皮、吃拿卡要等群众身边腐败和作风问题，对顶风违纪、不收敛不收手的严肃处理，提升线索处置和案件查办质效。完善“一案双查”工作机制，强化打私反腐合力。

要加强执法一线风险防控。推进权力运行法治化，开展海关权责清单调整编制工作，完善行政执法“三项制度”，推进业务制度“立改废释”；各部门单位主要负责人要履行推进法治建设的“第一责任人”职责，带头尊崇法治、敬畏法律，依法行使权力，不断提高运用法治思维和法治方式推动工作的能力。聚焦中央重大决策部署和海关重点改革措施，加强数据分析和实际调研，进一步提升执法评估实效。深化“制度+科技”成果运用，加快推进“非贸业务一体化监管平台”建设，实现嵌入式透明化监管，提高风险防控精准度。依托稽核查系统和可视化监督平台，通过系统控制节点实现执法监督、预警常态化电子化。

要突出执纪监督工作重点。聚焦重点领域、盯住重点岗位，突出对各级“一把手”的监督，突出对查验、综合、稽核查等执法高风险岗位及人员的监督，突出对非执法领域的监督，进一步规范用权行为。

要完善反腐倡廉制度机制。健全第一种形态运用制度机制，深化运用“四种形态”，惩前毖后、治病救人。要将反腐措施与改革举措同谋划、同部署、同落实，推进重点领域监督机制改革，有针对性地补齐制度短板，制定有效管用的措施反围猎、反腐蚀。

要推进廉政教育提质增效。持续发挥好警示教育室两个“第一课堂”作用，结合疫情防控形势创新开展“云参观”“云学习”等教育形式。加强廉政文化建设，用好“初心堂”等特色教育阵地，坚持以案释纪、以案施教，强化反腐倡廉“年年讲、月月讲、日日讲、时时讲”的氛围。

征途漫漫、惟有奋斗。我们站在新的起点，向新目标发起冲锋。让我们紧密团结在以习近平同志为核心的党中央周围，在总署党委的坚强领导下，充分发挥全面从严治党的引领保障作用，再谱“更有效率海关”建设的新篇章。

第二篇

专记

厦门海关庆祝中国共产党成立 100 周年系列活动和党史学习教育

2021 年是中国共产党成立 100 周年。根据总署党委部署要求，厦门海关迅速组织开展庆祝中国共产党成立 100 周年系列活动，大力宣传展示中国共产党一百年来为人民谋幸福、为民族谋复兴、为世界谋大同的丰功伟绩，大力营造“党的庆典、人民的节日”浓厚氛围。同时，厦门海关把扎实开展党史学习教育作为重大政治任务，认真贯彻党中央学史明理、学史增信、学史崇德、学史力行要求，着力学党史、悟思想、办实事、开新局，聚焦重点、突出特色、上下联动、协同推进，取得扎实成效。

一、庆祝中国共产党成立 100 周年

（一）开展庆祝建党 100 周年系列宣传活动。

在厦门海关政务网开设“认真学习党史 庆祝建党百年”专栏，实时更新工作动态。召开“两优一先”表彰大会，为 27 名“两优一先”代表颁奖。关领导走访慰问老党员代表，向“光荣在党 50 年”老党员颁发纪念章。举办“学百年党史 做忠诚卫士”庆祝建党 100 周年主题宣讲比赛。泉州海关开展“我对党说一句话”、重温入党誓词、“擦亮岗号争当典范”等系列活动，营造团结奋进、担当作为的浓厚氛围。海沧海关从“听、说、读、写、观、赛、展、演”8 个方面着手，组织开展“鉴史知来”、党史书籍阅读分享、写下对党的祝福、参观红色印记、党史知识竞赛、“学习强国”挑战赛等活动。东渡海关开展“今日与百年”——百年党史天天学展映活动。古雷海关依托“新蕾学堂”，开展“百年党史我来讲”活动。人事处、

▲2021 年 7 月 5 日，厦门海关召开“两优一先”表彰大会

机关党委、机场海关、邮轮海关等部门单位组织开展庆祝建党100周年主题党日、为支部党员过政治生日、慰问老党员等活动。

（二）开展系列红色主题教育。

举办“百年风华今正茂”——厦门海关庆祝建党100周年书画摄影展，展出干部职工摄影作品62幅、书画作品49幅，展示厦门海关人在党的领导下改革创新、把关服务、团结奋进、勇当先锋的精神风貌。法规处组织参观厦门大学革命史展览馆，重温革命先烈艰苦卓绝的革命征途。各隶属海关充分利用当地红色资源，组织党员干部瞻仰革命遗迹遗址、革命博物馆、革命纪念馆，开展体验式学习教育。邮局海关组织党员干部通过人民网“红色云展厅”线上参观学习全国各地革命博物馆、纪念馆、党史馆、烈士陵园等数字化内容，推动党史移动听、线上学。漳州海关组织开展“传承红色基因 扛起时代使命”——庆祝中国共产党成立100周年党史故事分享会，从百年党史中汲取前进的智慧和力量。东山海关联合总关党委派驻纪检组开展“重温八闽第一枪 践悟初心担使命”主题党日活动，组织党员参观“平和暴动”纪念馆，并直播参观过程，分享党史故事。

（三）开展“庆祝建党百年”群众性文化活动。

开展丰富的文化活动庆祝建党百年，表达对党和海关事业的深厚感情。举办庆祝建党100周年文艺汇演，为关区干部职工呈现舞台剧《税魂》、情景剧《绣红旗》、舞蹈《征途》等13个文艺作品。在新建成的滨北老干部活动中心举办离退休干部庆祝建党100周年“百年恰风华 银发心向党”主题活动。组织参加厦门市火炬高新区举办的庆祝建党100周年文艺汇演活动，高崎海关选送配乐朗诵《相约第一百个春天》，翔安海关选送颂讲《三十而已》。集同海关用视频转播的形式开展“百年恰风华 逐梦新征程”主题文艺汇演，通过诗朗诵、红歌独唱、快板、小组唱等节目，深情回顾党的百年奋斗史，生动展现中国共产党百年来带领人民进行革命、建设、改革的历程。龙岩海关组织党员干部走进中央苏区税关史料馆，开展巾帼学党史暨庆祝建党百年大型融媒体云接力活动。

▲2021年7月5日，厦门海关举办庆祝中国共产党成立100周年专场文艺演出活动

二、党史学习教育

（一）高标准组织推动。

2021年3月15日，厦门海关组织参

加全国海关党史学习教育动员视频会，深入学习贯彻习近平总书记重要讲话精神，认真落实党中央关于党史学习教育的一系列部署要求。会后，关党委立即召开专题会，根据总署党委书记、署长倪岳峰讲话精神及全国海关党史学习教育工作方案要求，进一步研究细化关区党史学习教育工作安排。

结合海关垂直管理和准军事化纪律部队特点，坚持两级联动、一贯到底，做到关区“一盘棋”。成立厦门海关党史学习教育领导小组，党委书记、关长郑巨刚任组长，下设办公室，成立综合组、专题培训组和督导组，多次召开领导小组会、专题推进会、座谈会，精心制订总体方案、细化5个专项方案，部署推进相关工作。关党委委员带头参加专题学习研讨、讲授专题党课、深入基层调研，结合落实基层联系点制度，加强具体指导，抓好分管领域和联系单位的学习教育。对党史学习教育组织阶段性总结评估，根据机关、事业、企业单位不同特点，强化分类指导。各隶属海关单位分别成立相应领导机构，建立工作机构，完善工作机制，确保组织到位、责任到位、落实到位。

（二）明确重点学习内容。

厦门海关把学习贯彻习近平新时代中国特色社会主义思想作为首要政治任务，聚焦党史学习教育动员大会、庆祝中国共产党成立100周年大会、党的十九届六中全会等重要节点，紧扣主题主线，深化学习教育，提升工作成效。围绕深入学习贯彻习近平总书记在党史学习教育动员大会上的重要讲话精神，分4个专题开展学习研讨，推动各级党组织抓实抓好学习教育，组织党员干部读原著、学原文、悟原理，深入研读指定学习用书，用好重要参考材料，系统学习百年党史。围绕学习贯彻习近平总书记在庆祝中国共产党成立100周年大会上的重要讲话精神，举办专题读书班，开展党课宣讲，推动学深悟透伟大建党精神、“九个必须”、“江山就是人民，人民就是江山”等重要论述。围绕学习贯彻党的十九届六中全会精神，举办专题学习班，推动学习研讨宣传宣讲，引导党员干部深刻领会全会重大意义、“两个确立”的决定性意义、“十个坚持”历史经验和“以史为鉴、开创未来”重要要求等，结合关区实际研究制定具体贯彻措施，用全会精神统一思想、统一意志、统一行动。及时跟进学习习近平总书记参观“不忘初心、牢记使命”中国共产党历史展览、北大红楼时，以及在广西、福建、西藏、陕西等地考察期间的重要讲话重要指示精神，深刻感悟习近平新时代中国特色社会主义思想伟力。

（三）全覆盖学习教育。

党委理论学习中心组组织专题学习15次、举办学习班3期，关党委书记、关长郑巨刚为全关上专题党课，关党委委员进支部讲党课11场次、撰写心得16篇次，带领全关干部职工原原本本学习，反反复复研读。组织各类专题培训，举办3期处级领导干部培训班，组织3次专家授课，开设内网专栏、政工新媒体“百年党史天天学”等专题，发放辅导书7,000余册，更新学习展板100余块。开展“党史大家讲”“支部人人讲”等活动，采取“三会一课”、主题党日、“党员小讲堂”、“迷你党课”等形式，组织全体党员轮流宣讲习近平总书记重要讲话重要指示批示精神中的新思想、新观点、新论断。组建关区理论宣讲“轻骑兵”队伍，录制专题宣讲视频，灵活机动地把党史理论、红色故事推送到干部群众中间，营造“人人都是宣讲员”的浓厚学习氛围。组队参加华东片海关文化协作区党史知识竞赛获得一等奖。关区各级党组织通过“党史微课堂”、“日学、周看、月讲”、“学党史·提技能·开新局”岗位练兵、党史知识线下挑战赛等教培方式，在学深悟透上持续用力。

（四）用好关区红色资源。

坚持“红色引领、突出区位、典型带动、构建阵地”。围绕习近平总书记在福建工作期间的重要理念和重大实践，探寻习近平总书记的奋斗足迹。认真学习贯彻习近平总书记在福建考察调研时重要讲话精神，结合海关实际研究制定13项具体贯彻举措，并抓好落实。深挖活用身边红色资源，开展“学习身边党史故事”系列活动，组织寻访“古田会议旧址”“毛泽东才溪乡调查纪念馆”“谷文昌纪念馆”等红色遗址，开展“红色地图”打卡等现场体验式学习；整理海关红色资源研究文稿5万余字，龙岩上杭官庄关税处旧址作为红色资源保护与利用项目并获得总署支持。开展“学史·铸魂”海关红色讲坛，灵活运用多种载体讲好、演绎好海关的红色历史、红色故事，邀请革命先辈后代走进海关初心堂讲先辈故事，组织青年关员寻访海关老党员，创新推出老党员“红色讲古”党史故事音频，开展“学史·铸魂”海关红色讲坛81次，2篇档案故事被编入总署《追寻红色记忆 传承红色基因——海关档案故事100篇》，承办总署门户网站“传承红色海关精神，支持革命老区发展”在线访谈和“追寻红色记忆，传承红色基因”直播活动，总访问量达222万次，持续放大效应。

（五）开好专题组织生活会。

认真贯彻落实党中央关于党史学习教育专题组织生活会的各项部署要求，组织各级党组织和广大党员干部深入学习习近平总书记重要讲话精神，对标对表党中央的部署要求，查问题、找不足、抓整改。关党委委员以普通党员身份参加所在支部的组织生活会，并对分管部门、联系单位的党建工作进行全面督导。各级党组织在对照“四个方面”重点进行盘点检视的基础上，进一步对照关区“严格遵纪、自觉守法，做合格海关人”专项整顿活动等自选动作要求进行分析评估、查摆问题，扎实开好专题组织生活会并抓好问题整改，持续加强政治机关意识教育，落实全面从严治党主体责任，深入推进党史学习教育见行见效。组织关区两级领导班子认真开好巡视整改和全面从严治党整改专题民主生活会，细化工作方案，做好会前准备，强化督促指导，严格按照规定做好各项工作。关党委委员分别参加部分部门单位专题民主生活会。

（六）扎实开展“我为群众办实事”实践活动。

关党委坚持问题导向，主动走进地方政府、走进服务对象、走进基层一线，广泛听取意见，聚焦海关在落实新发展理念构建新发展格局中需要改进提升的问题、企业群众最急最忧最盼的问题、基层干部职工关心关注的问题等“三大问题”，实施国门安全、便民利企、暖心聚力“三项工程”，建立并完成关党委重点民生项目70个、隶属海关单位重点民生项目193个，“落实习近平总书记在闽考察重要讲话精神，促进闽西老区金铜产业释放‘链’效应”“创新‘3+1’监管模式，助力地方市场采购贸易方式出口预包装食品倍速增长”2个项目入选总署“‘我为群众办实事’百佳项目”。组织评选“滨北老干部活动中心修缮启用”“支持泉州企业高水平‘走出去’，推动市场采购贸易提质扩容”“海关检疫E码通”“打造便民利企‘一线工作站’”“提供高效检测服务，助力企业复工复产”等29个项目为关区“‘我为群众办实事’优秀项目”。坚持围绕落实总体国家安全观、支持高水平开放高质量发展，全力做好常态化疫情防控，支持中欧班列等海陆空立体开放项目建设，推动福、厦两关全业务领域一体化改革，深化关区稽查作业改革，积极开展海关监管制度集成创新。坚持人民立场，聚焦解决群众“急难愁盼”问题，开展“政策上门促外贸”、社区“双报到”、扶贫慰问、敬老爱老等便民利企、暖心惠民活动。发挥基层首创精神、紧贴业务需求，自主研发病毒采样、冷链消杀、现场消毒和辅助查验等四类新型智能设备，提升抗疫效率，有力保障“打胜仗、零感染”。国务院联防联控机制工作组4次来厦门，3次到海关现场检查，均给予好评。

▲2021年12月27日，厦门海关举办首批“‘我为群众办实事’优秀项目”集中展示会

（七）强化指导督促和宣传交流。

关区成立3个党史学习教育督导小组，采用线上线下多种方式，督责任、看做法、找问题、评效果、提建议，从严从实开展督导。在坚持日常督导基础上，对党史学习教育专题组织生活会、党史学习教育阶段“回头看”等进行专项督导，编发督导周报31期，推动各级党组织不折不扣贯彻落实上级部署要求。在总关政务网首页开设党史学习教育专栏，搭建交流平台，总结推广典型经验做法，编发工作动态500条、党史学习教育专刊57期，营造浓厚氛围。

（撰稿人：陈金铁　郑志宏　林志建）

厦门海关学习宣传贯彻党的十九届六中全会精神

厦门海关把学习宣传贯彻党的十九届六中全会精神作为重大政治任务，坚持以上率下，持续推动领导班子带头学、支部组织集中学、党员干部自主学，不断提升学思践悟质量效果。

2021 年 11 月 12 日，厦门海关党委第一时间召开专题党委会，传达学习党的十九届六中全会精神，党委委员交流初步学习体会。会议对关区学习宣传贯彻工作做出具体部署，要求各级党组织、全体共产党员要把学习宣传贯彻党的十九届六中全会精神作为一项重大政治任务，迅速掀起学习全会精神的热潮，全面系统学习领会全会精神的丰富内涵与核心要义，进一步统一思想、凝聚共识、坚定信念、增强斗志，以优异成绩迎接党的二十大胜利召开。之后，围绕贯彻落实总署党委、驻署纪检监察组部署和省党代会精神，及时召开 3 次党委会专题学习、研究落实全会精神，迅速下发专门通知，并及时制订贯彻落实方案。

▲2021 年 12 月 1 日，厦门海关党委集体参加总署党委理论学习中心组学习暨十九届六中全会精神专题宣讲电视电话会议

2021 年 12 月 10 日至 14 日，厦门海关党委举办党委理论学习中心组（扩大）学习暨党的十九届六中全会精神专题学习班，以书记领学、专家导学、集体研学、个人自学的形式组织学习。党委书记、关长郑巨刚做开班动员并就学习宣传贯彻党的十九届六中全会精神进行宣讲，关党委委员结合自身学习工作实际依次深入研讨交流。总署党史学习教育第七巡回指导组以视频方式参会指导。关区一级巡视员、副巡视员套转的二级巡视员，总工程师、总检验师，总关大楼内各部门、巡察办、关工会、关团委、各隶属海关、各事业单位、各派驻纪检组的主要负责人以及泉州海关副关长在主会场参会。各隶属海关单位设立分会场，相关领导班子成员、处科长、党员干部代表参加会议。厦门市委党校党史党建教研部主任、教授牛君受邀做题为《赓续百年伟业 再启赶考新程》的辅导报告，进行深入解读。参会人员围绕学习贯彻党的十九届六中全会精神，结合自身工作实际深入交流学习体会，关党委委员到各组开展宣讲交流。在学习班结业式上，关党委委员、政治部主任张毅东做总结讲话，4 个部门单位主要负责人做交流发言。各隶属海关单位积极响应，通过召开党委会、举办党委理论学习中心组学习和专题学习班等，主要负责人带头，班子成员紧密联系思想实际和工作实际开展专题学习研讨。

▲2021 年 12 月 10 日至 14 日，厦门海关举办关党委理论学习中心组（扩大）学习暨党的十九届六中全会精神专题学习班

厦门海关各级党组织迅速开展党的十九届六中全会精神热学热议活动，利用“三会一课”、主题党日、专题研讨等形式，组织党员干部原原本本学习会议文件，收听收看新闻发布会现场直播，分专题开展集中学习研讨，全面领会、准确把握党的十九届六中全会精神的基本内容、丰富内涵与核心要义。为党员干部配发《中共中央关于党的百年奋斗重大成就和历史经验的决议》《〈中共中央关于党的百年奋斗重大成就和历史经验的决议〉辅导读本》《党的十九届六中全会〈决议〉学习辅导百问》等书籍，引导党员干部学好《习近平谈治国理政》《论中国共产党历史》等重要著作，用好“学习强国”等重要学习平台，深化对全会精神的理解领悟。各级领导干部发挥“头雁”作用，关党委委员带头到所在支部或联系点做宣讲，各部门单位主要负责同志面向本部门单位或本业务条线、各基层党组织面向支部党员广泛开展宣讲。发挥理论宣讲“轻骑兵”队伍作用，以线上线下相结合的方式，组织老党员、老干部、先进典型、优秀青年等，结合自身经历，运用鲜活事例、生动故事开展宣讲。广大党员干部通过“支部人人讲”的形式普遍参与宣讲，交流学习体会和所思所悟。工会、团委、妇委会等群团组织也分别开展形式多样的学习教育活动。依托内部网站、展板、电子显示屏、“厦门海关 12360”及“闽海新韵”新媒体平台等关区各类宣传阵地，以开辟专栏、刊发学习动态和心得体会等方式，动态展示学习贯彻全会精神的做法成效，营造浓厚氛围。

厦门海关大力推进党的十九届六中全会精神进课堂，研究制订专题学习培训方案，抓好全员培训任务落实。以处级以上党员领导干部为重点，分级分类开展培训，相关工作从2021年12月持续到2022年6月底，实现培训全覆盖。分批举办3期处级领导干部学习贯彻党的十九届六中全会精神暨政治能力提升培训班，通过辅导讲座、研讨交流、自学读书、学员论坛、知识测试等多种形式开展集中轮训，引导党员领导干部把思想和行动切实统一到全会精神上来。组织参加学习贯彻党的十九届六中全会精神网上培训班，全体在编干部均通过考核测试。聚焦厦门海关建设发展历史经验，扎实开展海关史理论研究，形成一批理论研究文章。

厦门海关党员干部把党的百年奋斗重大成就和历史经验转化为奋进新征程、建功新时代的强大动力，坚持以习近平新时代中国特色社会主义思想为指导，坚决贯彻落实习近平总书记重要讲话重要指示批示精神，大力弘扬伟大建党精神，全面落实党中央重大决策部署，强化监管优化服务，在做好疫情防控、维护国门安全、优化营商环境、深化改革创新、全面从严治党等各项工作中勇立潮头、勇毅前行，深入推进“五关”建设，奋力建设“更有效率海关”，为全面建设社会主义现代化海关作出应有贡献。

（撰稿人：王珑 兰昕 许震）

厦门海关统筹推进新冠肺炎疫情防控和促进外贸稳增长工作情况

2020年1月新冠肺炎疫情发生至2021年年底，厦门海关深入贯彻落实习近平总书记关于疫情防控的系列重要讲话重要指示批示精神，坚决贯彻中央重大决策部署，在总署党委的正确领导下，扎实推进“更有效率海关”建设，一手抓口岸疫情防控，一手抓促进外贸稳增长，严格“人、物、环境”同防，做到“打胜仗、零感染”，取得较好工作成效。

一、严密高效抓好疫情防控

（一）加强组织领导。

2020年1月21日，厦门海关接到总署关于新冠肺炎疫情应对工作的相关通知后，连夜紧急召开会议，成立疫情防控工作领导小组（后改称疫情防控指挥部），制定8项具体措施。随后，根据疫情形势发展及时升级应急指挥机制，在总关层面建立融决策与执行为一体的全天候、扁平化、实体化运作指挥平台，关领导和13个职能部门主要负责人常态化进驻办公，24小时不间断运作，关领导深入重点现场担任前线总指挥，迅速形成横向到边、纵向到底责任体系。在机场海关旅检现场打破原有的科级建制，根据疫情防控需要将7类不同岗位组合成7个模块，实施网格化管理，在短期内实现了防控网络更密、通关速度更快、资源调配更有序、组织管理更便捷。建立全员战备、专业人员下沉一线、支援轮战工作机制，形成“一线、预备、应急”3个抗疫梯队，组成16个工作专班，为关区抗疫斗争提供组织保障。

2021年，关区两级党委积极落实防控责任，担责尽责、靠前指挥，将疫情防控作为重大政治任务，做到防控部署落实不过夜。持续完善“大办公”指挥体系以及现场网格化管理模式，做到常态化激活、全天候运转，全年召开指挥部及指挥部办公室工作会议56次，参加全国海关疫情防控专题工作会议4次，明确防控任务分工，及时更新细化技术方案、操作指南等26份，不断完善“水陆空邮”立体防控体系。完善常态化能力培训、应急演练、人力支援三项机制，组织培训4,329人次、开展预防和处置职业暴露等各类场景演练47场次，动态调配37批次373人次支援抗疫一线。疫情发生后，国务院联防联控机制工作组共4次到厦门，3次到海关现场检查均给予好评。

▲2021年8月9日，国务院联防联控机制工作组到东渡海关三级监控指挥中心开展疫情防控督导检查

（二）严格防控措施。

抗疫之初，厦门海关就提出“执行技术方案就是执行工作纪律，不执行技术方案就是违反工作纪律”，强调实施科学抗疫的重要性，确保抗疫工作严密规范。

坚决落实口岸检疫“三查三排一转运”、7个100%等防控措施，将高风险布控航班和高风险国家（地区）入境人员列入卫生检疫重点。2021年，累计推动对航班实施熔断措施3次；推进属地完善包机入境、阳性船员处置工作机制，专项考核得分居全国海关第6名。年内，检出福建口岸首例新冠病毒德尔塔、奥密克戎变异毒株；妥善处置水运口岸入境船员聚集性新冠病毒感染事件，得到福建省、厦门市领导批示肯定，厦门市借此进一步优化水运口岸疫情防控指挥机制和多部门联动应急处置模式，在福建省内率先出台国际航行船舶发现核酸检测阳性患者（含外籍人员）工作规程、国际航行船舶发现聚集性新冠病毒感染工作规程，形成入境船员聚集性新冠病毒感染事件处置的“厦门经验”并在全省推广。

坚持“人、物、环境”同防，最大限度阻断进口冷链食品及高风险非冷链集装箱货物传播疫情渠道。2020年7月3日，从一批自厄瓜多尔进口的冻南美白虾2个外包装样本中检出新冠病毒核酸阳性，成为全国最早从冷链食品中检出阳性样本的两个直属海关之一，全年累计检测进口冷链食品样本6.3万个。2021年，持续做好进口冷链食品及高风险非冷链集装箱货物检疫，专项考核排名居全国海关第一名。严防疫情叠加，年内检出全国首例新冠病毒合并登革热感染病例，妥善处置一起国际邮轮船员消化道疾病聚集性事件。规范疫情防控卫生处理监督，切实做好高风险进境航班布控与终末消毒监督工作，制发试行交通工具新冠病毒消毒处理监督指导指南、口岸作业区域新冠病毒消毒处理监督指导指南等。

强化联防联控，坚持“前推后移”，强化与外事部门、码头企业、航空公司等单位的密切合作，与厦门市卫健委建立“分工合作、分段采样、结果共享”疫情样本检测合作及阳性样本基因测序协作机制，实现与地方疾控溯源系统数据对接，实时共享疫情防控信息。推动开通高崎机场全封闭式入境专用通道，人员移交、信息通报、病例追溯等联防联控机制无缝对接。

（三）强化内部防控。

始终绷紧安全防护这根弦，严格落实“一把手负总责、业务条线各负其责、一线单位具体负责”安全防护责任制，成立关区疫情防控安全防护领导小组，由关长担任组长，各隶属海关、事业单位均成立相应疫情防控安全防护领导小组，“一把手”抓落实，从严从细抓好安全防护工作。落实顶格防护要求，制订并及时更新新冠肺炎疫情内部防控指南、全员核酸检测方案、海关人员疫苗接种方案，制定感染控制、防止职业暴露等制度18项，实行医院式分区分级管理，以统一下口令方式集体穿脱防护服，增设专用卫生间，坚决实现“打胜仗、零感染”。严格干部日常管理，明确要求干部职工要做到“四个减少、四个避免”，即减少出差，减少出行，减少聚会，减少不必要的接触；避免与口岸作业相关单位工作人员非防护状态下接触导致的干部职工感染风险，避免出现因发热症状不报、漏报等导致的潜在感染扩散风险，避免同事间“8小时”外聚集所引起的交叉感染风险，避免干部职工家庭成员防护措施不到位导致的间接感染风险。

妥善应对关区本土疫情，组建流调和核酸检测专业队伍，采取全员核酸检测、AB班工作制等，实现干部职工“零感染”。本土疫情期间，关党委坚持靠前指挥，各部门单位主要负责人驻岗值守。疫情防控指挥部迅速响应、24小时运转，对照国务院联防联控机制及总署关于疫情内部防控相关要求，结合地方防疫政策，制定关区发生属地疫情处置工作流程图，从严从紧梳理排查风险隐患，持续优化完善防控措施，确保各项工作不留死角。2021年结合属地本土疫情防控安排开展6轮全员核酸检测、共2.3万人次。

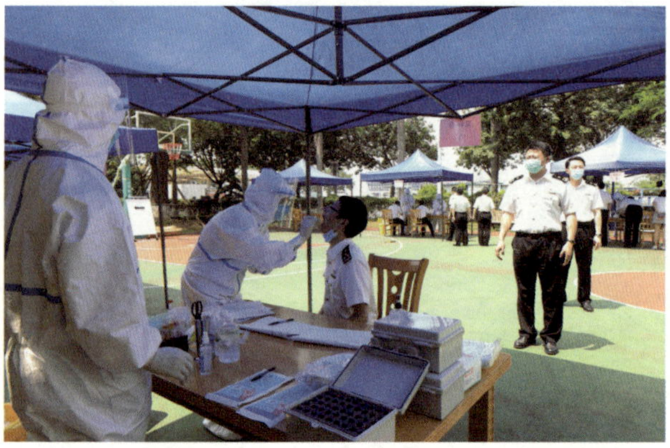

▲2021年9月14日，厦门海关组织总关机关工作人员核酸检测

严格落实封闭管理要求，迅速启动入境人员卫生检疫岗位及进口冷链食品安全监管岗位等高风险岗位工作人员“14+7+7”封闭管理模式，制定封闭管理总体工作方案和管理制度，开展集中封闭管理督导检查，督促严格执行“四必须”“五件套”“六个不”工作要求。按照“应检尽

检”“愿检尽检”要求落实干部职工新冠病毒核酸检测工作，持续更新工作人员核酸检测频次。做好新冠病毒疫苗“应接尽接”工作，截至2021年12月31日，关区累计接种1.1万人次，完成加强免疫接种2,817人次，在厦门市行业主管部门中加强免疫完成率排名第二位。

（四）优化科技支撑。

针对抗疫初期人工作业工作量大、差错率高、效率低等问题，厦门海关迅速开发“海关检疫E码通”平台，入境人员通过出示健康码“一码通关”，实现了入境卫生检疫全流程信息化、数字化管理，将无症状流调时长从20分钟压缩到90秒，口岸检疫效能大幅提升，被总署作为典型经验推广，列入“三智”早期收获项目。2021年，推进“海关检疫E码通”功能完善，深化与总署卫生处置应用融合使用，实现与溯源系统疫情防控数据实时对接。针对冷链现场温度低、劳动强度大的情况，研发病毒采样机器人，将总署作业规范植入预定程序，繁复机械的劳动由机器人自动完成，压减作业时长60%以上，有效减少一线干部职工感染风险。新增负压采样室20间、检疫方舱7个、检疫设备122台/套，完成关区主要水运口岸负压检疫工作室和船员临时留验室升级改造，紧急扩建生物安全实验室，核酸检测能力从原来的每天36份扩大到2,500份。

2021年本土疫情期间，厦门海关依托海关e服务平台，自主研发干部职工每日健康管理系统，先后开发上线全员核酸检测、应检尽检、疫苗接种、情况紧急排查、每日健康等应用模块，实现疫情防控数据移动报送，统计信息数据报送工作时长由1天缩短至1小时以内，大幅提高信息收集上报和统计分析效率，实现关区行政、事业和编外人员防疫信息统一、闭环管理。自动生成疫苗接种数据和统计信息，2021年累计收集内部人员3.63万条去向动态、2.86万人次的核酸检测数据，完成关区全体干部职工6轮核酸检测和3轮疫苗接种数据录入、统计管理任务。

（五）落实防控监督。

建立“指挥部+专家组+专责监督员”三级监督机制，实施24小时“在线”和“抵近”监督。组建安全防护工作专家组，组织安全防护监督员培训，通过网络课程、理论考试、实操考评、应急演练等多种方式，持续提升三级专兼职安全防护监督员业务水平。严格落实监督考核问责机制，依托指挥部“大办公”指挥体系定期组织专项督查，2021年开展全关区督查4次、通报问题105项，督促业务现场落实整改到位。发挥二级视频监控中心作用，成立视频监控专班，发现问题34项，组织整改落实“回头看”4次，指导一线干部职工严格执行安全防护措施。严肃追责问责，对于防护要求落实不到位问题“零容忍”。

（六）强化关心关爱。

面对持久战压力，始终把为一线减压释负摆在突出位置，落实落细总署党委关心关爱要求，凝聚抗疫强大合力。细化关心关爱疫情防控一线人员 47 条工作措施，关党委委员轮流到一线督导慰问，把总署党委关怀传递到最基层。按照夫妻双方都在抗疫岗位上的安排一名同志退出、家里有 3 周岁以内幼儿的女同志不抽调等“四不抽”原则组建封闭轮战专班，把轮换间隔拉长到42 天，让干部有更多时间回归正常工作和家庭生活。经常性开展封闭管理干部职工家访摸排，将有特殊困难的干部职工及时调整至二线。坚持表彰奖励向一线倾斜，累计表彰 224 人次、火线入党 4 人，机场海关机关党委在建党百年之际获评“全国先进基层党组织”。

二、全力以赴促进外贸稳增长

（一）稳外贸市场主体。

2020 年，出台“防疫情、稳外贸”14 项举措和 58 条细化措施，率先全国开辟防疫物资进口 24 小时绿色通道，验放进境防疫物资 1,500 多批次，特事特办支持省市重点企业转产医疗物资；建立《海关总署 福建省人民政府合作备忘录》落实机制，组织“防疫情稳外贸促发展”大调研，及时向总署提出政策建议，累计办理延期纳税 7.8 亿元、减免滞纳金 1,663 万元、免除保税担保 1.32 亿元；向总署和省市报送分析报告 92 篇、预警信息 273 条，获省部级以上领导批示 20 篇次；发布技术性贸易措施预警信息 2,193 条，推荐 26 家次食品企业对国外注册。2021 年，服务“六稳”“六保”，落实落细《海关总署 福建省人民政府合作备忘录》和促进外贸稳增长各项措施，开展助推民营企业发展、RCEP 对省市外贸影响等专项调研，健全“问题清零”机制，为重点项目量身定制快速通关方案；强化企业信用培育，对 1,300 余家纳税信用 A 级纳税人实施联合激励，为企业开展信用培育 181 家次，年内关区新增高级认证企业 18 家，同比增长 26.1%，新增数量创历年新高。

▲2021 年 5 月 11 日，厦门海关关员验放出口新冠病毒检测制剂原料

（二）优化口岸营商环境。

以压缩通关时间为抓手，深入推进跨境贸易便利化专项行动，从“简单证、优流程、提时效、降成本”等多方面持续发力。创新“不见面审批”模式，27 个承诺

服务事项全程网办。落实报关企业注册登记审批改备案和注销新规，注销办理时限压缩至11个工作日。建立福、厦两关高级认证企业协调员配合机制，拓展进口“船边直提”、出口“抵港直装”范围，实施大宗散货“先放后检”。首创“原产地证申领一体化平台”和“e政务”便民服务站自助打印，13项“证照分离”改革措施落地实施。助力厦门市连续两年（2020、2021年）获评“全国营商环境标杆城市”、厦门口岸连续三年（2019、2020、2021年）获评“中国十大海运集装箱口岸营商环境评测”最高星级，相关做法入选厦门特区40周年全面深化改革优秀案例。持续优化检疫审批，支持食品扩大进口，肉类、水产品进口逆势增长2.07%、11.99%，毛燕进口创历史新高。

（三）助推重点产业发展。

密切跟进“天马第6代柔性AM-OLED生产线”重点项目，成立关领导牵头、6个部门单位参加的工作专班，一揽子协调解决申报、减免税、查验、放行等通关流程问题，并在全国首创“减免税智能审核”模式，解决企业生产料件“货急票多”难题。在全国率先试点开展集成电路研发保税监管改革，覆盖全市80多家相关企业，带动企业经济效益超3亿元。完善生物医药产品快速审批模式，力促厦门市生物医药产业跨越式发展，监管新冠病毒检测试剂出口额居全国前列。围绕重点产业加强税政调研，16项税率调整建议被纳入《2021年关税调整方案》，约占全国海关税政建议采纳量的五分之一，推动解决航空维修等产业政策瓶颈问题。

（四）保障外贸供应链畅通。

2020年，出台支持中欧（厦门）班列12条举措，监管班列开行数、标箱数、货值同比分别增长17%、36%和40%；推动建成福建省首家生物材料特殊物品出入境公共服务平台，支持漳州台商投资区保税物流中心（B型）正式封关运作，助推厦门成为全国最大毛燕进口口岸；支持市场采购贸易省内通关一体化，推动市场采购出口同比增长99.57%。2021年，支持中欧班列、“丝路海运”平台发展，监管中欧班列货值10.4亿美元、同比增长7.16%，助力厦门港集装箱吞吐量首次突破1,200万标箱；支持象屿综保区、海沧港综保区通过验收，泉州石湖港保税物流中心（B型）封关运作，“四自一简”等13项政策落地实施，特殊监管区域一线进出口值创历史新高；出台促进跨境电商高质量发展12条措施，监管跨境电商零售进出口商品大幅增长。

（五）推进自贸改革创新。

2020年，厦门海关开发应用的“海关公证电子送达系统”入选国务院第六批改革试点经验，全年共有5项创新举措获评全国首创，5项入选福建省可复制创新成果；“建设自由贸易港型新经济特区”等研究成果获省市领导高度肯定。2021年，全面完成国务院58项复制推广任务，3项自贸创新成果获评全国首创；积极探索适应大规模物流进出的新型监管模式，推动建设口岸综合物流信息化服务平台，空运货站作业效率提升90%以上；加贸领域ERP联网监管成功试点，跨境贸易大宗商品区块链应用顺利启动，“企业集团加工贸易监管模式”获全国推广。

（撰稿人：宁卫平　陈　睿）

第三篇

政治建设

党建工作

【概况】2021年，厦门海关坚持以党的政治建设为统领，深入学习宣传贯彻习近平总书记“七一”重要讲话精神和党的十九大及十九届历次全会精神，持续深化政治机关建设，开展党史学习教育，聚焦“强基提质”，夯实基层党建基础；强化全面从严治党，坚持严的主基调不动摇，压紧压实主体责任，巩固全面从严治党“一体严”“贯通严”“自觉严”格局，扎实推进关区党风廉政建设和反腐败工作；落实总署巡视整改要求，强化教育整顿，狠抓作风纪律建设；统筹开展党的群团工作，深化精神文明创建，为建设“更有效率海关”提供有力政治保证。

【党史学习教育】2021年，厦门海关贯彻中央“学史明理、学史增信、学史崇德、学史力行”要求，突出“学党史、悟思想、办实事、开新局”，聚焦重点、突出特色、上下联动、协同推进党史学习教育。组织开展关党委理论学习中心组专题学习15次、专题班（学习班）3期，关党委书记面向全关上专题党课，关党委委员进支部讲党课11场次、撰写心得16篇次；举办处级领导干部培训班3期，组织党史专家授课3次；开展“读经典 悟思想 汇青年”系列活动，举办青年读书分享活动2期、关区青年学习贯彻党的十九届六中全会精神专题读书班暨团干培训班1期；开设厦门海关政务网“认真学习党史 庆祝建党百年”专栏、政工新媒体“百年党史天天学”等专题，发放党史学习辅导书籍7,000余册，更新学习展板100余块。关区基层党组织广泛开展“党史大家讲”“支部人人讲”等活动，采取“三会一课”、主题党日、“党员小讲堂”、“迷你党课”等形式，组织党员轮流宣讲习近平总书记重要讲话重要指示批示精神；机关党委组建关区理论宣讲“轻骑兵”队伍，录制专题宣讲视频10余个，组队参加华东片海关文化协作区党史知识竞赛，获得一等奖。组织整理海关红色资源研究文稿5万余字、资源档案16份、文物11件，龙岩上杭官庄关税处旧址被列入海关红色资源保护与利用项目。开展“学史·铸魂”海关红色讲坛81次，2篇档案故事被中国海关学会编入《追寻红色记忆 传承红色基因——海关档案故事100篇》。落实国门安全工程、便民利企工程、暖心聚力工程，动态完善形成关党委“我为群众办实事”实践活动重点民生项目70项，关区隶属海关单位、事业单位重点民生项目193项，合计263个项目年内全部完成。“落实习近平总书记在闽考察重要讲话精神，促进闽西老区金铜产业释放‘链’效应”和“创新‘3+1’监管模式，助力地方市场采购贸易方式出口预包装食品倍速增长”2个项目入选总署“‘我为群众办实事’百佳项目”。

▲2021年3月29日，厦门海关举办处级领导干部学习贯彻党的十九届五中全会精神暨党史学习教育专题培训班

开展庆祝中国共产党成立100周年系列活动。2021年6月，厦门海关以“百年风华今正茂”为主题举办庆祝建党100周年书画摄影展，展出干部职工摄影作品62幅、书画作品49幅。以“学百年党史 做忠诚卫士”为主题，举办庆祝建党100周年宣讲比赛。派员参加厦门市机关事业工会联合会举办的“听党话跟党走、有作为敢担当”庆祝建党100周年主题演讲比赛，获一等奖。7月，举办庆祝建党100周年专场文艺演出，分为“红色记忆”“信仰的力量”“我们就是这样的人”3个篇章。

【落实党建主体责任】 2021年，厦门海关党委制发全面从严治党工作重点任务分工方案和深入贯彻落实全面从严治党要求的实施意见，修订下发全面从严治党主体责任清单，推动各隶属海关党委同步修订各自主体责任清单。制发落实落细管党治党责任提升全面从严治党治关实效整改工作方案和责任分工表，细化4个方面40项具体整改措施。组织关区上下联动开展对党的十八大以来特别是党的十九大以来全面从严治党决策部署落实情况等5个方面开展全面排查。制定工作指引，对关区各级党组织“第一种形态”运用进行细化规定，全年关区“第一种形态”运用取得较好成效。年内，召开关区落实全面从严治党主体责任情况汇报会暨基层党建工作现场述职会，关党委听取13个隶属海关党委书记述职。

【夯实党建工作基础】 2021年7月，厦门海关召开中共厦门海关机关第八次代表大会，听取审议中共厦门海关第七届机关委员会工作报告、中共厦门海关机关纪律检查委员会工作报告，选举产生中共厦门海关第八届机关委员会和机关纪律检查委员会。10月，厦门海关基层党建实训基地（总关实训点）启用仪式在总关20楼视频会议室举行，首批22名党建实训导师以关区政工条线处级干部、专职党务干部和实操能力强的支部书记为主，上线46个精品课程，举办2期党支部书记培训班，211名党支部书记参训。年内，关区新设立党支部35个、抗疫一线临时党支部10个，增补书记和委员157名，审批接收预备党员41名。

【厦门机场海关机关党委被中共中央授予“全国先进基层党组织”荣誉称号】 2021年6月28日，厦门机场海关机关党委被中共中央授予“全国先进基层党组织”荣誉称号，厦门机场海关党委书记作为代表参加全国“两优一先”表彰大会，并在人民大会堂接受表彰。该关是全国海关系统仅有的3家获评单位之一，也是厦门市唯一获评该荣誉称号的单位。

▲2021年6月28日，厦门机场海关机关党委被中共中央授予“全国先进基层党组织”荣誉称号

【培树先进典型】 2021年，厦门海关持续营造崇尚先进、学习先进、争当先进的浓厚氛围，开展关区“两优一先”评选活动，表彰96名优秀共产党员、38名优秀党务工作者、27个先进基层党组织；评选61个党支部为厦门海关2021年度“四强”支部。关区5个基层党建品牌获评2021年度全国海关党建示范（培育）品牌；机场海关旅检二科党支部“轮班制旅检科室支部党建工作模式探索”入选总署“书记项目”试点，其经验做法被《中国国门时报》、总署政工简报宣传报道。年内，10人获省部级表彰，其中1人获评厦门经济特区建设40周年先进模范人物；17个支部、14名党员获厦门市委及市直机关工委表彰。

【“厦门海关政治保卫成果展厅”改造升级】 2021年，厦门海关完成政治保卫成果展厅改造升级，该展厅系全国海关系统唯一的政治保卫成果展厅。展厅分为“前言”“三个历史阶段时间轴”“忠诚履职不辱使命”“荣誉墙”“结束语”5个部分，展示物品中新增书籍类展品600余本（页）、照片852幅。年内累计接待参观团体53个。

▲厦门海关政治保卫成果展厅

【专项教育整顿】2021 年，厦门海关先后在关区开展 3 轮专项教育整顿。4 月至 9 月开展“以案为鉴、牢记教训、警钟长鸣”专题廉政警示教育月暨内务规范强化月活动；5 月至 6 月开展“严格遵纪、自觉守法，做合格海关人”专项整顿活动；9 月开展 2021 年警示教育月活动。其间，成立专项整顿活动督导小组全覆盖督导，通过专题学习教育、全员覆盖谈心谈话、规范干部亲属从业行为申报、对照清单自查自纠、召开专题组织生活会、组织全员准军事化队列训练等各项举措，确保整顿活动取得成效。

【廉政教育及内务规范等工作】2021 年，厦门海关组织对 2020 年关区 3, 666 次外出执法廉政监督开展抽查回访 440 次，抽查回访率 12%，未发现违反廉洁纪律等情形。召开上半年厦门关区党风廉政建设和反腐败工作例会暨警示教育大会，党委书记、关长郑巨刚深刻分析关区全面从严治党工作面临的形势，明确要求落实落细管党治党责任提升全面从严治党治关实效；关党委集体约谈各部门单位主要负责人和派驻纪检组长履行“两个责任”情况，指出存在的思想作风问题，提出具体要求。下发进一步加强酒驾醉驾防控工作的通知，组织全体干部职工（含行政事业在编干部及工人、编外人员）填报“杜绝酒驾承诺书”，向干部职工家属发出倡议信，节假日推送廉政纪律和杜绝酒驾醉驾提醒短信，严格规范落实同事吃请、饮酒报备制度。全年开展现场及视频内务规范检查 106 次，联合视频检查 96 次，下发关区通报 10 份、整改通知书 20 份。关区累计接听政风行风监督热线电话 115 人次，受理政风行风投诉 5 件，内容主要涉及工作态度、工作效率、疫情防控纪律遵守等，均按要求反馈处置情况，经核查部分属实 1 件。关区政务服务“好差评”系统相关业务系统线上办理 523 件，好评率 100%。

【群团工作】2021 年，厦门海关开展高温和春节走访慰问疫情防控一线干部职工活动，慰问“14+7+7”封闭管理专班人员 333 人、疫情一线人员 346 人；工会联合会组织封闭管理专班人员疗休养；关区 4 名心理咨询骨干为“14+7+7”封闭管理专班人员提供 24 小时心理疏导，接听服务热线 13 人次，组织对封闭管理专班人员岗前心理稳定化训练，面对面团体辅导 6 次，服务 81 人；组织封闭管理专班人员开展线上文体活动，推出“我们的好声音”、“好读书、读好书、读书好”、运动打卡等 12 项线上项目，开展 48 场活动，585 人次参加。关心关爱重大疾病及困难干部职工，完成 180 人次（其中重大疾病 15 人）医疗互助保障申请；为干部职工申请参加 2022 年度厦门市职工医疗互助保障；全年组织 17 个基层工会 143 人献血 3. 6 万毫升。接续做好巩固脱贫攻坚成果、帮扶乡村振兴工作，协调解决永春县魁斗村幼儿园建设及新岭村自来水建设 2 个项目资金问题；开展“闽宁消费帮扶”活动；厦门海关第2批4名驻村干部圆满完成脱贫攻坚任务返岗，派出第3批2名驻村干部前往南平定点帮扶乡村振兴。召开“青年文明号”授牌仪式暨关区共青团工作会议。年内，新增福建省文明单位2个，国家级文明单位培育对象2个、省级文明单位培育对象2个；被福建省总工会命名“五一先锋号”1个、被厦门市总工会命名“五一先锋号”9个，获全国“青年文明号”3个、福建省“青年文明号”6个，获全国妇联“巾帼文明岗”1个，获“福建青年五四奖章集体标兵”1个。

（撰稿人：兰　昕　许　震　杨冬梅　陈金铁　郑志宏　罗倩妮）

巡视巡察工作

【概况】2021年，厦门海关贯彻落实总署党委工作部署要求，坚守政治巡察定位，强化政治监督，完成总署党委巡视配合工作并全力推进巡视整改。组织2轮对关区12个部门单位开展巡察监督，采用巡察组实地检查和部门单位自查相结合方式开展巡察“回头看”，以检验相关单位的巡察整改效果。全年巡察发现问题138个，向被巡察单位提出意见建议45条；巡察发现问题函告有关部门单位19份；针对巡察发现的问题，关领导约谈责任单位领导班子2个，集体提醒谈话责任单位领导班子3个，提醒谈话11人次、批评教育2人次；巡察移交问题线索的相关当事人受到党内严重警告处分1人、被提醒谈话1人。按照“5年关区巡察全覆盖”部署要求，2021年（5年一轮的第4年）关区巡察覆盖率达80%。

【配合总署党委巡视及推进巡视反馈问题整改“见底清零”】2021年4月6日至6月10日，总署党委第五巡视组（简称“巡视组”）对厦门海关党委开展常规巡视。巡视期间，厦门海关保障巡视组召开会议8场次、开展个别谈话150余人次、内部延伸巡视和走访地方部门14家、各类系统授权30人次，配合巡视组做好巡视公告发布、问卷调查、调阅资料等工作，向巡视组提供纸质材料1,900余册、电子文件2万多份。

▲2021年4月12日，总署党委第五巡视组在厦门海关召开巡视厦门海关党委工作动员会

8月3日，巡视组向厦门海关党委反馈巡视意见，关党委随即成立巡视整改领导小组，领导小组下设办公室（简称“整改办”）负责具体推进巡视整改工作。关党委按照条线区分、责任明晰的原则，将巡视反馈的34个问题精细划分为50个具体问题，从整改问题本身、源头治理举一反三和建立长效机制3个方面确定整改措

施、细化任务，逐项明确责任关领导、主协办部门单位、整改要求和整改时限。在巡视整改过程中，厦门海关先后召开党委会11次、动员部署会1次、整改推进会3次、整改办（扩大）会议2次，研究部署阶段性整改工作任务，将巡视整改落实到位、贯通到底。针对巡视反馈的突出问题和普遍性问题，在关区开展"落实落细管党治党责任提升全面从严治党治关实效""'监督建议书''监督意见书''监督提示单'发现问题整改落实情况""严格遵纪、自觉守法，做合格海关人"3项专项整治，以及"队伍考勤日常监督管理""关区储备库和周转库防疫物资使用管理情况"2项专项治理，做到整改一个问题、规范一个领域。对巡视反馈问题依规依纪开展责任追究，共集体约谈3个部门单位、集体提醒6个部门单位、通报批评22个部门单位，诫勉谈话6人次、约谈16人次、提醒谈话174人次、批评教育76人次，20人次做检查检讨，倒逼责任主体归位到位。整改办每两周向关党委汇报一次巡视整改情况，共报告进展情况9次，制发整改相关事项通知24份，编发周报18期；组建3个监督小组负责机关部门、12个派驻纪检组负责隶属海关和事业单位巡视整改日常监督，每两周向关党委报告一次整改监督工作情况。上海特派办两次对巡视反馈问题的整改落实情况进行远程视频抽核检查。

集中整改期间，关党委召开巡视整改专题民主生活会。会前征集意见建议63条，谈心谈话160余人次。会上，关党委班子和成员严肃开展批评和自我批评，对照巡视反馈问题认真检视自身差距，深挖思想根源并提出整改措施。关党委班子围绕4个方面重点查摆问题12个，提出具体措施14条；班子成员查摆具体问题72个，提出相互批评意见81条。上海特派办通过视频会议系统全程参会指导。

集中整改结束后，关党委制定做好关区中长期巡视整改工作7项措施，建立健全整改长效机制。截至12月31日，既定的全部94项整改措施（122个细化任务）均整改完毕。

【党委巡察监督】2021年，厦门海关党委共开展2轮巡察监督。5月，组织开展第一轮巡察工作，组建2个巡察组分别对集同海关和技术中心日常采购、财务处涉案财物管理开展专项巡察；6月，关领导带队分赴上述3家被巡察单位反馈巡察情况和关党委巡察工作领导小组审议意见。10月至11月，结合巡视组反馈的"为基层减负成效不明显"问题，统筹开展第二轮巡察工作，组建2个巡察组分别对数据分中心、后管中心开展常规巡察，对法规处、综合处、动植处、统计处、科技处、督审处、风控分局7个部门单位开展"解决形式主义问题为基层减负"专项巡察；12月，关领导带队分赴上述9家被巡察单位反馈巡察情况和关党委巡察工作领导小组审议意见。2轮巡察监督共发现问题127个，提出意见建议38条。

【巡察反馈及巡察“回头看”】 企管处、邮局海关、海沧海关、技术中心、培训中心是2020年厦门海关党委第二轮巡察对象。2021年1月，关领导带队分赴上述5家被巡察单位反馈巡察情况和关党委巡察工作领导小组审议意见。3月，关党委组建2个巡察组，采取实地检查和部门单位自查相结合的方式，对2019年第二轮、2020年第一轮的8个常规巡察对象开展巡察“回头看”，共发现问题11个，提出意见建议7条。

【巡察制度和干部队伍建设】 2021年，厦门海关研究制定关于建立巡察工作协作配合机制的意见，厘清巡前、巡中、巡后协作配合要求，构建形成巡察与纪检监察、组织人事、督察内审等部门的监督合力；出台试行党委巡察干部选派考核管理办法，优化巡察组长库和巡察干部队伍库入选机制，加强关区巡察干部选派管理考核。3月，组建关区巡察组长库39人，优化调整新一批巡察干部队伍库189人，并实行动态调整机制。同时，根据总署党委加强巡视巡察上下联动实施意见，研究制定加强学习提高政治站位、强化对巡察工作考核约束、严格落实巡察监督重点、加强制度建设及协作配合、加强巡视巡察整改落实、加强巡察干部队伍建设及加强巡察工作部门建设等贯彻落实措施，明确巡察办是关党委工作部门和政治部组成部门，独立开展工作；5月，巡察办党支部设立；10月，巡察办增设1个科级机构并增加相应领导职数，厦门海关巡察工作机构和专职巡察干部力量进一步配齐配强。

（撰稿人：陈悦松　陈辉宏　黄宝边）

纪检工作

【概况】2021 年，厦门海关按照驻署纪检监察组工作部署，坚持严的主基调不动摇，推进关区全面从严治党、党风廉政建设和反腐败工作向纵深发展，强化政治监督，组织开展疫情防控和巡视整改等专项监督，不断深化派驻监督，依规依纪依法开展执纪问责，持续加强纪检队伍规范化、法治化、正规化建设，推动纪检工作向高质量发展目标迈进。

【政治监督】2021 年，厦门海关把习近平总书记对海关工作重要指示批示精神和党中央重大决策部署的贯彻落实情况作为政治监督首要任务。党委纪检组根据驻署纪检监察组和关党委工作部署，制订监督方案，通过一线跟班作业、调阅单据单证、开展问卷调查、约谈重点人员等方式，推动厦门海关在禁止洋垃圾进境、严厉打击象牙等濒危动植物及其制品走私、打击治理“水客”走私等方面高质量完成重点任务，全年开展监督检查 147 次，推进党和国家重大决策部署在关区有效落实。

【疫情防控监督】2021 年，厦门海关贯彻落实习近平总书记关于疫情防控工作的重要指示批示精神，发挥纪检监察监督保障执行、促进完善发展作用，坚持靠前监督、跟进监督、精准监督，履行协助、监督、检查职责。纪检部门建立与关区疫情防控指挥部办公室及各相关职能部门共商、共享和联动“三项机制”，推动主体责任和监督责任紧密结合、互相促进，提升监督合力；制订“问题对照清单”“监督清单”“整改督办单”，对发现问题实行“挂号销账”管理，对屡查屡犯问题重点督、反复督，点对点跟踪整改措施落实到位。各派驻纪检组采取参会监督与平时提醒结合、视频实时监控与回放视频抽查结合、下沉一线与线上督导结合等方式，压实关区各隶属海关内部防控和安全防护主体责任；盯紧打击防疫物资非法出境、涉台口岸疫情防控、防范亚洲重点国家疫情输入、强化海关系统疫情安全防护监督等部署落实，年内开展专项监督 4 次。全年关区纪检机构赴一线督导疫情防控 225 次、视频监督 385 次、履职谈话 311 人次、制发监督建议书 9 份，向驻署纪检监察组报送监督工作周报20期。

【巡视整改监督】2021年，厦门海关党委接受总署党委第五巡视组的巡视，关党委纪检组组织成立关区巡视整改专项监督工作组，关区4个职能部门、3个监督小组及12个派驻纪检组督促整改巡视反馈问题。落实责任、跟紧进度、盯实质量，组织召开各类监督工作动员会、推进会8次，编发阶段监督工作要点5期、监督工作动态11期，开展实地检查、交叉检查3次，关党委定期听取进展情况汇报，推进122项细化任务全部落实到位，督促建章立制139项，指导各部门单位规范开展责任追究196人次，以监督推动巡视整改上下贯通、落地见效。

【党委派驻监督】2021年，厦门海关党委各派驻纪检组对驻在单位履行监督和检查职责，通过专题汇报会形式向关党委汇报，累计向关党委报送监督执纪分析报告48篇，制发监督建议书40份，推进各隶属海关落实责任、加强监管、改进工作。关党委纪检组加强对各派驻纪检组监督指导，全年听取派驻纪检组工作汇报2次，修订试行党委派驻纪检组监督工作指引，对派驻纪检组工作量化考核评分，3个派驻纪检组在2021年度考核中被评为优秀。

【“现场监管与外勤执法权力寻租”专项整治】2021年3月23日，厦门海关召开“现场监管与外勤执法权力寻租”专项整治工作动员部署会，党委书记、关长郑巨刚提出，统一思想，提高站位，深刻认识开展专项整治工作的重要意义；紧扣主题，靶向纠治，纵深推进专项整治工作；强化措施，狠抓落实，确保开展专项整治工作的实效性3点要求。3月至10月，组织开展“现场监管与外勤执法权力寻租”专项整治，制发实施方案，成立领导小组，建立党委书记抓总、党委委员分工负责、党委纪检组监督协助、职能部门和基层单位共同参与的工作机制，统筹协调、压紧责任、常议常抓，分组织部署、全面自查、督导检查、问题整改4个阶段推进工作任务落实。组织开展“熟人经济”专题调研，要求全关干部职工自查申报本人和配偶的近亲属从业情况，将其纳入关区风险防控体系。其间，共张贴信访举报海报120张，设立专项整治工作举报箱67个；走访重点企业67家，设计并回收调查问卷1,166份，开展逐一谈话2,404人次，“二对一”谈话77人次；梳理廉政风险96项，并排查出重点关注岗位和对象；全关干部职工按要求填报是否有涉及违规事项的申报表。组织对关区2012年以来现场监管与外勤执法领域的问题线索进行重新起底，查处相关违纪违法案件2起，建立健全规章制度72个，制订完善操作指引和作业流程35项，督促责任部门深化成果运用，筑牢风险防范基础，持续做好常态化整治工作。

▲2021 年 3 月 23 日，厦门海关召开“现场监管与外勤执法权力寻租”专项整治工作动员部署会

【执纪问责】2021 年，厦门海关完善问责工作机制，制发试行党委问责工作指引，明确各级党委、党委纪检组和派驻纪检组在问责工作中的职责、问责工作原则、问责调查工作步骤和工作要求，关党委对 1 个党组织、9 名领导干部进行问责。依托信息化平台“海关监督执纪问责信息管理系统”，启用“厦门海关电子廉政档案系统”，建立“一关（部门）一档”，汇总搜集资料，动态更新维护，为研判关区政治生态、排查廉政风险隐患提供参考。把好党风廉政意见回复关，全年完成各类干部廉政审核 134 件。深化驻署纪检监察组提出的“组地关”协作模式，加强执纪审查协作区配合，参与海关系统执纪审查第五协作区 2021 年度交流研讨活动，并编发文章汇编。完善“一案双查”工作机制，强化打私反腐合力，制发试行实施细则。全年立案查处违纪违法案件 5 起，给予 6 人党政纪处分。

【廉政警示教育】2021 年，厦门海关持续深化廉政警示教育室作为新录用关员和新提任干部两个“第一课堂”的主阵地作用。4 月 20 日，关党委和各职能部门主要负责人参观廉政警示教育室；6 月 18 日，关党委书记、关长郑巨刚在廉政警示教育室为新提任正处级领导干部上廉政警示教育课；全年共有 37 批次、888 人次实地参观廉政警示教育室。年内，向全关通报 7 起现场监管与外勤执法领域典型案件和 3 起违反中央八项规定精神及其实施细则典型案件，编发廉政教育课件，各部门单位主要负责人上专题警示教育课。关区 2, 102 人参加纪法教育答题，全员参加法律法规、党规党纪考试，警示教育的针对性、有效性进一步提升。

（撰稿人：刘树生　李　楠　张　艺　陈梅峰　袁永刚）

干部队伍建设

【概况】2021 年，厦门海关践行新时代党的组织路线，提高政治判断力、政治领悟力、政治执行力，在机构编制管理、干部人事管理、干部监督管理、人才队伍建设、工资福利保障等各项工作中持续深耕细作，提升干部人事工作质量，为建设“更有效率海关”提供组织保证。

【机构及职能配置优化】2021 年，厦门海关优化各部门单位的主要职责、机构编制和领导职数。1 月 15 日，调整隶属海关单位部分职责和机构编制，共裁撤 41 个、新设 2 个、更名 36 个科级内设机构。5 月 18 日，同益码头的海关监管业务职责由东渡海关负责调整为由邮轮海关负责。10 月 13 日，调整法规处、卫生处、企管处、财务处、人事处、机关党委 6 个部门主要职责和机构编制。11 月 16 日，调整后管中心、技术中心、海峡中心、保健中心、泉关综技中心 5 个事业单位内设机构和领导职数。

【干部录用及选拔任用】2021 年，厦门海关统筹推进处科级领导干部选拔任用工作。接收安置海上缉私非现役未转改在职人员 3 人（不含转入缉私岗位人员）、退休人员 7 人。接收安置军队转业干部 8 人。作为总署试点单位，采用结构化小组面试形式，考试录用新关员 64 人。

【干部培养锻炼】2021 年，厦门海关选拔 2 名优秀执法一线科长担任隶属海关党委委员，推荐 5 名干部参评总署“百名优秀执法一线科长”，选派 3 名执法一线科长参加总署互派锻炼。选派 1 名干部参加中央组织部博士服务团工作，选派 2 名干部担任福建省第六批驻村第一书记，选派 5 名干部分别到财政部厦门监管局、厦门市金砖创新基地建设领导小组办公室、厦门市机场建设指挥部、厦门市委文明办挂职锻炼。

【考核机制建设】2021 年，厦门海关深化关区平时考核、年度考核、专项考核“三位一体”考核体系建设。发挥队伍建设综合管理平台作用，探索实现平台自动抓取业务数据功能，考准考实干部工作实绩。上线事业单位考核系统，提升事业单位考核工作信息化水平。年内，组织开展绩效评估和专项考核，引导干部担当作为。

【干部监督】2021年，厦门海关落实干部监督制度，运用组织措施，严肃违纪惩戒，降级处分2人、开除处分2人。组织开展干部配偶（子女）移居国（境）外、违规投资企业和兼职、社团兼（任）职专项整治，规范、调整配偶（子女）移居国（境）外的干部工作岗位，涉及5人；清理违规投资企业和兼（任）职，涉及15人；清理社团兼职，涉及2人；清理规范事业单位领导干部在下属企业兼（任）职，涉及7人。

【专业技术评定与职称评审】2021年，厦门海关完成130名专业技术类公务员专业技术任职资格首次评定及职级套转。1人获授厦门市第十一批拔尖人才；2人通过总署2020年度副高级职称评审；4人通过厦门海关中级职称评审委员会评审。

【事业单位岗位设置管理】2021年，厦门海关进一步推动事业单位人事管理的科学化、规范化、制度化，组织开展事业单位岗位设置及聘用工作，人员聘用合同签订率98%。

【工资管理】2018年海关机构改革前，原海关和原检验检疫部门工资管理及核发模式不一致，2019年厦门海关统一关区工资制度时，采取工资分级管理模式第一阶段分片区管理模式，即人事处承担厦门行政区内海关单位（不含缉私局）工资管理及核发工作，缉私局、泉州海关、漳州海关、东山海关、古雷海关、龙岩海关承担各自单位的工资管理及核发工作。2021年，厦门海关在工资分级管理模式第一阶段的基础上，继续推进第二阶段工作，厦门行政区内各隶属海关承担各自单位的工资管理及核发工作；推进机关事业单位养老保险改革，完成养老金调待，推动落实养老保险清算缴费。

【奖励】2021年，厦门海关对查办重大案件、处置重大事件、完成专项工作的集体和个人进行及时奖励，对在日常本职工作中表现突出、成绩显著的集体和个人进行定期奖励。年内，共有844人次和76个集体立功受奖。其中，为89人次和4个集体记三等功或记功，给予755人次和72个集体嘉奖。在以上表彰奖励中，对疫情防控一线人员共给予37人次个人嘉奖、7个集体嘉奖，为3人次记个人三等功。

【关衔授予与调整】2021年，厦门海关集中调整关衔2次、及时调整关衔4次，完成职级公务员评授关衔专项工作，共涉及1,030人。其中，首次授予关衔89人，首授微调关衔287人，按期晋升关衔487人，晋职晋升关衔117人，选升关衔44人，延期晋升关衔2人，关衔降级4人。截至2021年年底，全关已授关衔2,146人。

【疫情防控人力资源调配和健康管理】2021年，厦门海关动态调配疫情防控人力资源，调整重构预备支援梯队，组织关区具有卫生及监管专业背景的干部职工奔赴一线，共抽调37批次373人次支援疫情防控工作。执行每日健康监测“日报告、零报告”制度，健全完善涉疫考勤管理制度，做好本土疫情防控工作，自主开发全员核酸检测、疫情紧急排查等信息化系统，全年组织紧急排查27次12万余人次。

（撰稿人：王依婷　甘杰鹏　叶　琳　孙子杰　刘东方　刘宏杰　陈江鸣　罗若瑗　梁瑞鹤　谢秋论）

教育培训

【概况】2021 年，厦门海关以政治建设为统领，开展年度各项教育培训工作，完成专业能力提升行动各项计划，举办各级干部任职培训、晋衔培训、初任培训等培训班，完成培训项目 253 项，参训学员 1.32 万人次。全关共计 2,408 人完成年度教育培训任务，人均接受培训 122.72 学时。

【专业能力提升行动】2021 年，厦门海关部署开展专业能力提升行动，由一线业务项目拓展至政治、纪检项目，围绕国门安全、疫情防控等重点工作，全面梳理总署各类技术规范等业务要求，研究总署通报和日常督查发现的各类问题，全方位、多形式问计于基层，总结分析 2020 年专业能力提升行动成效和短板，结合岗位练兵和岗位资质考试，建立专业能力提升路线图，系统设置 12 个业务条线 17 个项目；归纳整理实操能力清单 26 份，整理发布法律法规、业务教材等学习资料 1,537 份，梳理实操考核细则 11 份 49 项 142 条，制作上传题库 3,198 道，精选推荐钉钉 App 课程 77 门。全关 2,254 人次参加政治工作基础项目，1,379 人次参加 17 个业务项目，隶属海关自主组织实训 1,484 人次。11 月至 12 月，聚焦干部业务素养和实操能力需求，开展技能比武，评选业务标兵 21 名，优秀组织单位 5 个。

【政治能力培训】2021 年 1 月 18 日至 3 月 31 日，厦门海关组织参加全国海关系统学习贯彻党的十九届五中全会精神网上专题班学习，分厅级、处级、科级及以下 3 个层级同步举行，共 2,789 人参加。3 月至 6 月，分 3 期举办处级领导干部学习贯彻党的十九届五中全会精神暨党史学习教育专题培训班，共 245 人参加。7 月至 12 月，组织参加党史学习教育网上专题班学习，分厅级、处级、科级及以下 3 个层级同步举行，共 2,422 人参加。

【综合培训】2021 年 3 月 10 日至 19 日，厦门海关组织举办晋升关务督察衔级人员培训班，49 名关员参训；7 月 25 日至 9 月 10 日，按照总署统一部署，采取全程居家封闭线上培训方式，组织举办 2021 年初任培训班，64 名学员参训，全员考核通过；10 月 18 日至 11 月 16 日，组织全关

31名新提任处级领导干部通过钉钉学习平台参加中国海关管理干部学院组织的线上脱产培训，并在规定时间内自行完成线上学习任务及考试；11月15日至19日，举办全关拟晋升关务督办衔级人员培训，采用线上脱产培训方式，42名学员完成培训任务。

【教学资源建设】2021年3月11日至12日，厦门海关举办兼职教师教学能力提升培训班，43名兼职教师及3名专业能力提升行动代表参训。8月，上线自制教学视频2部。其中，《口岸新冠肺炎疫情防控：防护用品穿脱、采样与安全防护》教学视频，通过演示重点业务环节日常监督和自查发现的7个场景21组45个常见共性问题，规范落实疫情防控工作要求；《厦门海关防爆应急处置演练》教学视频，以海关人员在快件审图过程中发现可疑涉爆物品为例，演示海关在口岸监管中发现、排查、初步处置可疑爆炸物的工作要点，提高一线干部职工反恐应急处置能力。8月30日至9月30日，举办兼职教师教学能力提升网上培训班，培训内容包含教学设计、教育技术应用、培训方式方法和语言表达4个方面共15门课程，全关131名兼职教师参训。9月7日，举办兼职教师能力提升培训暨教师节系列活动，展示兼职教师精品课程，专家现场点评，表彰关区10名优秀兼职教师，新聘任38名兼职教师。

▲2021年3月11日，厦门海关举办兼职教师教学能力提升培训班

【教育培训研究】2021年，厦门海关参与总署“十四五”海关干部教育培训规划的研讨修订，所提的6条意见均被采纳；推荐的2门优秀教培课程入选全国海关初任培训线上课程；与上海海关学院、广东分署及南京、北京、广州、深圳、黄埔海关等单位联合撰写的论文《新海关干部教育培训实训模式研究》获得党的十九大以来海关优秀教学研究成果特等奖。

（撰稿人：刘俊峰　黄　为）

第四篇

业务建设

法治建设

【概况】2021 年，厦门海关深入学习贯彻习近平法治思想，加强关区法治宣传教育，全员完成海关系统学习贯彻习近平法治思想专题培训班学习考试。清理废止规范性文件、业务制度和内部管理制度等 191 件，建立关区制度库，涵盖业务类别 23 个，更新维护法律法规和制度 1,959 件，实现内部管理和业务领域制度全覆盖。围绕落实“放管服”改革部署，制定关区细化措施 42 项。梳理更新关区政务服务事项目录清单，修订完善办事指南。做好《中华人民共和国海关法》《中华人民共和国进出口商品检验法》修订所涉及行政许可事项取消的落实，及时更新目录和场所信息。11 个服务事项纳入厦门市政务服务“掌上办”事项清单。实现“证照分离”改革关区全覆盖。进一步发挥行政复议化解行政争议主渠道作用，办理行政复议案件 4 起，申请人均未向法院提起行政诉讼。加强行政应诉工作，办理行政应诉案件 4 起，继续保持行政诉讼案件“零败诉”。坚持法治宣传与法治实践相结合，强化“谁执法谁普法”责任落实。建立综合普法、专业普法、分级普法等多层次普法宣传体系。创新普法方式和载体，打造“蜡笔小红”等一批普法品牌。推出“一案一普法”，加大执法过程中的普法宣传。组织开展“8・8”海关法治宣传日、“12・4”国家宪法日等重要时间节点普法活动。“福建省厦门自贸片区海关创新知识产权普法机制，打造知识产权保护展示中心”入围司法部、全国普法办第二批“全国普法依法治理创新案例”。

【海关立法】2021 年，厦门海关参加总署《“十四五”海关法治建设规划》起草和《中华人民共和国海关法》《中华人民共和国进出境动植物检疫法》等修订专班工作。参与《中华人民共和国进出口食品安全管理办法》立法、释义和教材编写等。对《中华人民共和国海关办理行政处罚案件程序规定》等 9 部海关规章立法研提意见并获采纳。做好 24 部海关规章、行政解释的立法后评估工作，高质量研提评估意见 19 条。

【行政复议】2021 年，厦门海关进一步畅通行政复议渠道，加大监督纠错力度，促进严格规范公正文明执法。全年办理行政复议案件4起，均为厦门海关受理的行政复议案件，其中，涉及行政处罚类3起、报关单修改类1起。上述4起案件不予受理1起，申请人自愿撤回2起，维持原具体行政行为1起，已全部审结。

【行政应诉】2021年，厦门海关自觉接受司法监督，按照“谁涉诉、谁应诉、谁负责”的原则，全面落实涉诉海关行政机关负责人出庭应诉制度，针对重大、疑难、复杂行政诉讼案件开展“实战型”模拟庭审演练。健全行政审判与海关行政执法工作良性互动机制，加强与人民法院的沟通协调。全年办理行政诉讼案件4起，均胜诉。其中，涉及行政处罚类3起、投诉举报类1起。

▲2021年11月12日，厦门海关开展行政处罚诉讼案模拟庭审演练

【执法规范化建设】2021年，厦门海关参与总署有关直属海关权责清单编制试点工作，按时完成编制任务。开展行政执法“三项制度”落实情况专题调研，推动其全面实施。加强对新修订《中华人民共和国行政处罚法》的学习、宣传和培训，扎实做好贯彻实施工作。修订厦门海关案件审理委员会工作规程，强化对重大行政处罚和重大行政行为的集体审议把关。统筹关区行政处罚事项，推进涉及检验检疫案件的职能指导和协调管理，组织开展行政执法案件检查，举办案件办理能力提升培训班。建立执法疑难问题发现和解决机制，解决问题26个。建立健全案例指导制度，加强对行政执法的指引和规范，上报典型行政执法案例2个并被总署采用，编发《新法速递》4期、《执法提示》3期和《案例参考》3期。

【公职律师管理】2021年，厦门海关推行精细化管理，加强公职律师及后备人才培训，开展专项轮值、在岗轮值，切实提升履职能力。全年公职律师立足本职岗位参与重大事项研究决定等辅助决策76件，参与各类法律法规、规章、规范性文件等起草修订80件，参与编制权责清单、“放管服”改革、推行“三项制度”等规范执法工作96人次，办理行政复议案件和行政应诉案件8起，撰写案例、参与课题研究、刊发法律理论研究文章70篇，参与授课以及各类培训42人次，参与各类法治宣传活动90次。年内，关区新发展公职律师9人，公职律师队伍扩大至46人，占关区具备法律职业资格人员总数的53.49%，其中获评关区优秀公职律师5人、获评全国海关优秀公职律师1人。

【“证照分离”改革】2021年7月1日起，厦门海关在2019年自由贸易试验区“证照分离”（营业执照、经营许可证）改革试点的基础上，对关区涉企经营许可事项实施“证照分离”改革全覆盖。其中，对“报关企业注册登记”“出口食品生产企业备案核准”等实施审批改备案管理；对“口岸卫生许可证（涉及公共场所）核发”全面实行告知承诺改革；对“口岸卫生许可证（涉及食品、饮用水）核发”“保税物流中心（A型）设立审批”“保税物流中心（B型）设立审批”“从事进出境检疫处理业务的单位认定”“出口监管仓库设立审批”“保税仓库设立审批”“海关监管货物仓储审批”“出境动植物及其产品、其他检疫物的生产、加工、存放单位注册登记”“进口可用作原料的固体废物国内收货人注册登记”，实施优化审批服务改革。同步对自由贸易试验区口岸区域内的音乐厅、展览馆、博物馆、美术馆、图书馆、书店、录像厅（室）的“口岸卫生许可证核发”实施备案管理。

【政务服务事项管理】2021年，厦门海关梳理政务服务事项，在门户网站公布政务服务事项目录清单，并完善政务服务事项办事指南。“原产地企业备案”“原产地证书审核”纳入厦门市“秒批秒办”事项清单，“海关原产地证书自助打印”纳入厦门市“自助办”事项清单，“统计查询”“企业情况查询”“通关状态查询”“商品归类查询（本国子目注释查询）”“商品归类查询（进出口税则商品及品目注释查询）”“商品归类查询（归类决定和行政裁定）”“出/入境卫生健康申报”“进出境旅客物品申报”“进境旅客携带宠物申报”“进境旅客分运行李申报”“进出境旅客携带货币申报”共11个服务事项纳入厦门市政务服务“掌上办”事项清单。

【普法工作】2021年，厦门海关总结“七五”普法经验，启动“八五”普法工作，制订年度普法工作要点和普法责任清单。重点宣传习近平法治思想、宪法、民法典、生物安全法、行政处罚法、进出口食品安全管理办法等与海关密切相关的法律法规、规章及政策规定。举办习近平法治思想专题辅导。开展民法典颁布1周年“美好生活·民法典相伴”主题普法活动。组织海关普法讲师团到革命老区宣讲解读民法典，联合福建省司法厅制作发布“蒲小法与蜡笔小红为您‘典’亮生活”新媒体漫画普法作品，解读发生在老百姓生活中的民法典案例。推出“一案一普法”，在办理海关行政案件的过程中，同步梳理企业可能存在的同类型法律知识盲点，制作成“普法教育书”，与法律文书一并送达，推进普法与执法深度融合。在“3·15”国际消费者权益日、“4·15”全民国家安全教育日、“4·26”知识产权宣传周、“6·26”国际禁毒日、“8·8”海关法治宣传日、“11·1”反间谍法宣传教育日、“12·1”世界艾滋病日、“12·4”宪法宣传周等时间节点，以举办政策宣讲会、“云展播普法”、法律知识竞答、发布微信公众号普法解读、邮寄普法小邮包、开设普法讲师讲座、参加庭审旁听、参观法治文化基地、组织“山海云连线”学法等方式广泛开展普法宣传，送法进企业、进社区、进校园。把普法融入海关执法工作的各环节、全过程，促进执法与普法有机融合，增强法治宣传教育实效。

【宪法宣传】2021年11月29日—12月5日，厦门海关开展第4个“宪法宣传周”系列活动，普及宪法知识，营造尊崇宪法、学习宪法、遵守宪法、维护宪法、运用宪法氛围。活动内容包括：举办20名新提任处科级领导干部宪法集体宣誓仪式；和拉萨海关共同举办“山海云连线”宪法共学和线上法治研讨活动；与厦门市翔安区司法、教育等部门联动开展“‘宪’在普法‘典’亮未来——法治护航美丽青春”普法活动；向关区乡村振兴定点帮扶村援建法律图书角、开展宪法共学、为村民提供法律咨询等。

▲2021年12月1日，厦门海关举行宪法集体宣誓仪式，20名新提任处科级领导干部面向国旗庄严宣誓

（撰稿人：李学能　李端悦　黄丽娟）

业务改革与发展

【概况】2021 年，厦门海关不断推进稳外贸措施落实，关区全年监管进出口货物总值 1.13 万亿元，同比增长 27.7%。其中，进口 3,714.9 亿元，同比增长 38.3%；出口 7,628.5 亿元，同比增长 23.1%。厦门港集装箱吞吐量 1,204.6 万标箱，同比增长 5.6%，排名全国第 7 位。持续优化口岸营商环境，关区进口、出口整体通关时间进一步压缩，助推厦门市被列为开展国际贸易“单一窗口”航空物流公共信息平台首批试点建设地区、“全国营商环境标杆城市”，连续 3 年获评“中国十大海运集装箱口岸营商环境”最高星级；厦门海关“口岸提效降费系统 提升跨境贸易便利化水平”项目入选厦门经济特区建设 40 周年全面深化改革优秀案例。业务改革成效显现，“两步申报”应用率 23.9%。

【口岸营商环境持续优化】2021 年，厦门海关对照厦门市持续优化口岸营商环境专项行动工作方案，承担推广海关查验免预约、第三方检验结果采信、大宗商品检验模式改革、加大 AEO 认证培育力度、原产地证书自助打印 5 项任务的事权职责。联合福州海关制订《福州海关 厦门海关推进全业务领域一体化改革工作方案》，提出 4 方面 30 项具体措施及 70 条细化措施。开展促进跨境贸易便利化专项行动，出台优流程、降成本、提升跨境贸易便利度 3 方面 14 条措施。实施进口原油、矿产品“先放后检”便利化措施，惠及超千亿元进口大宗商品。优化进境动植物源性食品检疫审批流程，肉类、水产品进口同比分别增长 2.07%、11.99%。

▲2021 年 4 月 9 日，海沧海关关员对进口大宗商品——巴西大豆实施验放通关

【压缩通关时间】2021 年，厦门海关制定压缩通关时间 9 条措施，完善监控分析、问题清单收集及综合研判、通报核查

等工作机制。自主研发“数字监管”平台，破解重点企业、重点商品通关瓶颈问题，拓展进口货物“船边直提”、出口货物“抵港直装”范围。关区进口、出口整体通关时间分别为28.97小时、1.61小时。

▲2021年4月19日，东渡海关关员对进口巴西原糖实施“船边直提”验放通关

【禁止洋垃圾入境】2021年，厦门海关持续加强口岸监管，严厉打击洋垃圾走私，制订试行非法入境固体废物退运处置工作规程，成立关区固体废物防控专项分析小组，加强洋垃圾入境风险分析，严格排查处置关区事中通关环节固体废物伪瞒报走私风险，加大对疑似固体废物或风险较高的影子商品过机查验力度，持续开展滞港固体废物退运工作，与地方政府建立非法入境固体废物移交处理工作机制（是全国最早与地方建立无法退运固体废物移交处理工作机制的6个直属海关之一），建立线索搜集、案件移交、提前介入、现场快速反应等关警协作配合机制。全年关区货运渠道查获固体废物27票、924.67吨，涉及的固体废物有再生塑料颗粒、废铜、废旧显示器、旧墨盒、废旧轮胎等；退运固体废物31票、876.76吨；共刑事立案走私废物案件3起、行政立案119起，涉案废物约6,000吨。

【“两步申报”改革】2021年，厦门海关通过建立完善关企联动机制，将“两步申报”和“提前申报”、汇总征税等相结合，发挥政策叠加优势，引导企业建立新的申报方式，稳步扩大“两步申报”应用范围。全年关区9.2万票进口报关单采用“两步申报”模式，应用比例达23.9%，涵盖水运、空运、铁路、公路等运输方式，涉及一般贸易、加工贸易、保税电商等贸易方式。

【“两段准入”信息化监管】2020年11月3日，厦门海关启动实施“两段准入”信息化监管，增加附条件提离、转场检查、口岸与目的地合并检查等功能。2021年，关区共有1,695票进口报关单采用“两段准入”附条件提离模式，涉及进口粮食、水果、原油、鲜活水产等商品。该模式大幅缩短口岸通关时间，降低企业运营成本，进口粮食整体通关时间大幅压缩，进口原油作业流程更加顺畅。

▲2021年6月10日，东渡海关关员查验进口泰国椰子

【业务改革评估】 2021年3月，厦门海关对关检融合后全面深化业务改革的“两步申报”“两段准入”分别进行评估。综合业务职能部门牵头组织，通过现场调研、流程跟踪、企业座谈等方式，对作业流程、业务风险、企业获得感等进行梳理、分析，7月、8月分别完成《厦门海关“两段准入”评估报告》《厦门海关“两步申报”评估报告》，提出意见建议13条。

【新一代通关管理系统3.0版切换】 2021年12月，厦门海关完成所有报关单纳入新一代通关管理系统（H2018系统3.0版）工作。该系统是实现关检业务融合中核心作业流程整合和全面支撑深化业务改革的主要业务系统，包含5项核心功能和14项周边功能。在系统切换过程中，先后协调解决出口换载舱单改配、陆路出口转关业务新模式测试、进口快件报关单切换等关键问题，确保关区所有报关单纳入其中。

【通关运行管理】 2021年，厦门海关持续做好报关单日常运行管理工作，提高通关便利化水平，保障口岸通关平稳有序。试行进出口货物样品管理工作指引，理顺各类样品的管理流程和作业要求；调研关区单证审核作业情况，汇总规则优化、流程设置等7个问题上报总署；建立重点工作协调专班，缓解关区进口粮食压港滞港问题；保障天马微电子第6代柔性AM-OLED生产线高新技术设备快速通关；推动紫金矿业集团股份有限公司首批未锻造金在厦门口岸落地，助推龙岩市打造千亿金铜产业链；集中清理近年来因查验异常、物流信息不完整、税费处理异常、账册数据对接异常、涉案、数据流缺失等长期未处置的报关单5,300余票，处置完成率98%，并对出于案件未办结、企业未退税等原因未处置报关单建立台账，落实挂号销账。

【技术性贸易措施应对】 2021年，厦门海关做好国外技术性贸易措施交涉应对，对7份WTO/SPS通报进行评议，征集WTO/TBT、SPS例会特别贸易关注相关议题，向总署提交“对挪威修订动物食品中兽药残留限量法规的关注”等议题。梳理近年关区技术性贸易措施交涉应对案例，建立关区参与国外技术壁垒交涉应对企业数据库。通过“厦门技术性贸易措施信息网”等渠道发布国外技术性贸易措施相关法规标准和预警信息2,200余条，多次被影响较大的商业网站及微信公众号转载，多条信息被《技术性贸易措施导刊》采用。对关区279家企业进行年度技术性贸易措施影响调查，完成常规调查报告1份和专项调查报告7份。完成厦门农食产品技术性贸易措施研究评议基地工作报告和厦门体育器材技术性贸易措施研究评议基地工作报告。

【技术规范标准制定】 2021年，厦门海关受总署指派，牵头制定行业标准SN/T5313.1—2021《进出口商品检验鉴定机构业务技术检查规范 第1部分：通则》，获总署审核通过并于2022年1月1日开始实施。该规范是我国发布的第一部对进出口商品检验鉴定机构的检查标准，解决了此前在开展进出口商品检验鉴定机构执法检查时缺乏技术管理标准、执法尺度难以统一的问题，同时有助于推动国内进出口商品检验鉴定机构业务水平提高。

【知识产权海关保护】2021年，厦门海关构建知识产权海关“大保护”格局，与福州海关联合举办知识产权品牌鉴别专题培训，与青岛、杭州、武汉、深圳、黄埔、乌鲁木齐等海关开展知识产权保护跨关区执法联动，加强侵权线索共享、趋势研判、统一执法标准等方面协作，防范侵权违法活动口岸漂移。在跨系统执法合作方面，邮局海关与厦门自贸试验区综合监管和执法局签订共建协议；龙岩海关联合龙岩市中级人民法院等5个部门签订《关于建立龙岩市知识产权保护协同机制的实施意见》；漳州海关与漳州市市场监督管理局签订《强化知识产权保护共建协议》。在源头治理方面，深入推动行政执法与刑事司法“两法衔接”，向地方公安机关通报知识产权涉嫌犯罪案件线索，推动侵权案件链条式治理。

打击进出境侵犯知识产权违法行为，组织“龙腾行动2021”“蓝网行动2021”“净网行动2021”等知识产权海关保护专项行动，累计查获进出境侵权货物1,025批次，扣留侵权嫌疑货物521万件。聚焦“入口”“贴身”的重点商品，对食品、个人卫生护理用品、汽配件、电子产品等商品中发现的严重威胁社会公众生命健康安全的侵权产品予以重点打击，查处螺蛳粉、巧克力蛋、棒棒糖、电子烟、口罩、纸尿裤、传动皮带、轴承等侵权产品共计294万余件。打击寄递渠道邮件、快件、跨境电商等领域“化整为零”“蚂蚁搬家”式进出境侵权行为，查获侵权物品920余批次。针对市场采购贸易方式侵权多发、易发等情况开展专项治理，在出境环节查获涉嫌侵权案件19批次，查扣电子烟、手机配件、刮胡刀片、童套装、休闲鞋等侵权嫌疑货物144万件。

加强自主知识产权保护，实施知识产权备案系统白名单管理；针对出口代理商风险防控等，实施“一对一”指导，为自主品牌走出国门保驾护航。加大对侵犯自主知识产权案件查缉力度，与自主知识产权权利人就侵权产品流向、侵权嫌疑企业名单等信息进行常态化交流，提升侵权查缉成效。查获涉嫌侵犯自主知识产权案件33批次，涉及华为、OPPO、VIVO、南极人、PEAK、sunny girl、螺霸王等14个品牌，扣留侵权嫌疑货物304万余件，包括电子产品、服装、食品、个人卫生护理用品等。

加大知识产权海关保护宣传力度，围绕“全面加强知识产权保护推动构建新发展格局”主题，在“4·26”知识产权宣传周、“8·8”海关法治宣传日、“9·8”

投洽会等时间节点，通过政策宣讲会、送法上门，对进出口企业、报关代理企业、跨境电商平台、快件及邮政企业等外贸相关领域从业人员宣传知识产权海关保护有关规定要求。依托厦门自贸片区海关知识产权保护 VR 展厅，线上、线下同步展示知识产权保护成果，“福建省厦门自贸片区海关创新知识产权普法机制打造知识产权保护展示中心”入围司法部、全国普法办第二批“全国普法依法治理创新案例”。《中国知识产权报》、《中国国门时报》、人民网、中国日报网、“学习强国”、“海关发布”、“海关微博”、《厦门日报》等媒体密集报道厦门海关知识产权保护工作，推动营造全社会尊重知识产权、保护知识产权的良好氛围。

【口岸开放与发展】 截至 2021 年年底，厦门关区共有经国务院批准对外开放口岸 5 个，其中：空运口岸 2 个，分别为厦门空运口岸（高崎国际机场）、泉州空运口岸（晋江国际机场）；水运口岸 3 个，分别为厦门（海港）口岸、泉州（海港）口岸、漳州（海港）口岸。2021 年，厦门高崎国际机场进出境航班 8,355 架次，晋江国际机场进出境航班 319 架次；厦门海港集装箱吞吐量 1,204.63 万标箱、外贸货物吞吐量 1.17 亿吨，泉州海港集装箱吞吐量 8.46 万标箱、外贸货物吞吐量 3,768.19 万吨，漳州海港集装箱吞吐量 26.93 万标箱、外贸货物吞吐量 5,202.72 万吨。8 月，厦门邮轮中心码头 1 号、2 号、3 号泊位新增外贸作业点通过口岸开放省级验收，正式开展外贸作业，并承接同益码头对台“小三通”货运业务。同月，古雷港区古雷作业区南 15~19 号泊位新增外贸作业点通过口岸开放市级验收，以“单船单报”形式开展外贸作业。10 月，厦门机场 T2 航站楼“国际/港澳台到达第二通道”正式启用。

（撰稿人：余　江　李林川　林丽红
周腾建　黄石泉）

自贸区和特殊监管区域管理

【概况】 2021年，厦门海关支持海关特殊监管区域高水平开放高质量发展，持续深化自由贸易试验区建设和致力于保税领域改革创新，开展打击跨境电商进口走私“断链刨根”专项整治行动，加大数字监管应用，优化海关监管模式。落实落细《海关总署 福建省人民政府合作备忘录》，完成国务院58项涉及海关改革试点经验复制推广任务，推出19项试验任务。创新“企业集团加工贸易监管模式”入围厦门经济特区建设40周年全面深化改革优秀案例评选。加强和地方部门联系配合，研究出台10项措施推动自由贸易试验区和海关特殊监管区域统筹发展。助推龙岩加工贸易梯度转移重点承接地建设，指导龙岩海关通过实施ERP联网监管开展未锻造金加工贸易业务，实现未锻造金加工贸易“零”的突破。落实厦门市金砖国家新工业革命伙伴关系创新基地建设重点任务，打造金砖国家关际合作示范项目（海关系统首个中非海关监管智能化关际合作项目）。修订试行区外加工贸易监管业务操作规程，组织岗位操作规范培训和专题业务培训4次，开展专业能力提升行动，提升关区加工贸易和保税业务监管水平。全年关区保税物流业务稳中有升，保税仓库、出口监管仓库进出口值413.02亿元，同比下降0.08%，保税物流中心进出口值62.99亿元，同比增长1.87倍。

【张晓晖获“厦门经济特区建设40周年先进模范人物”荣誉】 2021年12月21日，厦门经济特区建设40周年庆祝大会隆重举行，厦门海关自贸区和特殊区域发展处处长张晓晖获评“厦门经济特区建设40周年先进模范人物”。该同志积极参与自由贸易试验区建设，改革创新海关监管模式，组织有关业务专家研究推出124项自贸试验区改革创新制度，其中50项被评为全国首创举措（分别占厦门自贸片区制度创新总数的26.3%、45%），17项创新成果被国务院复制推广，4项通过总署备案。

【自由贸易试验区监管制度创新】 2021年，厦门海关坚持对标国际最高标准，落实自由贸易试验区改革任务，年内推荐2批次12项举措参与第三方评估。其中，“进境维修货物坏损件直通送修”“国际贸易口岸物流公共服务平台”“通关全流程状态可视化服务”3项举措被评为全国首创，“‘不打烊、不下线’原产地一体化申领平台”被评为复制推广举措，“减免税快速审核系统”通过总署备案。

【“企业集团加工贸易监管模式”创新】2021年7月，厦门海关首创的“企业集团加工贸易监管模式”改革举措，被列入国务院《全国深化“放管服”改革着力培育和激发市场主体活力电视电话会议重点任务分工方案》，10月被总署发文复制推广。年内，厦门海关加大该监管模式改革举措的政策宣传力度，持续加强与福州、南京、武汉、青岛等海关的联系配合，推广企业集团加工贸易监管。截至2021年年底，该改革举措已覆盖4家企业集团的16家企业。

【改革试点经验在关区复制推广】2021年，厦门海关持续推动各项改革试点经验在关区复制推广和落地实施。全年新增完成复制推广工作任务3项，包括：推动海关监管设施建设，制订试行操作指引，推动跨境电子商务零售进口退货中心仓模式复制推广；完成出入境人员综合服务“一站式”平台复制推广，推动与“i厦门”平台上“i健康”系统对接，实现出入境人员预防接种、核酸检测、体检网上预约，以及核酸检测结果实时上传和在线查询；根据总署统一部署，复制推广货物贸易“一保多用”管理模式，实现一份担保可以同时在全国海关用于多项税款担保业务。截至2021年年底，除受疫情影响暂缓推动的1项（低风险生物医药特殊物品行政许可审批改革）外，累计6批次共58项涉及海关的改革试点经验均已在关区复制推广。

【海关特殊监管区域高水平开放高质量发展】截至2021年年底，厦门关区共有海关特殊监管区域4个：象屿保税区、象屿综合保税区、海沧港综合保税区、泉州综合保税区。除象屿保税区尚未完成转型以外，泉州综合保税区于2016年实现转型，象屿综合保税区于2021年3月8日通过国务院批复，海沧港综合保税区于2021年5月12日通过验收。

2021年，厦门海关持续落实国务院2019年发布的《关于促进综合保税区高水平开放高质量发展的若干意见》，推动政策落地实施。推行“仓储货物按状态分类监管”和“一般纳税人”资格试点，帮助综合保税区内企业充分利用国内国际两种资源两个市场；推动新兴业态发展，海沧港综合保税区和象屿综合保税区相继开展跨境电商网购保税进口（监管方式1210）业务，象屿保税区开展艺术品共享平台，发展线上业务；优化综合保税区营商环境，推广金关二期系统使用，已开设物流账册191本、加工账册44本，适用于一线进出境、二线进出区、保税担保、分送集报、保税维修、跨境电商网购、保税进口等所有业务。据统计，关区海关特殊监管区域一线进出境贸易值由2019年的

967.42亿元增长到2021年的1,512.2亿元，增长56%。其中，区内保税加工业务基本保持不变，维持在100亿元左右；保税物流业务由643亿元增长到821亿元，增长28%；一般贸易业务由150亿元增长到591亿元，增长2.94倍。2021年，关区海关特殊监管区域一线进出境贸易值1,512.2亿元，同比增长53.28%，二线进出区值1,028.5亿元，同比增长11.8%；全年一、二线单位面积业务量每平方千米279亿元，同比增长28.57%。

【RCEP政策措施试点】2021年11月，厦门海关经总署批准，先行试点RCEP政策措施。海沧港综合保税区、象屿综合保税区的区内企业，率先试点对优惠贸易协定项下原产地证书明确可接受的“微小差错”范围，对3大类11小类的“微小差错”接受企业相关原产地证书。年内，厦门海关通过广泛宣传、政策解读、专项辅导、重点培育等措施，帮助在综合保税区内符合海关高级认证的企业及时掌握相关优惠贸易协定项下原产地规则，建立完备的原产资格文件管理制度，掌握RCEP知识和操作技能，为RCEP生效后实施经核准的出口商管理制度打好基础。

【对标国际政策研究】2021年，厦门海关参与对标国际政策研究，加强对标国际和借鉴国际经贸规则工作。参与WCO世界自由贸易区国际规则制定等专题工作，派员参加总署编译组，翻译汇编WCO世界自由贸易区大会资料。派员参加2021中国海关—印度尼西亚海关视频技术磋商，就厦门海关—泗水海关关际合作、“单一窗口”建设、AEO互认等议题展开交流，取得预期成果。

【区外加工贸易业务】2021年，厦门关区海关特殊监管区域外实际有进出口加工贸易业务的企业544家，区外加工贸易进出口值1,685.65亿元，同比增长21.5%，其中进口686.97亿元、出口998.68亿元。累计设立手册780份，办理手册核销结案783份，在执行账册105份，核销核算电子账册80份。

【加工贸易内销便利化水平进一步提升】2021年，厦门海关严格落实加工贸易内销便利化措施，在关区所有保税业务现场设立专门内销咨询窗口和咨询电话，宣传最新内销政策，跟踪解决企业在办理内销征税手续过程中遇到的困难和问题，推动加工贸易内销便利化水平提升，支持企业充分利用国内国际两个市场两种资源。全年关区区外加工贸易内销征税货值245.88亿元，同比增长11.15%；内销征税税款入库合计33.06亿元，同比增长11.41%。

【集成电路保税检测】2021年，厦门海关试点集成电路产业链保税监管，实施以厦门“芯火”双创基地平台为单元的集中式管理，辐射厦门市80余家集成电路设计企业。深入关区重点集成电路加工贸易企业开展调研，了解集成电路测试业务发展规模并研讨优化集成电路保税检测措施，助推地方集成电路产业发展。年内，关区参与试点企业带动相关企业实现经济效益超3亿元，1家试点企业营收超亿元，4家试点企业营收突破1,000万元。

▲2021年5月7日，翔安海关关员深入企业，调研集成电路产业发展情况

【网购保税业务发展】2021年，厦门海关推动跨境电商网购保税查验场地建设，指导漳州海关、泉州海关按标准开展漳州台商投资区保税物流中心（B型）、泉州综合保税区跨境电商场所建设。开展网购保税进口走私专项整治，对2家运营企业和3个业务现场开展规范性经营约谈督导。推广跨境电商零售进口退货中心仓模式，推进关区跨境电商业务高质量发展。全年关区网购保税进口业务一线进境入区货值7.74亿元，同比增长2.83倍；二线销售电商清单241.99万单、货值7.51亿元，同比分别增长6.56倍、4.04倍。

【业务风险防范】2021年，厦门海关聚焦重点行业、重点商品、重点监管环节，建立自贸、风控、企管、缉私等多部门联防联控机制。加强联合风险研判，针对重点商品、重点企业提出实施口岸布控建议，对残次品开展专项核查分析并提出专项核查建议。依托可视化平台下发预警单、处置单，做实做细加工贸易业务数据监控分析工作，严密防范业务风险。结合海关业务推进情况，适时对重点商品加工贸易进出口开展专题风险分析研判，防范新增业务伴生风险。

（撰稿人：王　红　李千千）

风险管理

【概况】2021 年，厦门海关贯彻总署推进风险管理高质量发展指导意见，深化风险业务改革，突出政治引领，坚持实战导向，风险防控整体效能提升。严厉打击洋垃圾和濒危物种及其制品走私，布控查获违规情事 202 起。与福州海关、口岸联合防控部门加强联防联控，“非贸业务一体化监管平台”一期投入运行，实现关区非贸监管业务链条管理一体化、自动化、智能化，加强货运、快件、跨境电商、邮递渠道人工分析布控，累计通过布控查发行政案件 309 起，走私犯罪案件 42 起、同比增长 55.56%。防控涉疫专项风险，监控协调处置涉及进口冷链和高风险非冷链商品指令 1.22 万条，下达高风险进境航班布控与终末消毒指令 549 艘（架）次，上报数据 392 条，查获夹藏伪瞒报、质量不合格出口医疗物资 70 票。在关区风险管理队伍中，完成专业技术类公务员资格评定 55 名。

【信息情报收集利用】2021 年，厦门海关聚焦行业性、区域性、系统性重大风险及新发风险，创新信息情报收集方式，构建信息情报共享平台，按 3 类 28 个子目录分级分类收集整理上传风险信息。开展行业调研，其中涉及全国的态势分析报告及预警信息被总署采用并开展全国性处置。

【风险布控】2021 年，厦门海关围绕跨地区、跨渠道走私违法活动漂移风险，建立联合研判机制，实施网格化管理，细化梳理口岸业务特点、商品结构、重点企业，分口岸形成关区业务风险底账，结合商品、企业异动，有针对性地开展布控，全年查获案件涵盖濒危动植物及其制品、固体废物等多个安全准入领域。其中，查发“忠诚 21—08”进口台湾商品伪报贸易性质走私大案，刑事立案 23 起、行政立案 106 起，案值 16.54 亿元；查发东山海关辖区某企业进口冻品伪报品名、低报价格案，案值约 6,500 万元。

【行业性伪瞒报情事查处】2021 年 7 月，厦门海关查获一起“海德堡旧凸版印刷机行业性伪报品名逃避进口许可证监管”案件，查实企业通过混淆申报品名的方式，将原需提供进口许可证的“旧凸版印刷机”伪报成无须提交进口许可证的“模切机”“胶印机”等，逃避进口许可证监管。厦门海关及时梳理该案商品行业性伪瞒报的特征要素，拓展分析海关处置的范围及力度，建议总署开展全国范围内联防联控，全国海关先后在上海、宁波、广州等地查获同类伪瞒报情事。探索建立风险管理部门与技术鉴定部门“提前沟通、过程参与”新型合作机制，通过信息共享、提前研判等，推动技术鉴定部门从原有的侧重“商品安全性能检验”向“商品安全性能检验+商品名称鉴定”并重方向发展。

▲2021年7月29日，厦门海关通过风险分析，查获“海德堡旧凸版印刷机行业性伪报品名逃避进口许可证监管”案件

【非法进口固体废物风险防控】2021年，厦门海关持续加强风险管控，针对涉嫌伪瞒报风险的进口固体废物下达专项布控指令238条，查获伪瞒报进口固体废物案24起、重量913吨，涉及废塑料、废金属、废回收贝壳、废旧液晶显示屏、废棕榈油酸化油、废氟铝酸钾等。其中，干扇贝壳、棕榈油酸化油、氟铝酸钾、再生铜、铣刀等均属近年关区首次查发的固体废物“影子商品”。特别是8月，通过对进口“再生聚丙烯（PP）颗粒”固体废物案关联企业进行深挖扩线，接连在已申报、在港未申报、在途未抵港等多环节查获或控制多票疑似固体废物，成为厦门口岸打击非法进口固体废物典型系列案件。

【濒危动植物及其制品、野生动物及其产品走私查处】2021年，厦门海关严厉打击濒危动植物及其制品、野生动物及其产品走私，累计下达濒危及野生动物布控指令296条，查获涉濒危、野生动物及其制品走私案29起，涉及走私物品有南美江魟，蟒蛇皮制成乐器琴面的二胡、中胡，非洲沙针，东非黑黄檀、水曲柳制佛香盒及家具等木制品，含鸵鸟肉、花旗参、鹿角、虫草、麝香、北沙参等涉濒危物种提取物的药品、保健品、化妆品等零售包装产品。

【文物及出口违禁品走私查处】2020年12月17日，厦门海关布控查获一票申报品名为“石雕”的出口台湾货物，经鉴定为清代墓碑石顶盖，其中三级文物8件、一般文物 13 件。2021 年 8 月 20 日，厦门海关联合地方公安部门在该走私团伙再次走私时将其抓获，并查获 6 件清代墓碑石顶盖，经鉴定其中三级文物 3 件、一般文物 3 件。这是厦门海关近年来首次在货运渠道查获走私文物出境案，也是近年来全国海关首次查获此类文物走私出境案。

2021 年 9 月 8 日，厦门海关查获一票伪报品名出口的烟花爆竹，重约 19.6 吨。根据该线索，立即对另一票疑似风险货物追加指令，再次查发烟花爆竹制品约 17.4 吨。经清理确认，2 票烟花爆竹共计 2,625 箱。

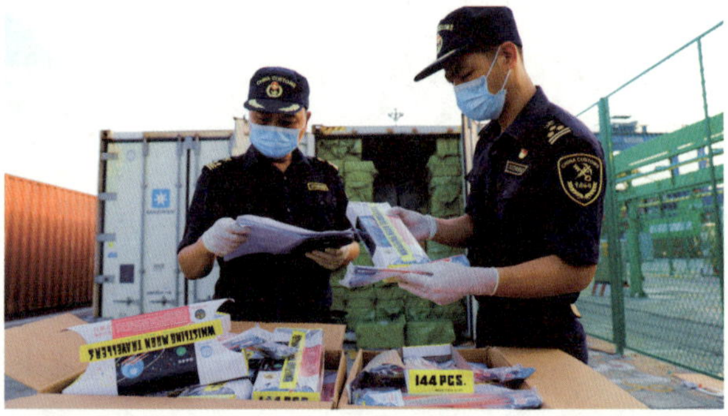

▲2021 年 9 月 8 日，东渡海关关员查获出口违禁货物烟花爆竹

【“非贸业务一体化监管平台”投入使用】2021 年 3 月，厦门海关试运行“非贸业务一体化监管平台”。年内，通过该平台查发咖啡因走私案件 1 起，查发雪茄、奶粉伪报贸易性质分散寄递集收二次销售等刑事案件 2 起，查发涉枪、涉毒、涉濒危动植物及其制品等重大安全准入情事 16 起。

▲2021 年 3 月 22 日，厦门海关“非贸业务一体化监管平台”投入使用

【海关后续管理风险防控】2021 年，厦门海关针对部分重点敏感商品监管开展专项分析，通过专项稽查查发进口濒危物种企业 2 家、进口再生金属等固体废物“影子商品”企业 4 家，对 2 家企业开展出口防疫物资专项稽查。在打击跨境电商进口走私“断链刨根”专项整治行动中，通过联合分析研判，对 3 家跨境电商企业开展专项稽核查。分析进口润滑油归类不符导致逃避检验等风险，稽查企业 3 家；就进口大豆存在未在指定场所加工等风险，稽核查企业 4 家。开展进口辐射松、牛皮、南美白虾苗低报价格风险分析。查处 1 家企业擅自将进口减免税设备抵押贷款情事。

【大数据应用】2021 年，厦门海关发挥风险防控“抓手”作用，以实战为导向建设专项大数据模型，拓展大数据应用场景，聚焦危化品、出口防疫物资等领域风险，强化“数据+人工”实战效能，提高线索查发和辅助监管能力。将新职能、新业态、特色业务纳入整体风险防控范畴，强化对涉检风险、市场采购、对台小额贸易等领域的风险评估与建模，加强监控分析和风险预判。首次推进非贸领域的大数据分析应用，构建邮件、快件和跨境电商关系映射分析等多个模型，提升综合风险防控能力，实现大数据应用在风险管理领域的全覆盖。累计应用“云擎”新建或优化模型340个，被总署采用平台级应用12个、风险监测指标1个。

【内控评估】 2021年，厦门海关梳理布控作业流程，修订风控业务内控管理工作手册。围绕风险防控核心指标，定期开展布控指令绩效评估、布控规则运行评估，及时跟踪布控规则命中及查获情况，并根据考核要求及指标口径适时调整，做到实时监控、及时调控，促进布控规则持续调整优化。

【口岸安全风险联合防控机制】 2020年4月，福州海关、厦门海关、福建省商务厅（口岸办）共同牵头，全省30个部门在线“云签署”《福建省口岸安全风险联合防控工作方案》。通过构建常态化口岸安全风险联合防控机制，多维强化机制保障，有序拓展防控覆盖面。该机制运行以来，厦门海关、福州海关累计布控查获各类违规医疗物资1.98亿件、涉“污名化”医疗物资414.45万件，查发固体废物案件44起、涉濒危野生动植物及其制品案件357起、禁限类印刷品情事326起、涉枪情事12起、涉毒（精神类药物）情事455起，移交走私犯罪案件76起、案值16.6亿元；交换风险信息24次，共同开展分析15次。联合撰写的《福州、厦门海关推进省级口岸安全风险联合防控机制建设取得成效》被总署采用编发。

（撰稿人：方弘韬　卢伟彬　安鹏程　苏　俭　张荣强　林伟祺　钟子阳　南智慧）

关税征管

【概况】2021年，厦门海关贯彻落实国家税收优惠政策、优惠贸易协定和特别关税措施等要求，深化综合治税，密切部门协作，强化非贸渠道行邮、跨境电商税收征管和涉税风险核查处置；提升税收征管质效，创新减免税管理系统快速审核模块举措并获全国海关复制推广，持续推广原产地证申领一体化平台、汇总征税和预裁定等便利化措施；围绕关区重点产业集成电路、生物医药、新能源和航空维修等开展税政调研，并提出合理化建议；建立属地纳税企业底账和台账，开展纳税遵从度评估，提供合规申报引导，实施差别化管理服务措施。全年税收入库391.44亿元，同比增长18.64%。

【国家税收优惠政策落地落实】2021年，厦门海关落实国家税收优惠政策，推动“十四五”海关减免税政策落地落实，减轻新型显示器件、集成电路等产业和企业负担，为产业升级和技术进步提供支持。年内，开展税收政策宣讲12场，通过微信公众号等新媒体渠道解读政策和提供指引。推动各项优惠贸易协定安排落地实施，关区共有16项优惠贸易协定项下货物享惠进口，累计货值超330亿元，惠及企业2,600余家。为符合要求的退运、短装货物和石脑油等办理退税。通过贯彻落实各项减税降费政策措施，全年累计减免、减让税款34.52亿元，让企业真正享受到政策带来的红利。

【税收征管质量提升】2021年，厦门海关坚持科学征管、依法征管，构建整体联动、协同高效的综合治税格局，推动税收征管质量提升。积极涵养税源、扩大税基，指导属地重点税源企业合规申报；研判外贸形势和税收走势，监控分析税收进度，完善涉税信息共享机制，提高税收预测精准度。严格执行总署税收征管局指令，统一执法尺度；加强特色商品行业调研，协同运用参数手段防控风险，提升税收风险排查实效。开展涉税要素监控，联合研判处置涉税风险。摸排、梳理税收征管薄弱环节，化解税收安全隐患，有针对性地制定防范措施。定期开展规范申报抽样考核，属地企业规范申报率99%以上。分析研判和核查处置非贸渠道税收风险，针对护肤品等重点商品开展核查，查获跨境电商领域典型案例。

【通关纳税便利措施持续优化】2021年，厦门海关坚持创新驱动，推动落实通关纳税便利措施，进一步提升优化营商环境。率先开展减免税快速审核试点，获总署备案并在全国海关复制推广，解决新型显示器件、集成电路生产企业“货急票多”难题，提升减免税审核质效。推广“原产地证申领一体化平台”，被列入福建省政务服务“就近办、自助办”推广，入选福建自贸试验区第18批创新举措和厦门海关“‘我为群众办实事’优秀项目”，全年关区4,600余家企业通过该平台申领原产地证书25万余份。进出口企业涉税商品化验结果实现系统自动通知。全面推广应用汇总征税，全年汇总征税报关单超10万份，应用比例持续提升；经推广宣传，关区99%以上的税单采用“新一代税费电子支付系统”支付海关税款。实施以企业为单元的海关税款担保改革，实现一份担保同时在全国海关用于多项税款担保业务，改革首月累计参与的企业40余家，担保额度超15亿元。

【关税技术支持】2021年，厦门海关加强政策解读，组织宣讲培训，确保《中华人民共和国海关进出口货物减免税管理办法》和总署执行2021年关税调整方案等实施。全年走访调研企业41家，解决企业“急难愁盼”问题32个，答复关税技术问题228个。通过实施归类、价格和原产地预裁定，帮助企业提前确定涉税要素，共为40家企业制发预裁定决定书54份，便利企业评估贸易成本和实现高效通关。

【税政调研】2021年，厦门海关根据国家经济社会发展需要，在对重点企业和行业等开展税政调研的基础上，提出税收政策需求及调整完善建议。全年上报税政建议89项，主要涉及集成电路、生物医药、新能源等重点产业，其中被列入总署专项行业调研42项、全国范围重点行业调研5项。有关税政调研的合理化建议，对促进相关行业发展、推动国家层面出台税收政策、助力产业做大做强，起到积极作用。

【RCEP政策研究宣传准备工作】2021年，厦门海关通过走访调查、关企座谈等方式，收集企业对RCEP落地生效的期望和建议；围绕福建省与RCEP成员方经贸关系，研究分析RCEP实施对外向型经济发展的机遇与挑战；主动参与总署课题研究，反映企业实际情况和迫切需求。面向关区RCEP进出口企业开展政策宣贯，联合地方商务部门举办政策宣讲会23场次；通过微信公众号等新媒体渠道，发布政策解读20余篇。围绕经核准出口商、要素申报、税率适用等重点，开展内部培训和技能比武，提升规范操作水平。保障信息化系统上线稳定运行。

▲2021 年 3 月 10 日，厦门海关举办“RCEP 政策解读——关税减让与原产地规则”宣讲培训

【属地纳税人管理】2021 年，厦门海关以提升企业纳税遵从为目标，加强税收源头治理，引导属地纳税企业合规申报，建立新型关企税收征纳关系。制定关区属地纳税人管理工作实施细则等配套制度，建立职责明晰、分工协同的属地纳税人工作机制。组织建立关区重点属地税源企业和属地报关企业底账；建立特许权使用费和特殊关系台账，与企业底账同步维护，全方位摸清企业信息。开展企业纳税遵从度评估，统筹运用正向激励和逆向管控手段，探索实施差别化纳税信用管理，引导企业守法自律，从源头防控税收风险。

【关税队伍素质能力提升】2021 年，厦门海关参与税收政策、原产地和估价技术领域课题研究 11 个。组织减免税、属地纳税人管理和《协调制度》转版等线上、线下培训，编制原产地认定专业题库和实操细则，开展“跟班作业”、集中工作，提升关区税收征管队伍素质和能力。通过举办 RCEP 相关知识、出口签证和进口享惠等业务技能比武，营造“比学赶帮超”的氛围。

（撰稿人：王志福　王欣桐　王静莉　陈宜荣　龚新喆）

卫生检疫

【概况】2021 年，厦门海关严格落实新冠肺炎疫情“外防输入、内防反弹”总策略，抓好疫情常态化精准防控，持续提升口岸公共卫生检疫能力。严格规范入境人员健康申报核验、两道测温、采样检测、信息通报和移交处置等防控措施，全年实施卫生检疫进出境飞机 8,648 架次、船舶 1.17 万艘次、人员 60.72 万人次，采样 17.22 万人次，在 2021 年全国海关系统入境旅客防控疫情专项考核中居第六位。重点强化被列入高风险布控的航班和高风险国家（地区）入境人员卫生检疫，防控水运口岸疫情，基于口岸新冠病毒核酸阳性检出情况，推动民航主管部门对相关航班实施熔断措施 3 次。坚持“人、物、环境”同防，加强进口高风险非冷链集装箱货物口岸环节核酸检测和预防性消毒监督，全年检测非冷链集装箱货物 1,937 批次、空集装器 1,389 个，采集样本 5.5 万份，未检出阳性。严格特殊物品出入境海关监管，细化高风险特殊物品关区内流转规则，查获非法进出境特殊物品 80 批次。参与全球疫情监测，收集疫情信息 962 条，形成疫情报告 12 份并上报总署。坚持“以演促练、以练代训”，开展国际邮轮、包机入境新冠肺炎疫情应急处置及桌面演练，举办全覆盖职业暴露等各类场景应急处置演练 65 场次。组织全员核酸检测、现场流行病学调查、病媒生物防控、支援人员等作业培训，全年培训考核认定登临资质人员 105 人、卫生监督员资质 112 人、安全防护监督员 439 人。

【口岸新冠肺炎疫情防控】2021 年，厦门海关进一步完善“平急转换”防控机制，健全“大办公”指挥体系，动态调整防控措施，组织更新新冠肺炎口岸疫情防控方案 5 版。密切跟踪关区通航国家（地区）的疫情态势，定期开展风险评估、及时研判分析，形成定期评估报告 4 份、重大会议专题报告 1 份。根据评估结果，动态优化口岸防控举措，严防周边国家（地区）疫情通过水运口岸输入。强化联防联控，与厦门市卫健委建立“分工合作、分段采样、结果共享”的疫情样本检测合作及阳性样本基因测序协作机制，实现与地方疾控溯源系统数据对接，实时共享疫情防控信息。规范疫情防控卫生处理监督，制发试行关区交通工具新冠病毒消毒处理监督指导指南、口岸作业区域新冠病毒消毒处理监督指导指南、“四类人员”手提行李消毒处理监督指南等。

检出福建口岸首例新冠病毒德尔塔、奥密克戎变异毒株。5 月 18 日，厦门海关在海沧水运口岸对某外轮开展入境检疫，检出外籍船员新冠病毒核酸阳性，经基因测序确认为福建口岸首次检出新冠病毒德尔塔毒株。12 月 14 日，厦门海关在高崎国际机场从某入境航班中检出旅客新冠病毒核酸阳性，经基因测序确认为福建口岸首次检出新冠病毒奥密克戎变异毒株。

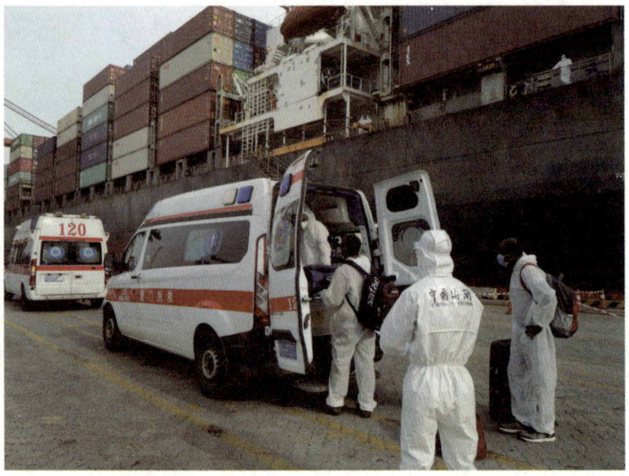

▲2021 年 5 月 18 日，厦门海关及时妥善处置某集装箱货轮入境船员聚集性新冠病毒感染事件

年内，妥善处置水运口岸入境船员聚集性新冠病毒感染事件，从入境国际航行船舶上，检测出涉及船员新冠病毒核酸阳性。厦门海关及时处置。厦门市政府借此进一步优化水运口岸疫情防控指挥机制和多部门联动应急处置模式，在福建省内率先出台国际航行船舶发现核酸检测阳性人员（含外籍）工作规程、国际航行船舶发现聚集性新冠病毒感染工作规程，形成入境船员聚集性新冠病毒感染事件处置的“厦门经验”，并在全省推广。

【内部新冠肺炎疫情防控】2021 年，厦门海关制订并及时更新内部新冠肺炎疫情防控指南、全员核酸检测方案、海关人员疫苗接种方案，严格内部疫情防控。7 月 30 日，厦门市第一轮本土疫情发生（入境航班机组人员感染引起），厦门海关第一时间出台应对措施，组织对机场海关全员核酸检测，开展 2 轮全面排查，查出 14 名干部职工和 26 名共同居住人轨迹重合，均按地方要求落实管控。9 月 12 日，厦门市发生第二轮本土疫情，厦门海关迅速应对，实行驻扎办公，启动 AB 班工作制，轨迹排查查出风险人员 30 名，均按地方要求落实管控。建立风险人员专项健康台账。年内，全关干部职工累计开展全员核酸检测 6 轮 2.3 万人次，同时做好新冠病毒疫苗“应接尽接”工作。

【“多病同防”】2021 年，厦门海关在严格防控新冠肺炎疫情的同时，加强对登革热、疟疾等蚊媒传染病疫情监测预警，严防埃博拉病毒病、鼠疫、黄热病、中东呼吸综合征、拉沙热等重大传染病通过口岸传入，防止疫情叠加。3 月，在厦门邮轮港启动口岸突发公共卫生事件Ⅳ级响应并组织现场流行病学调查、医学排查、采样检测、卫生处理等应急处置，妥善处置某国际邮轮29名船员消化道疾病聚集性事件，其中12名船员被检出诺如病毒核酸阳性。4月4日、11日，在高崎国际机场检出入境旅客疟疾病例各1例。同月13日，在高崎国际机场对入境航班人员进行检疫时，检出年内全国首例新冠病毒合并登革热感染病例。8月7日，在泉州湾港区检出入境外籍船员疟疾病例1例。

【病媒生物检出】2021年，厦门海关检出输入性病媒生物591批次74.91万只，其中输入性病媒生物白点溜蝇（泉州石湖口岸检出）系福建口岸首次检出。关区48个病媒生物监测点监测捕获鼠类146只、成蚊7,249只、蜚蠊1,879只，检出阳性诱卵器数390个，检出鼠类汉坦病毒核酸阳性3例。其中，东渡海关捕获并送检的雄性褐家鼠样本被检出Ⅰ型汉坦病毒（汉滩型）核酸阳性1例，为关区首次病媒生物监测捕获的褐家鼠检出，也是全国口岸年内在鼠类本底监测中首次检出。

【口岸卫生监督】2021年，厦门海关落实口岸食品安全抽检计划和卫生监督工作方案，全年累计开展食品快速检测364批次、合格率100%，实验室检测184批次、不合格18批次，给予行政处罚2起；对377家口岸卫生监督对象实施监管1,472次，发现问题127个；口岸公共场所空气质量监督抽检38家次、合格率100%。对口岸生活饮用水监督抽检115家次、不合格10家次；对集中空调通风系统监督抽检5家次、不合格1家次。8月起，开展入境客运航空器终末消毒工作，关区全年累计监管入境客运航空器终末消毒505架次。

【口岸公共卫生核心能力建设】2021年，厦门海关优化“海关检疫E码通”功能，推进与总署卫生处置应用系统融合，实现疫情数据实时对接，建立入境旅客健康申报智能预审核机制，无症状人员通关时间缩短至每人3~4分钟。在海关系统内搭建首个船舶登临检疫、防护服穿脱及口咽拭子采集VR培训考核平台，实现模拟实景标准化培训考核。年内，关区建设负压采样室30间、检疫方舱11个；完成东渡口岸负压检疫工作室和海沧口岸船员临时留验室升级改造；指导高崎机场国际到达第二通道卫生检疫区域和厦航出境机组人员专用通道建设。组织关区口岸年度考核，对五通码头3期、古雷港区、刘五店南部港区开展口岸核心能力达标建设自评，其中五通码头3期、古雷港区获得向总署申请口岸核心能力达标验收资格。

▲2021年12月22日，厦门海关组织对古雷港区核心能力达标开展现场考核

【卫生检疫专题宣传】2021年，厦门

海关在“全民国家安全教育日”“全国疟疾日”“世界艾滋病日”等重要时点，围绕外来物种入侵、新发传染病传入等社会关注热点，开展科普教育。在国门生物安全宣传方面，与拉萨海关联合开展“山海云连线、共话国门生物安全”为主题的国门生物安全宣传活动；组织“国门生物安全”进校园、进企业，通过线上直播宣讲口岸外来有害生物及国门生物安全防控知识；推出“国门生物安全、海关话你知”系列活动4期，举办“国门生物安全”主题线上有奖竞答。在疟疾防治宣传方面，以“防止输入再传播，巩固消除疟疾成果”为主题，在空港、海港、保健中心等窗口，通过LED屏、电子广告牌滚动播放宣传信息；在国际进出境大厅，向旅客分发宣传册，提供国际旅行健康咨询；在海港口岸，登临往来疟疾主要流行区的交通工具开展“防疟”宣讲；依托“厦门海关12360”微信公众号推送科普文章，并开展线上有奖答题活动。在“世界艾滋病日”宣传方面，通过海报展板、LED屏、发放防治手册等形式，开展“生命至上、终结艾滋、健康平等”主题宣传，共布置宣传展板13个、海报50张，发放宣传资料2,000份、宣传品2,000份、红丝带1,000条，媒体宣传累计72次。

【检疫审批便利化措施】2021年，厦门海关推进卫生检疫“放管服”改革，7月1日起将厦门自贸片区口岸区域内部分公共场所“口岸卫生许可证核发”改为备案管理，在关区内实行“口岸卫生许可证核发（公共场所）”告知承诺制，共办理审批改备案2份、核发告知承诺制许可证3份。深入生物医药科研院所、企业实地调研，召开政策培训交流会，推动总署就“出口销售证明”问题发布相关公告，明确“出口备案表”作为特殊物品卫生检疫审批依据，保障关区生物医药产品顺利通关出口。

（撰稿人：陈进文　张金山　施文秀　潘晨建）

动植物检疫

【概况】2021 年，厦门海关落实落细总署决策部署，扎实开展动植物检疫工作，筑牢国门生物安全防线。全年检出二类动物疫病 3 种 21 种次、植物有害生物 527 种 8,702 种次（其中检疫性 53 种 1,295 种次）。参与“国门绿盾 2021”行动，在非贸渠道截获外来物种 403 批次、163.68 千克，截获批次同比增长 1.74 倍。加强风险评估和口岸检疫，先后在进口菠萝、莲雾等品种中截获检疫性有害生物 24 批，为总署制定政策提供了重要技术支持。严把种牛、种用水生动物进口关，服务国家优质种质资源引进。建成海关系统首家以宣传生物安全法为主题的国门生物安全展厅，成为关区国门生物安全宣传与培训主阵地。承接总署关于种用和观赏水生动物、食用水生动物、动物遗传物质、非食用动物产品、饲料、生物材料、水果、烟叶检疫审批授权。开展一线动植物检疫岗位人员状况和业务执行专题调研，采取“分层次+现场实训”的方式，组织 690 人次参加培训；组织业务标兵评选，培养包括高素质专家人才、查验及管理骨干和后备人才的动植检队伍，提升动植物检疫能力。参与 WTO 贸易争端应诉及有关农作物、水果等的审查与评估。研究发表涉及维护国门生物安全的论文 6 篇，其中获评厦门海关年度主题征文优秀论文 4 篇。

【动植物检疫】2021 年，厦门海关建立境外动植物疫情收集机制，组建专项工作组，加强对境外动植物疫情信息监测预警，监测收集动植物疫情信息 622 条次，获总署采用 327 条次。监控进出口水果、饲料及饲料添加剂、水生动物和进口粮食安全风险，累计监测 491 个样品，检出不合格样品 1 个，并对检出不合格的货物依法实施监督销毁。加强非洲猪瘟、高致病性禽流感、沙漠蝗、松材线虫等重大动植物疫情和外来入侵物种防控；检疫查验进境高风险的水果、粮食、木材、水生动物等动植物及其产品，累计截获、封存进境猪肉及其制品 1,540 批次、92.64 吨；在全国首次从进口大宗货物中检出玉米矮花叶病毒，对 9 船、46.6 万吨检出植物检疫性有害生物的进境粮食实施加工除害处理；监督退运及销毁进口不合格动植物及其产品42批。对关区进境种用水生动物隔离场开展专项检查，要求3家存在风险隐患的隔离场停业整改。对进口食用农产品开展新冠病毒检测和预防性消毒，累计监测进口货物30批次、样品798个，对157万件农产品外包装实施预防性消毒，在进境水果外包装中检出新冠病毒核酸阳性并及时依规处置。与厦门市农业农村局、卫健委等联合开展红火蚁防控模拟演练及突发高致病性禽流感等重大动植物疫情桌面推演，提升联防联控与应急处置能力。

【外来入侵物种防控】2021年，厦门海关成立动植物疫情信息监测组，密切关注、广泛收集和编译整理动植物疫情和外来物种入侵等信息。分析外来物种从非贸渠道入侵风险，涉及业务规模、商品种类及特征、来源国、航线、检疫物历史查发情况等，研究完善布控规则，加载布控指令11条，调整布控指令1条。通过精准布控，从非贸渠道截获海格力斯大兜虫、欧洲深山锹甲等活动物。在旅检、寄递业务现场应用X光机、CT机等非侵入式机检设备，提升机检人工判图精准度，采购初筛鉴定试验用具包等设备，邮件、快件通用查验岗探索自主开展籽实萌发、杂草、昆虫的初筛鉴定。依托“4·15”全民国家安全教育日、“5·22”国际生物多样性日等重要时间节点，利用传统媒体、互联网、移动终端等，加大国门生物安全宣传力度，其中，截获海格力斯大兜虫典型案例获得中央电视台、《人民日报》、人民网等多家媒体刊播。

【生物安全监测】2021年，厦门海关加大国门生物安全监测力度，在动物检疫监测中，开展进境反刍动物疫病监测、进境旅客携带伴侣动物疫病监测、进出境水生动物疫病监测、进境动物源性饲料疫病监测、进境非食用动物产品疫病监测等，全年监测进出境动物及产品样品4,681份，获得检测结果1.8万条。在植物检疫监测中，开展境外植物疫情信息监测、口岸截获植物疫情监测、非贸渠道植物疫情监测、非贸渠道外来物种监测、外来有害生物监测5大类别监测，重点做好检疫性实蝇、外来有害杂草、舞毒蛾、林木害虫、油菜籽茎基溃疡病、番茄褐色皱果病毒、马铃薯纺锤块茎类病毒属类病毒、马铃薯斑纹片病菌和红火蚁9种外来有害生物监测和入境口岸普查，设置监测点400余个，监测标本29万只/头，首次在口岸普查中发现木瓜秀粉蚧，监测到假高粱、长芒苋、长林小蠹等检疫性或具有检疫意义的有害生物30余种，对监测到的重要有害生物依法监督实施铲除。

【检疫便利化措施】2021年，厦门海关持续优化进境粮食“两段准入”的附条件提离、文件审核办理出境农产品注册登记、检疫审批申请“即报即审”等通关便利化措施。累计对69船进境粮食实施靠泊检疫，对符合要求的品种全部实施附条件提离，及时为企业办理流向变更手续。对

67 家企业注册登记申请免予现场考核，通过文件审核合格后予以核准，审批效率提升 5 个工作日以上。完成检疫审批申请随报随审 3,637 单并及时报送总署审批。对关区木竹藤草制品企业 501 家实施分类管理，促进一类企业及低风险产品快速通关。

【种牛及水生动物种苗入境检疫】2021 年，厦门海关做好外来动物疫情与新冠肺炎疫情双重防控，制订检疫监管工作方案，督促企业落实主体责任，强化检疫监督管理，细化工作程序，推进场地消毒、疫情防控、采血监测、驻场监管等工作落实，累计监管进境种牛 3,994 头。创新采用智慧物流锁辅助在途监管，压缩进境水生动物种苗检疫审批及隔离场考核时间，减少因监管时长导致的动物死亡与经济损失，检疫质效进一步提升。

【支持特色农产品出口】2021 年，厦门海关全力支持当地特色农产品出口，多次赴泉州永春芦柑产区进行政策宣讲，指导芦柑果园实施实蝇等有害生物监测。12 月 2 日，首批芦柑经实施冷处理监管后装柜出口，产季共出口 2 批、44 吨。收集和评估水果包装厂、果园有害生物发生及防疫控制情况，做好关区水果包装厂 20 家、果园 22 个推荐前的考核。做好对荔枝生产企业的检疫处理设施和包装车间的现场检查，确保荔枝蒸热处理符合要求。完善平和蜜柚风险管理模式，强化地方政府职能部门、协会和企业与海关的联动配合，组织做好水果包装厂、果园考核和对外推荐工作，年内关区新增对美注册芦柑、蜜柚包装厂 3 家和果园 6 个，累计对美注册包装厂 6 家和果园 9 个。

▲2021 年 2 月 24 日，漳州海关关员对出口芦荟苗实施监管

【检疫处理资质管理】2021 年，厦门海关落实总署检疫处理单位（企业）脱钩工作要求，关区 5 家检疫处理单位（企业）停止检疫处理业务。海关受理以上企业申请，依法注销其检疫资质。按照出入境检疫处理单位和人员管理办法及考核要求，对新申请的 2 家厦门企业检疫处理单位的资质情况进行文件审核和现场考核，确保检疫处理单位管理体系、人员、设备情况符合要求。其中，厦门某物流管理服务有限公司获得 A、B、C、D 类检疫处理资质，厦门某生物科技有限公司获得 C、D 类检疫处理资质。

【检疫规范化管理】2021 年，厦门海关规范动植物检疫业务，梳理进境水生动物口岸环节检查、进境大宗货物登临检疫个人防护、检疫处理等工作流程，出台进境水生动物检查作业、进境新鲜水果检查作业指导书等12份，下发指导性文件19份。规范进口水果等现场检疫查验操作，组织关区业务骨干参与“跟班作业”。推动隶属海关初筛能力建设，提升动植物检疫口岸查验能力。

【智慧动植检建设】2021年7月27日，厦门海关全面推广使用进境种苗检验检疫管理系统，实现线上后续隔离检疫、调入审核、关区企业的备案审核、检疫审批单核销等。12月15日，推广使用生态环境保护系统外来有害生物监测模块。推动智慧动植检集成平台动植物检疫审批模块、进境动植物境外预检模块、进出境动植物检疫要求数据库在厦门口岸上线试运行。

（撰稿人：张振民　陈蓉蓉　俞　刚　魏　鹏）

食品安全监管

【概况】 2021 年，厦门海关全面贯彻落实食品安全“四个最严”要求，进一步强化监管、优化服务，统筹抓好口岸疫情防控和促进外贸稳增长，关区进出口食品质量安全状况平稳，未出现系统性、区域性和行业性食品安全问题。严格进口冷链食品疫情防控，全年共实施进口冷链食品风险监测检测样本 18.27 万份，监督预防性消毒货物外包装 501.98 万件，从多批进口冷链食品的内外包装及产品本体样本中检出新冠病毒核酸阳性，妥善做好后续处置，最大限度阻断疫情经进口冷链食品输入风险。派员参加总署源头管控专项任务，完成 54 家境外水产品生产企业的视频检查和后续评估工作，占总署委派总量约三分之一。持续推动实施进口食品“国门守护”行动，检出未准入境食品 168 批，强化进出口食品安全抽样检验和风险监测，指导出口食品企业完善“自检自控”体系。向地方政府部门通报进出口食品安全情况，约谈相关进出口企业 36 家，压紧压实食品安全各方责任。全年关区进口肉类 7.41 万吨，同比增长 2.11%；进口水产品 33.1 万吨，同比增长 12.03%。“创新‘3+1’监管模式 助力地方市场采购贸易方式出口预包装食品倍速增长”入选总署“‘我为群众办实事’百佳项目”。

【进口冷链食品疫情防控】 2021 年，厦门海关严格执行总署技术方案和布控指令，顶格标准做好个人安全防护，实行集中封闭管理 25 批 202 人次。提升进口冷链食品监管人员专业能力，关区 326 人参加总署网上培训并通过考试；开展专业能力提升培训活动，57 人通过知识测试和现场实操考核。密切关注并收集整理总署发布的紧急预防性措施，督促指导各业务现场加强申报、查验环节的信息验核。每日向总署报送关区进口冷链食品相关数据及阳性检出情况，对检出阳性货物涉及的进口商开展责任约谈并依法依规妥善处置。全年组织开展职业暴露、阳性处置等突发事件应急演练 4 次，选派处级领导干部 2 人参加地方进口冷链食品疫情防控工作专班，做好与地方集中监管仓工作的衔接。

【帮扶厦门燕窝产业发展】 2021年，厦门海关受总署委派，对马来西亚2家毛燕生产企业开展质量体系评估审核，帮助企业当年获总署注册，进一步扩大厦门自贸片区进口燕窝平台企业原料来源。推动50多家境内外相关生产企业和进口商在厦门成立中国医药物资协会燕窝分会，指导促进地方形成燕窝产业集群。全年关区进口燕窝111.37吨，同比增长27.34%，其中进口毛燕19.9吨，同比增长2.88倍。

【食品安全两部规章宣传贯彻】 2021年，厦门海关组织开展《中华人民共和国进出口食品安全管理办法》《中华人民共和国进口食品境外生产企业注册管理规定》的宣传贯彻。分析近年来关区进口食品贸易情况，让进口商了解掌握政策变化，督促其境外食品生产企业按要求办理进口食品境外生产企业注册申请。利用"12360海关热线"公众号、宣传展板，分发宣传海报及规章，向社会大众、相关政府部门和进出口食品安全监管相对人开展宣传。针对线上线下多渠道收集企业反映的问题，及时逐条释疑解惑，指导企业完成注册。组织关区718人参加两部规章培训及考试。组建应急工作专班，妥善应对处置突发问题，保障关区进出口食品贸易平稳有序。

【市场采购贸易方式出口预包装食品试点】 2021年，厦门海关与市场监管部门、出口商构建出口预包装食品质量安全共治机制，在泉州石狮服装城试点市场采购贸易方式出口预包装食品。推动"市场采购贸易联网信息平台"建设，利用"一站服务""互联网+海关"信息化通道，打造快速高效的出口申报验放流程。全年泉州石狮服装城市场采购贸易方式出口预包装食品1,310批、4.43亿元，同比分别增长1.12倍、2.18倍，出口品种扩大至18种，产地来源拓展到全国范围，出口目标市场增加至10个国家（地区）。

▲2021年7月20日，泉州海关关员对市场采购预包装食品实施出口前检验

【进口食品"国门守护"行动】 2021年，厦门海关执行总署进口食品化妆品监督抽检和风险监测计划，完成4,177个样品、7.37万项次检验，检出58个样品、66项次不合格。落实总署关于重点敏感产品的专项工作部署，执行进境动植物源性食品检疫审批制度，累计签批肉类、水产等动植物源性食品1,536份。对口岸监管和检验检疫不符合要求的168批未准入境进口食品，依法实施退运或销毁处理，未准入境食品来自 19 个国家（地区），其中涉及中国台湾地区 94 批、泰国 14 批、印度尼西亚 10 批、其他国家（地区）合计 50 批。

【出口食品化妆品风险管理】2021 年，厦门海关执行总署出口食品化妆品监督抽检和风险监测计划，完成 1,215 个样品、1.01 万项次检验，检出 4 个样品、5 项次不合格。持续开展风险评估，结合国外预警信息，动态调整出口食品化妆品高风险产品清单、高风险项目清单 5 次，发布预警通报 1 个，指导企业完善自检自控体系。加强对境外食品安全舆情信息和技术性贸易措施的收集整理和分析研判，举办保鲜蔬菜出口政策宣讲暨培训会，帮扶企业应对风险。对境外通报的出口不合格食品信息开展核查，对企业在原辅料管理、生产加工过程卫生控制等方面存在的问题，督促其采取针对性整改措施消除隐患。

【督促进出口食品安全各方责任进一步落实】2021 年，厦门海关压紧压实进出口企业、地方政府等各方安全责任，全年约谈进口不合格食品的进口商 3 家，约谈出口食品被境外通报的生产企业 11 家，督促其落实主体责任。约谈检出新冠病毒核酸阳性样本的进口商 22 家，并依法依规予以处置。向地方联防联控机制发函通报关区阳性检出情况 7 次，及时共享信息、协同处置，推动形成工作闭环。向泉州市、漳州市的食品安全办公室通报其行政区内企业出口蔬菜中检出禁用药、糖果中检出禁用色素等食品安全情况，推动其履行食品安全属地管理责任。

【食品安全社会共治】2021 年，厦门海关与厦门市公安局、市场监督管理局联合签署《关于进一步健全进口食品安全监管联动机制合作备忘录》，明确 3 方执法联动合作事项 13 条，构建食品安全共治共管机制。做好福建省治理“餐桌污染”和厦门市创建国家食品安全示范城市等各项工作。围绕“尚俭崇信，守护阳光下的盘中餐”主题，开展“食品安全宣传周”宣传，举办各类活动 40 多场次，发放材料 1,600 多份，参与企业近百家。

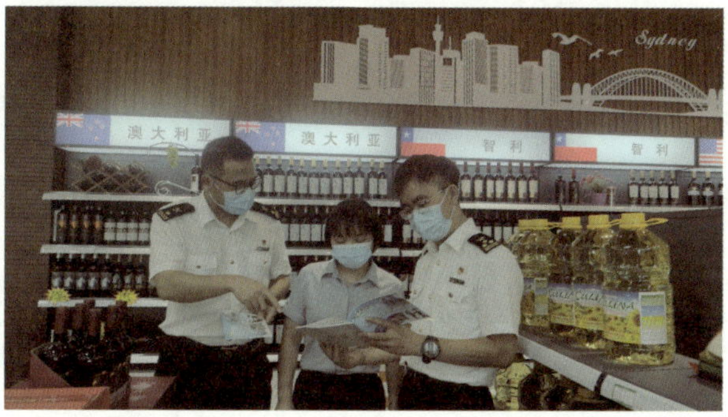

▲2021 年 6 月 17 日，厦门海关开展“食品安全宣传周——走进商超”活动

【供厦食品标准体系建设】2021 年，厦门海关作为厦门市供厦食品标准建设委员会主要成员单位，牵头制定红茶、绿茶、即食燕窝、龙眼、牛肉、海水鱼、铁皮石斛花、铁皮石斛叶 8 项供厦食品安全标准（占厦门市已发布供厦食品安全标准的四分之一）；同时，参与制定其他 6 项供厦食品安全标准。

【食品安全专业能力提升】2021 年，

厦门海关根据关区监管业务特点，开展对台湾地区食品安全管理体系和两岸食品添加剂管理规定、使用标准异同比对分析，形成阶段性成果上报总署。全年，组织专家赴业务现场“跟班作业”“送教上门”3次，帮助解决食品安全监管疑难问题；对已取得加工食品签证官岗位资质的103名签证官开展继续教育，对新申请资质的7人实行培训及线下笔试考核。加强政策研究和信息报送，全年被总署《食品安全信息日报》采用536条，居海关系统第五位。

（撰稿人：黄　曦）

商品检验

【概况】2021年，厦门海关统筹推进商品检验各项工作，严厉打击洋垃圾入境，压紧压实进出口危化品安全监管责任，对关区进出口危化品、出口防疫医疗物资、进口旧机电、进口大宗矿产品4项检验监管业务开展职能监督。开展“送教上门”和“跟班作业”，举办各类业务培训9场；提升进出口危化品、进口特种设备检验监管专业能力，全年通过危化品岗位资质考核82人，合格率90%，危化品监管持证人数同比增长53%。3名关员进入全国海关系统危化品岗位练兵和技能比武百强。对关区11个隶属海关、14家企业开展商品检验业务调研，为海关业务一线解决问题35个。全年检出进出口法检商品不合格1,189批，同比增长84.91%，其中固体废物伪报为进口再生金属3批，不合格进口医疗器械13批，查获并退运厦门口岸首例灰分和氟超标的进口煤炭。

【禁止洋垃圾入境】2021年1月1日起，国家全面禁止固体废物入境，同时明确符合相关标准的再生黄铜原料、再生铜原料、再生铸造铝合金原料和再生钢铁原料不属于固体废物，可以进口。厦门海关组织开展关区再生金属原料检验培训，加大对进口企业再生金属标准宣贯力度，提升现场监管人员执法把关能力，强化企业风险防范意识，压紧压实监管责任和主体责任。加强再生金属原料检验监管和进口矿产品固体废物排查，收集整理再生金属原料标准执行中的问题，向总署提出意见建议3条。组织2批再生铜原料固体废物属性鉴定复检，收集固体废物属性鉴定和复检问题上报总署。建立联防联控机制，提升风险预警和快速反应能力，针对重点国家（地区）、重点商品开展洋垃圾风险布控。与福州海关协作开展进口矿产固体废物排查，联合制定实施大宗散装矿产分港卸货协调配合与信息通报机制。全年检验监管进口再生金属原料26批、5,493.22吨，检出环保不合格再生金属原料并鉴定为固体废物3批、305.21吨。参与总署再生原料装运前检验工作专班，牵头开展再生原料装运前检验信息化系统设计、编写需求任务书等，研究拟定再生原料装运前检验证书格式和规范；受总署委托研究分析全国口岸固体废物鉴定有关问题。牵头审定再生纸浆标准，参与研究制订进口再生铸造铝合金、再生铜、再生黄铜等检验规程。

【进出口危化品检验监管】2021年，厦门海关加强进出口危化品检验监管，开展业务知识和实操培训3场，举办危化品检验监管政策企业宣讲会2场。制订关区危化品检验监管工作指引，规范全链条作业要求，加大安全防护力度，提升关区应急处置能力。持续推进安全生产专项整治三年行动，深入现场摸清危化品进出口情况，及时排查安全隐患。建立进出口危化品口岸存量报送机制，业务现场加强与码头经营部门的沟通配合，提升查验效率。建立“商检—监管—口岸—属地”联合研判机制，规范进口危化品流向到目的地抽样检测的工作流程。加强口岸风险研判，深入研究全国海关查发典型案例和风险线索，重点防范伪瞒报和夹藏风险。密切与海事、港口管理、应急管理、码头等单位联系协作，加强信息互通和执法互助，解决“小批量”危化品伪瞒报处罚力度不够、警示作用不强的问题。全年检出不合格进出口危化品及其包装997批，检出率14%；查获危化品伪瞒报、夹藏等情事45起，其中被总署采编发布案例6起。

▲2021年2月2日，海沧海关关员在进口砂岩荒料中查获易燃危化品

【出口防疫医疗物资检验监管】2021年，厦门海关承担总署出口防疫医疗物资标准和技术法规更新任务，更新防疫医疗物资质量安全标准23个。加大进出口防疫医疗物资检验力度，严厉打击假冒伪劣、逃避监管等违法行为，保障关区进出口防疫医疗物资质量安全。全年检验监管出口医用口罩、医用防护服、呼吸机等4,035批，查获出口防疫医疗物资“三无”、夹藏、伪瞒报等情事69起。

【完善进出口商品质量安全风险预警和快速反应监管体系】2021年，厦门海关持续完善风险预警和快速反应监管体系，开展质量安全风险监测、评估、预警、处置和结果运用，保护消费者权益。加强署级一级风险监测点建设，设立关区首批二级监测点2个，完成一级风险监测点风险信息采集及监测任务。完成法定检验外进出口商品抽查检验50批，涉及进口文具、摩托车头盔，出口发光二极管（LED）照明光源、节日灯串、儿童滑板车、玩具、塑料食品接触产品等，检出不合格5批；监测跨境电商进口消费品质量安全，抽检食品接触产品、枕头、牙刷和一次性使用卫生用品20批，检出2批幼儿辅食碗的部件挥发性化合物含量超标，责令企业采取下架停止销售等措施消减风险；监测进出口商品质量安全，累计对89批食品接触产品、净水器滤芯质量安全项目进行检测，对38批消费品进行放射性检测，检出5批净水器过滤水pH值超标。开展出口工业产品退运、不合格商品通报/召回调查，累计开展相关调查450起，对24家企业进行技术性贸易措施宣讲辅导。

【重点进出口商品检验监管】2021年，厦门海关加强进口煤炭放射性检测力度，强化重量鉴定、堆场管理、取制样、环保项目检验、实验室检测等全过程质量管理，严把进口煤炭质量安全关，全年检验监管进口煤炭295批、1,275.82万吨，对1批、1.63万吨灰分和氟超标的动力煤实施退运。严防进口旧机电安全隐患，检验监管进口旧机电1,394批、18.23亿元，检出警告标识、电气安全、机械防护安全、卫生状况不合格，查获以旧报新、夹带禁止进口设备等案例，监督整改相关产品91批、1.92亿元，退运、销毁6批、58.75万元。强化进口花岗岩放射性检测，检验监管进口花岗岩598.03万吨，开展实验室核素分析150批，检出限制使用用途的进口花岗岩55批、超过国家强制性标准限量要求2批。10月15日起，对出口化肥开展法定商品检验，实施标签标识、有毒有害物质、放射性等质量安全检验，累计检验监管出口化肥17批、2,940吨，检出有害物质超标不合格2批、336吨。

▲2021年7月22日，东渡海关关员查获厦门口岸首例灰分和氟超标进口煤炭

【消费品等重点敏感商品检验监管】2021年，厦门海关严把进口儿童用品、服装、一次性卫生用品、玩具、食品接触产品、牙刷、家具等消费品质量安全关，累计检验监管上述商品1.06万批、1,303.08万件。开展进口医疗美容药品和医疗器械专项整治，查获不合格进口医疗器械13批，退运、销毁9批。召开“3·15”新闻发布会，发布2020年进口婴幼儿推车存在危险夹缝及产品标志和使用说明不合格、进口品牌牙刷质量安全项目不合格、进口坐便器水效标识缺失、进口文具标识标志不合格等十大维权典型案例。

【推行商品检验便利化措施】2021年，厦门海关通过新媒体、关企座谈会、现场指导等方式，做好法检目录调整等政策宣讲解读，向关区主要进出口企业和检测机构征集进出口商品第三方检验结果采信工作的意见建议。落实进口铁矿、棉花依申请实施品质检验，进口大宗商品依申请实施重量鉴定便利化措施。运用“两段准入”通关模式，对进口原油实施“先放后检”，以准予提离口岸海关的海关监管区为界，实施“是否允许货物入境”和“是否允许货物进入国内市场销售或使用”两段监管，经现场检查符合要求后即可卸货转运，全年为企业节约物流成本约600万元。深入研究政策规定与系统指令，开展风险评估分析，向总署建议调整进口原油GHS分类鉴定抽批规则并获采纳，进口原油通关时间进一步压缩。克服新冠肺炎疫情影响，安排关区原油检验专业技术人才进驻封闭专班，保障进口原油顺畅通关。

【支持平行进口汽车业务发展】 2021年，厦门海关支持进口汽车业务发展，推动地方政府设立平行进口汽车标准符合性整改场所，不断完善软硬件配置。受平行进口汽车国六标准排放环保信息公示政策影响，关区国五标准平行进口汽车停止进口，进口量锐减。5月，生态环境部推进平行进口汽车国六标准排放环保信息公示工作，汽车进口业务逐步恢复。全年累计检验监管进口汽车75批、134辆，同比分别下降75%、93%。

（撰稿人：马俊毅　李保家　周扬斌　胡卉静　赵晓野　韩　燕）

口岸监管

【概况】2021年，厦门海关贯彻全国海关口岸监管工作会议精神，聚焦政治保卫、国门安全和高质量发展，强化监管、优化服务，推动口岸监管工作取得新成效。维护国门安全，落地落实违禁品查缉、安全生产、“扫黄打非”、反恐维稳等重大政治任务，全年查发违禁品案件43起、核辐射异常事件283起；查获进出境违禁印刷品及音像制品2,641件、同比增长37.84%，其中“泉州‘11·18’传播淫秽物品牟利案”获评2021年福建省“扫黄打非”十大案件。提升口岸监管能力，加快推进智能审图应用，优化口岸综合查验模式，查发检疫性有害生物7批次。推进监管模式改革创新，深化物流监管数字化建设应用，货站收运作业效率提升90%以上、货代外勤工作量减少70%以上。服务经济社会发展，加强与中东欧国家海关贸易安全和通关便利化合作，做大做强中欧“安智贸”试点，全年监管“安智贸”项下进出口货物6,099票，同比增长19.94%；主动服务跨境电商、市场采购等贸易新业态发展，支持企业利用海外仓、中欧班列、海运快船扩大出口，全年监管市场采购贸易试点申报出口货物报关单10.34万票、同比增长70.38%；参与翔安新机场海关工作区建设规划，明确新机场货运物流规划意见和候机楼进出境旅客通关作业场地要求。

【运输工具监管】2021年，厦门海关创新运输工具监管模式，推动签发福建省首份多式联运“一单制”提单，助推龙岩革命老区货物从厦门口岸出口；完善转关业务管理机制，调整出口转关适用企业范围，全年受理进出口货物转关3.3万票、同比增长4.1%；规范进出境船舶供退物料管理，优化作业流程和单证收验要求，开展船舶水污染物转移处置联合监管；推动海港E码通船舶靠泊情况和轨迹展示、船员检疫功能改革试点，在移动端开发“船舶靠泊计划表”，自动提取监管数据。全年监管进出境运输工具超2万架/艘次、同比下降19.23%，其中监管船舶1.14万艘次、同比下降19.44%；监管航空器8,674架次、同比下降18.94%。

▲2021 年 6 月 16 日，海沧海关关员对入境船舶实施登临检查

【口岸货物监管】2021 年，厦门海关推进口岸监管综合查验模式改革，制订工作方案，规范口岸综合查验模式，在东渡海关启动查验模式运行测试。全年检查口岸进出口货物报关单 8.64 万票，其中进口 5.31 万票、出口 3.33 万票。开展滞港固体废物退运专项检查 4 次，建立关警会商、职能监督检查、业务现场专人专岗、周督办记录台账 4 项机制，查发非法进境固体废物 27 票，退运 31 票（含 2020 年查发）、876.76 吨。

▲2021 年 4 月 1 日，东渡海关关员查验进口硼酸加硅

【快件邮件监管】2021 年，厦门海关修订进出境邮件监管操作指引，规范临时邮路监管，加强与其他直属海关联系配合，密切口岸地海关与国际邮件互换局监管联动。开展“C 类快件纳入货物一体化通关”新模式作业，落实快件监管制度不打招呼检查，着重检查审单、查验、物流和后续处置管理、个人防护相关要求落实情况，完成“非贸业务一体化监管平台”快件智能模块建设。全年监管进出口邮件 638.6 万件、同比下降 55.51%，进出口快件 495.15 万票、同比下降 13.51%。寄递渠道检出查获涉及安全准入准出情事 1,517 起，其中涉及毒品、麻醉品、精神药物等 284 起。

【跨境电商监管】2021 年，厦门海关制定促进跨境电子商务高质量发展指导意见，坚持“管得住、通得快、效率高、成本低”，推动跨境电商业务健康有序发展。关区内城市实现跨境电商综合试验区全覆盖，持续推进跨境电商 B2B 出口监管，支持企业利用海外仓扩大出口。支持地方政府结合港口航线资源，优先在空港、海港及综合保税区临港配套新增跨境电商监管中心。成立关区打击跨境电商进口走私“断链刨根”专项整治行动领导小组，部署专项整治行动方案，全年刑事立案 3 起、案值约 20 亿元。

【行李物品监管】2021 年，厦门海关在五通口岸旅检现场试点智能化项目应用，实现涉台海运班轮旅客名单无纸化管理。健全治理“水客”走私长效机制，推行智能化监管改革创新，与福州海关建立行李物品监管联系配合机制。全年进境渠道共立案44起，查获象牙制品、红珊瑚制品、管制刀具等禁限进口物品。在出境渠道查获赌博筹码等禁止物品。

【场所场地监管】2021年，厦门关区有海关监管作业场所75个、集中作业场地7个、指定监管场地27个，其中新设立监管作业场所4个、退出3个。修订海关监管作业场所巡查、视频检查操作指引，开展“双随机”检查2,776次。制定宁德时代出口锂电池等“一企一策”支持措施和相应的危险货物“抵港直装”操作流程，推动厦门港集装箱码头开展出口危险货物“抵港直装”、进口集拼仓库货物及海铁联运货物开展“船边直提”，全年监管出口“抵港直装”货物1,114个标箱、进口“船边直提”货物49个标箱。

【对台贸易监管】2021年，厦门海关强化对台小额贸易监管，对以小额贸易方式进境的货物统一按关区对台小额贸易监管措施要求管理。年内，关区仅有石狮石湖、东山铜陵2个对台小额贸易点开展业务，累计监管进口对台小额贸易货物报关单2,046票、货值3.07亿元，同比分别下降40.42%、44.97%。加强大嶝对台小额商品交易市场监管，明确进口台湾商品免税携带出区监管原则、非“4139”监管方式商品的管理责任主体；严格交易凭证、通道、物流管理；对大嶝市场内外贸货物区分管理、落实事中事后监管措施；优化大嶝市场海关监管辅助系统，新增支付验证、库存校对等功能模块。全年共监管大嶝对台小额商品交易市场商品1.34万吨、价值1.83亿元，同比分别下降61.91%、63%。

【中欧班列监管】2021年，厦门海关支持中欧班列出口货物在监管作业场所组货申报，探索内外贸货物混编运输业务，支持过境货物通过海运方式从东南亚国家及中国台湾地区入境，并以铁路运输出境。与武汉海关签订联系配合办法，制订进口整车转关至武汉“海铁联运”监管方案，开辟整车进口新通道。推动跨境电商货物搭乘中欧（厦门）班列出口，助推首批货物通过铁路运输发往越南河内，开辟通达东盟的陆上物流新通道。全年中欧班列开行196列，海关监管货物1.94万个标箱、10.55万吨。

【市场采购贸易监管】2021年，厦门海关制定市场采购贸易海关监管实施细则，成立关区市场采购管理综合协调小组，建立“上下联动、风险研判、内外协调”三级联动机制。推动“市场采购贸易联网信息平台”与“单一窗口”联网，协调地方主管部门升级“市场采购贸易联网信息平台”申报功能模块，便利地方政府落实属地管理主体责任。支持晋江国际鞋纺城市场采购贸易出口商品在关区内口岸实施通关一体化模式。年内，关区市场采购贸易试点申报出口货物报关单10.34万票、货值 572.11 亿元，同比分别增长 70.38%、64.12%。其中，石狮市场采购试点出口报关单 6.84 万票、货值 378.21 亿元，同比分别增长 12.79%、8.5%；晋江市场采购试点出口报关单 3.5 万票，货值 193.9 亿元。

【安全生产专项整治三年行动】 2021 年是厦门海关开展安全生产专项整治三年行动的第二年。厦门海关制订试行安全生产工作规范，同步修订安全生产管理工作手册。与地方政府建立常态协同机制。年内，压减含有储存区域的涉危场所 2 个，清理场所内自用加油设施设备 5 个，对 18 家涉危和 54 家非涉危场所分别制发自律管理函。9 月，东渡海关在市场采购渠道查获近年来关区首起烟花爆竹伪瞒报闯关出口情事。

【口岸监管涉恐查缉】 2021 年，厦门海关强化口岸监管环节涉恐查缉能力，开展模拟核生化暴恐袭击、刀斧砍杀、纵火焚烧等各类型反恐演练 17 场次，参加演练人员 200 余人次；57 人报名参加厦门海关反恐维稳专业能力提升行动，1 人获评口岸反恐业务标兵。深化核辐射监测信息系统建设，关区具备联网条件的 63 台门户式辐射探测设备全部完成联网，启用生化报告、资源库、统计分析等新增功能模块。全年检出 283 起放射性超标案例，同比增长 95.2%，其中退运货物 3 批次，其余均排除涉恐风险后予以放行。查获非成套枪支散件 30 件、同比下降 47.4%。

▲2021 年 4 月 7 日，泉州海关开展联合反恐演练

【智能审图应用】 2021 年，厦门海关持续开展智能审图试点，配合总署智能审图算法优化，部署应用智能审图信息化平台。自主建设寄递物品集中审图平台，部署过机检查图像批量复审功能，在图像 6 秒实时审核的基础上，可对图像开展批量复审作业，对智能审图系统无法判定或存疑的包裹，还可人工重点进行复核。9 月，启动快件 CT 设备智能审图算法分类部署试点，大幅降低有效拦截商品总体误报率。

【监管装备管理】 2021 年，厦门海关编制 2022—2024 年“监管查验技术设备购建及能力提升项目”专项需求支出计划，做好监管装备购置、监管工作用犬保障、口岸反恐等专项预算执行。完成关区辐射探测设备、X 光机的入网升级改造，实现设备数据接入海关业务系统，监管装备智能化运用水平有效提升。

【监管工作用犬管理】 2021 年，厦门海关强化监管工作用犬养护管理，委托后管中心承担海关监管工作用犬保障服务工作，实现用犬专业化、集约化管理。完善监管工作用犬配置、训用和退出的工作流程和管理机制，成立监管工作用犬专家组，建立监督检查机制，全年共组织实地调研 4 次、制发检查报告 2 份。关区共有监管工作用犬 21 只。受疫情影响，全年监管工作用犬未上岗作业。

【监控指挥体系建设】2021 年，厦门海关推广应用海关总署监控指挥系统（业务运行监控）。全年不间断参与总署业务运行应急值守保障，参与总署指挥中心会商连线，组织开展关区二三级监控指挥中心连线会商。视频监控平台覆盖关区所有监管作业场所（场地）。

（撰稿人：弋浩男　韦一鸣　许斯龙
吕　露　张　真　吴燕岚
林　岳　赵阳生　龚裔蕻
黄　鹭　谢　莹　薛舒捷）

统计分析

【概况】2021年，厦门海关按照总署部署要求推进关区统计分析工作，坚持提高政治站位、主动融入改革创新，以线上培训、“跟班作业”、“送教上门”等方式强基础、补短板、提效率，落实统计数据质量管控工作要求，维护数据真实准确，学习宣传贯彻落实《中华人民共和国数据安全法》，促进统计分析工作高质量发展。统计分析研究成果获总署、福建省、厦门市相关载体采用45篇次；拓展统计调查领域，开展统计调查、调研29次，覆盖企业超2,000家次；提供各类数据查询服务近500批次，涉及数据条目超200万条。

【海关统计专项调查】2021年，厦门海关组织开展外贸出口先导指数样本企业调查12次（调查频度每月1次）、进口货物使用去向调查1次（调查频度每5年1次）、跨境电商全业态统计试点调查2次（调查频度每半年1次），共计10个隶属海关协助推动宣传及落实，1,739家次企业参与填报调查问卷，调查问卷回收率均为100%，为总署对出口形势预测预警、参与全国投入产出调查、测算跨境电商进出口的整体规模等，做好基础数据信息收集。

【数据质量控制】2021年，厦门海关加强日常审核和专项审核，不断强化统计数据质量控制，维护数据准确，全年运用计算机参数审核和人工审核报关单记录超800万条。对各类防疫物资、大金额、大数量以及重点商品进行专项检控核查，按时完成总署贸易统计数据年审。加强和优化检控参数设计，增设关区冷链食品、粮食、固体废物等系统检控和查询参数约50个。总署建立全国海关统计数据质量控制中心工作机制后，由总署统计分析司负责总体规划，下设规范中心、参数中心、审核中心、发布中心、创新中心、安全中心6个工作组，将统计数据质量控制的工作重心从单条报关单记录审核转向“宏观、中观、微观”三级管控；厦门海关任发布中心副组长单位，5人为发布中心成员，1人为规范中心成员。

【业务统计指标调整】2021年7月，总署调整进出境人员业务统计指标，增加“按运输工作分类进出境人员”分组；11

月，调整稽查类企业管理分类的部分业务统计指标。厦门海关均于次月启用调整后的指标项目及统计口径报送数据。

【业务统计质量管控】2021 年，厦门海关强化业务统计数据审核：每月月初的快报审核突出“快”，对异常波动的数据迅速开展溯源核查；每月月中的月报审核重在“全”，侧重对上千项指标数据做全面审核；每季度复核重在“实”，侧重对上季度的月报数据进行复审；通过横向、纵向多角度的对比分析查找异常。全年审核关区业务统计指标数据 7 万余条，经总署复审，结果为“零”差错。

【数据监测与统计监督】2021 年，厦门海关开展数据监测和统计监督，成立数据监测研判工作组，建立健全统计数据监测机制，对关区重点商品和敏感商品进出口数据进行监测，加强对不实贸易进行专项审核和数据分析，对涉嫌不实贸易企业开展核查，推动多领域、跨部门联合管控，防范和惩治统计造假、弄虚作假。

【报关单申报项目调整】2021 年，总署推进深度融合一体化改革，全面梳理进出口货物申报企业现有填报栏目，从职能机构、商品要素、企业信息、单据证件、功能结构等方面进行“删、合、增”，在原有 105 项申报项目的基础上，进一步优化整合为 95 项，并完成相关系统开发测试。厦门海关参与其中报关单结构、通关参数和填制规范等多个业务推进小组工作。

【报关单证档案管理】2021 年，厦门海关对超期未理单报关单进行监控和督办，累计复核报关单 500 余票，及时下发核查处置单 20 多份，督促报关单证及时理单归档；实地检查指导关区纸质报关单证档案和库房管理，落实报关单证档案管理规定要求；集中审核并组织销毁关区超期纸质报关单证档案近 5,000 册；累计为国家机关和进出口企业查阅出证报关单证 3,000 余票。

【进出口信息发布与服务】2021 年，厦门海关组织召开外贸进出口情况新闻发布会 3 次，通报福建省及厦门市货物贸易进出口运行情况，回应社会公众关切热点问题，获《福建日报》《厦门日报》等多家媒体报道。每月（其中 1—2 月合并发布）在厦门海关互联网主页发布厦门市、泉州市、漳州市、龙岩市进出口数据以及厦门市外贸进出口分析文章，向新闻媒体提供厦门市外贸进出口新闻通稿。

▲2021 年 7 月 15 日，厦门海关举办新闻发布会，发布上半年货物贸易进出口运行情况

根据地方疫情防控相应数据需求研究统计口径，设计参数、条件和格式，及时提供疫情防控统计数据服务，每月向福建省商务厅、市场监督管理局等政府部门提供厦门关区防疫物资相关统计数据及报表，累计50余批次；向关区各部门单位提供贸易统计数据、业务统计数据、报关单数据查询服务，累计80余批次；加强和地方相关部门联系配合，为公检法等部门提供数据服务，累计20余批次；与厦门、泉州、漳州、龙岩4市的商务部门和厦门自贸片区管委会分别签订《海关统计数据共享协议》及《保密协议》。

【监测预警分析研究】 2021年，厦门海关运用外贸进出口数据强化“数据+研究”工作。加强宏观分析研究，结合全球经济贸易、股债金市场以及国内经济形势，参与总署“中美系列问题”研究；参与全球航运市场监测、大宗商品进口等课题；根据国际国内重大经贸政策变动开展专项调研，自主完成“中欧地理标志协定实施影响”“全球干旱对粮食产生影响”等研究文章。参与总署课题研究，牵头开展“大数据时代下海关外贸数据发布和解读工作机制创新研究”署级课题研究，参与“中国城市外贸竞争力评价指标优化研究”“疫情背景下我国出口产品竞争力研究”等4个署级课题；参与撰写“十三五”期间中国对外贸易发展报告，该报告成果于10月公开出版发行；参与撰写2020年中国城市外贸竞争力报告，文章刊载于《中国海关》杂志2021年第10期；参与编发《中国对外贸易指数》月刊共12期。发挥对台区位优势，强化对台贸易分析研究，密切关注两岸贸易发展变化，全年撰写“两岸贸易”课题分析文章11篇。开展外贸统计调研和分析研究，围绕地方经济工作重心和经贸政策，针对主要市场、重点商品和当前热点难点问题开展统计调研和分析研究，撰写“厦门市外贸”“中欧班列运力紧张”“空运货源流失”等课题文章，获厦门市政研载体采用，为地方党委政府领导决策提供支撑。

（撰稿人：汤轶群　许炯锋　林　荫　温经纬）

企业管理和稽查

【概况】 2021年，厦门海关优化企业管理和稽查“职能+执行”工作机制，保持打击洋垃圾入境高压态势，对关区12家进口固体废物加工企业、19家再生金属进口企业开展3轮专项稽查，发现问题并移交缉私部门进一步处理4起。对进出口危化品、防疫物资、矿产品、粮食和水产品等涉检业务领域13家企业开展专项稽查。参加总署业务改革、集中工作和课题研究30余次，推进企业稽核查、报关单位注册登记管理、信用管理制度、属地查检等业务改革措施落地。自10月13日起，企管处新增属地查检职责，负责关区货物出口申报前监管、货物进口放行后检查管理。对报关企业注册登记实施备案管理和全程网办，对已注销、吊销海关备案企业实现常态化管理，首次开展关区备案跨境电商企业资质验核。推进AEO认证，动态调整企业信用等级，建立进出口企业信用管理制度。开展企业管理和稽核查执法专项检查，维护关区执法统一性。探索将主动披露制度适用范围扩大到检验检疫业务领域，全年累计办结主动披露作业129起，补办海关手续8起。坚持问题导向，累计“送教上门”、基层调研、走访企业等60余次；梳理确定涉及5个岗位14个廉政风险点清单，逐条逐项制定防控措施。

【执法规范化管理】 2021年，厦门海关严格落实行政执法公示制度、行政执法全过程记录制度、重大执法决定法制审核制度，做好企业管理和稽核查业务制度制修订。举办企业管理和稽查业务培训班6期、参训815人次，关区47名认证人员和126名核查人员分别参加专业能力提升行动“执法一线企业认证”和“核查”项目的培训考核，2人被评为业务标兵。应用可视化监控平台、稽核查管理系统、行政相对人统一管理系统、信用信息管理系统等完善业务条线内控节点体系建设，提升规范执法水平，核实平台自动触发预警和监控处置单143份，探索应用总署企管司业务运行可视化监控平台开展执法监督，制发处置单5份。落实集体审核和分级审核制度，扩大网上电子审核试点，累计审核作业69起，涉及税款约5亿元。从规范稽查实施、强化职能管理、加强监督检查、畅通联系配合4个方面制定具体措施，防范稽查后续处置风险。

【稽核查后续监管】2021年，厦门海关突出稽查查发问题导向，落实取消常规稽查，实施不经事先通知直接稽查，探索推行稽查人员跨辖区交叉稽查作业模式。全年办结稽查作业451起、查发266起，移交缉私部门刑事立案5起。所提1条行业性稽查建议被总署采用。建立属地核查监管作业新模式，办结核查作业1,761起，查发1,094起。

【稽查业务改革】2021年，厦门海关根据总署稽查改革推进会部署，制定稽查改革实施意见，聚焦查发能力建设，完善集约化稽查机制，强化风险分析，突出专业分工，密切部门协作，创新工作方式，优化运行机制。稽查改革启动后，开展稽查查发能力提升专题培训，关区136名稽查人员参加；监督考核重点改革措施落实情况，下发专项通报2期；受总署委托，牵头负责5省（区）加工贸易领域贸易调查，强化行业信息收集，为开展全国性专项稽查行动提供决策参考。

【核查业务改革】2021年，厦门海关通过理顺工作机制，采取作业标准化、人员专业化、目标精准化等措施，强化"跟班作业"和实地督导，落实核查属地化改革，提升核查监管效能。参与总署核查领域"第三方检验结果采信""企业自查结果认可"等试点工作，实施采信第三方出具报告核查作业22起、开展企业自查结果认可模式核查作业5起，有效缩减实地核查时间。

【企业资质管理及业务改革】2021年，厦门海关参与总署境外注册规范性文件制定，编写出口食品生产企业申请对哥斯达黎加注册服务指南，协助答复中国输美国水产品问卷调查。参与总署培训教材编写，做好企业资质管理岗位人员业务培训，关区新增19名进出口食品企业评审员，批准6名具备较高专业能力的评审员承担主任评审员工作事项。全年关区累计备案报关单位（含进出口货物收发货人）5,677家/个，备案食品化妆品进口商及进口肉类收货人258个，备案出口食品原料种植养殖场111个、企业300家。主动注销报关单位（含进出口货物收发货人）备案2,517家/个，实现对注销、吊销海关备案企业常态化管理；验核跨境电商企业523家，取消7家无资质企业备案资格；加强食品类特定资质企业监管，取消62家食品类企业资质。截至2021年年底，关区共有备案报关企业445家、进出口货物收发货人5.81万个、食品化妆品进口商及进口肉类收货人3,168个、出口食品原料种植养殖场628个（其中供香港种植场2个）、出口食品生产企业1,070家、进口毛燕指定加工企业2家。

推进企业资质管理业务改革，实施报关企业注册登记审批改备案管理，落实"多证合一""一网注销"改革，全面实施"全程网办"。年内，备案43家报关企业，

160家企业通过“多证合一”方式在办理营业执照时同步向海关申请并获得海关注册登记资格，499家企业通过“一网注销”平台办理海关注销手续、办理时限压缩至11个工作日，“全程网办”惠及关区3,181家企业。

▲2021年4月30日，泉州海关实施报关企业注册登记审批改备案管理

【出口食品生产企业境外注册】2021年，厦门海关帮扶关区出口食品生产企业拓展国际市场，推荐52家次企业对境外注册。做好英国脱欧后关区33家水产品企业对英国注册资质转换工作，帮助3家出口食品生产企业办理输巴拿马食品安全许可牌照延期，对1家输韩国水产企业开展官方检查并督促整改。截至2021年年底，关区累计有538家次出口食品生产企业对境外注册。

【AEO认证】2021年，厦门海关加大对企业的守法规范性培育和“经认证的经营者”（AEO）认证培育力度，拓展认证企业范围，加强新兴贸易业态企业认证，加快新申请企业认证进程，助力关区更多企业通过AEO认证。全年办理AEO认证作业36起、办结33起，新增AEO企业18家、同比增长63.6%；截至2021年年底，关区共有AEO企业87家、同比增长26.1%。参与WCO第五届全球AEO大会和AEO专题宣传工作，协助撰写“十四五AEO制度展望”“AEO一揽子便利措施案例”和《AEO国际规则研究框架》。推荐13名专业人员加入总署外语业务骨干库，协助翻译欧美国家AEO相关制度。在厦门海关—德班海关关际合作工作组会议上作“厦门海关AEO建设情况”主题介绍。

【企业信用管理及业务改革】2021年，厦门海关加大企业信用培育力度，通过“线上+线下”方式，对关区101家企业开展“不见面”“面对面”信用培育208次。其中，对革命老区企业、民营制造业重点企业，以及与RCEP成员方、“一带一路”沿线国家（地区）等贸易密切的38家重点企业开展培育85次。实施企业信用动态评估，及时调整企业信用等级，净化进出口领域信用环境，落实“诚信守法便利、失信违法惩戒”。全年调整289家企业信用等级，其中上调182家、下调107家，核实332家企业资产负债情况。推动企业差别化管理，建立高级认证企业协调员配合机制，协调解决企业问题34个。开展关区认证企业获得感评估调研，组织2,000多家企业注册“中国海关信用管理”微信公众号平台，及时答复企业政策咨询。

推进企业信用管理业务改革，参与总署组织的海关注册登记和备案企业信用管理办法修订工作，并抓好政策宣贯工作，摸排关区1,152家存量一般认证企业，做好信用等级由4级调整为3级的过渡工作。重新认定191家存量失信企业，指导5家企业开展信用修复，妥善处置1家企业信用信息公示异议，确保新管理办法有序实施。组织开展“3·15”诚信宣传和“6·14”信用记录关爱日活动，推荐关区1家AEO企业获评全国“诚信兴商十大案例”，对326家重大违法案件当事人实施多部门联合惩戒，对3家重大违法案件当事人解除联合惩戒措施，对1,300家次纳税信用A级纳税人实施联合激励措施。

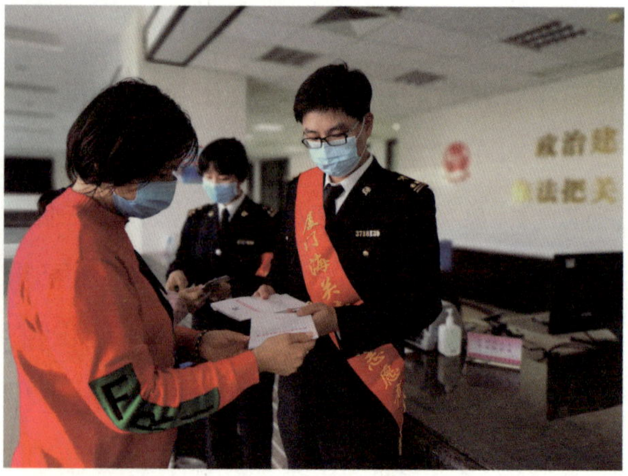

▲2021年3月15日，高崎海关关员开展海关信用管理政策宣讲

【属地查检】2021年，厦门海关协助总署制定属地查检工作指导意见、操作规范等文件，完成海关系统属地查检资源分析报告和制度汇编，参与属地查检业务系统研发。出台关区进出口货物属地查检业务改革指导意见，建立企业管理、卫生检疫、动植物检验检疫、食品安全、商品检验、风险管理等多部门协同配合机制。优化资质人员配置方案，组织148人次参加查检业务领域岗位资质培训考核，扩充进出口危险货物及其包装检验监管资质查检人员至238人。梳理现行风险防控指令，涉及118项表单，联合报关协会加大属地查检业务政策法规宣讲力度。规范属地查检作业流程，明确随机选人、指令完成时限、结果录入、业务统计等工作要求，对外公布业务联系电话，建立作业监控定期通报机制，确保属地查检改革执行到位。全年属地查检累计清理长期未执行布控指令1,291条，排除重大安全隐患2起，查发重大危险品伪瞒报案件3起。

（撰稿人：马红静　庄智铉　吴传坚
吴余颖）

查缉走私

厦门海关缉私局办公楼（厦门市思明区海后路34号）

【概况】2021年，厦门海关按照总署党委决策部署，深入开展“国门利剑2021”联合行动，统筹推进疫情防控和打击走私，取得较好成效。全年侦办走私犯罪案件168起，案值79.53亿元、涉税29.61亿元；移诉案件91起、案值47.74亿元、涉税24.06亿元。其中立案侦办涉税走私犯罪案件118起、案值75.82亿元；立案侦办非涉税走私犯罪案件50起。行政立案1,823起、案值181.94亿元、涉税3,571.09万元。全年有39个集体和184人次立功受奖。

【涉税走私查缉】2021年，厦门海关开展“国门利剑2021”联合行动，严厉打击重点商品、重点渠道涉税走私。年内，组织打击成品油走私专项行动、打击“水客”走私专项行动、打击卷烟走私专项行动、打击跨境电商进口走私“断链刨根”专项整治行动，累计刑事立案87起。

▲2021年4月26日至27日，厦门海关开展“忠诚21—06”打击海上偷运走私香烟联合专项行动，图为查获的走私香烟

【非涉税走私查缉】2021年，厦门海关组织开展“护卫2021”“蓝天2021”“国门勇士2021缉枪”“清风”“国门绿盾2021”“昆仑2021”“飓风肃毒2021”“净边2021”“寄递渠道禁毒百日攻坚”“打击疫苗非法走私境外”专项行动10个，打击非涉税走私。严格执行全面禁止洋垃圾进口新政，强化关区风险研判，累

计刑事立案3起，查获废旧物均被销毁或退运出境。严厉打击邮递、快件、旅检、货运等重点渠道走私濒危物种及其制品，累计刑事立案3起。严厉打击防疫物资非法出境，累计刑事立案1起、行政立案42起。严厉打击涉枪走私，累计刑事立案8起、行政立案2起。履行禁毒职责，严厉打击涉毒走私，累计刑事立案15起、行政立案13起。

【走私关联犯罪查缉】2021年1月15日，厦门海关缉私局侦办的全国缉私部门首起洗钱犯罪系列案件移送起诉，该案涉案金额1.39亿元。年内，厦门海关缉私局还开展关区重点骗退税线索查缉工作，向税务和地方公安经侦部门移交线索。

【智慧缉私及刑事科学技术】2021年，厦门海关缉私局合成作战中心研判指令系统升级，全国海关第三缉私战区内通过该系统开展业务协作更加顺畅。缉私情报中心发挥厦门区位优势，强化涉台、涉成品油等走私案件的分析与移交，对外移交案件案值2.7亿元、涉税1.4亿元。建设缉私大数据池，融入福建省、厦门市“智慧海防”。加快移动警务部署，取得公安部接口、福建省公安厅接口共享。参与总署案管系统（缉私动态监控子系统）二期开发建设，持续完善系统新功能应用，在全国海关缉私部门中率先完成刑事执法办案系统切换。1月12日，“厦门海关公证送达支付应用”纳入厦门市“e公证+社会治理”创新举措，获评厦门市2020年度改革创新优秀案例；12月，该应用接入腾讯小程序公用支撑平台，并逐步推广落地成都、重庆关区，全国复制推广的示范效应进一步增强。移动警务应用生态逐步完善。5月26日，缉私司法鉴定中心电子物证项目获得检验检测机构资质认定，完成刑事技术实验室能力验证。11月至12月，依托地方警校举办警务实战技能大练兵，深化以实战应用为主的适岗履职能力练兵活动。年内完成海关缉私智能化平台与省部级大数据平台对接。

【缉私国际执法合作】2021年，厦门海关持续加强与相关国家部门风险信息共享和在线执法合作，共同打击濒危动植物、枪支和毒品走私犯罪。3月22日，选派1人代表中国海关前往位于韩国首尔的WCO亚太地区情报联络中心担任情报分析员。4月14日，参加亚太地区重点海关打击濒危物种走私执法交流活动，推动濒危野生动植物及其制品走私来源地、中转地

▲2021年4月14日，缉私局参加亚太地区重点海关打击濒危物种走私执法交流

和目的地国家（地区）海关责任共担、共同治理。

【缉私执法规范化建设】2021 年，厦门海关强化缉私办案流程管控，依托案管系统（缉私动态监控子系统），落实刑事法制“两统一”审核工作机制，全面执行刑事诉讼关键节点和重要措施决定统一由缉私法制部门审核把关要求，全部刑事案件的拘留、报捕移诉由缉私法制部门“一揽子”衔接并全程跟踪指导。规范行政行为，化解行政争议，维护人民群众合法权益，全年复议应诉工作保持“零败诉”。根据新实施的《中华人民共和国行政处罚法》《海关办理行政处罚案件程序规定》要求，缩短审理审查期限，实现办案效率进一步提升。

【“平安建设”综合治理】2021 年，厦门海关参与地方“平安建设”综合治理工作，向福建省、厦门市打私办通报案件情况 11 次，提示走私风险。落实《中华人民共和国固体废物污染环境防治法》，推动地方政府出台非法入境固体废物移交处理办法。深化与地方公安、海警、烟草等打私职能部门协作配合，先后与泉州海警局签订执法协作配合协议、与漳州市烟草专卖局签署合作协议、与云霄县公安局建立沿海联合执法协作机制。联合石材、芒果干行业协会开展专项治理，敦促涉案人员履行处罚决定，持续营造规范优良的营商环境。会同漳州市打私办对漳州市行政区内相关乡镇实施整治。推进反走私示范村建设，在“6・26”国际禁毒日、“8・8”海关法治宣传日、“12・4”国家宪法日等重要时间节点，开展普法宣传进社区、进校园活动，支持地方野生动植物保护科教示范基地建设，各大主流媒体全年累计刊播关区打击走私新闻信息 370 篇次。

（撰稿人：王毓琪）

科技应用

【概况】2021年，厦门海关推进科技创新应用，提升“智慧海关”建设水平。监管智能化机器设备投入试运行，并按照总署动态更新的作业规程，不断优化改进新冠病毒采样机器人性能；按实战化使用要求完善查验辅助机器人功能。厦门关区干部职工核酸检测管理、应检尽检核酸检测数据报送、干部职工疫苗接种管理和紧急情况排查等移动应用模块开发上线。启动关区“数字监管”平台和旅客行李物品智能化监管建设。承办的署级项目“执法办案动态监控应用”二期在总署信息中心和全国直属海关上线。建立健全和完善厦门海关信息化管理制度。清理厦门关区业务系统应用账号授权，维护海关网络安全和数据安全。全年厦门关区实验室新获CNAS检测能力123项，累计1.71万项；厦门国际旅行卫生保健中心生物安全二级实验室改扩建工程完成，新冠病毒检测能力提升至每天2,500份。科技岗位23人、174人次到业务一线跟班作业，收集解决关级问题65个，向总署上报反映问题18个，至2021年年底已解决12个。全年获总署科研项目立项3项、福建省科技项目立项1项；参与1项国家自然科学基金科研项目、2项总署科研项目和3项福建省科技项目；立项厦门海关科研项目7项；完成4项总署科研项目、8项厦门海关科研项目验收；获厦门市科学技术奖三等奖2项。

【实验室能力建设】2021年，厦门海关完成厦门国际旅行卫生保健中心生物安全二级实验室改扩建工作，采购新冠病毒检测设备24台；加强关区实验室仪器设备管理，调剂使用30台仪器设备；切换总署实验室管理系统2.0版，重新设定系统角色，完善授权管理流程；启动厦门海关非执法领域实验室综合管理系统建设并完成招标。同时，强化实验室安全管理，整理发布新冠病毒检测实验室关注风险清单及相关管理文件目录，要求关区各实验室对照整改；全年共开展新冠病毒检测实验室现场检查10次、发现并整改问题42项，开展实验室安全管理制度建设和执行情况现场检查9次、发现并整改问题25项；进口冷链食品农产品检测新冠病毒防护工作经验做法，获总署推广。截至2021年年底，关区共有国家检测重点实验室14个、区域实验室14个。

▲2021年3月11日，厦门海关组织对泉州海关石油化工检测实验室开展安全检查

【科技创新】 2021年，厦门海关研发新冠病毒采样机器人和查验辅助机器人。7月1日起，新冠病毒采样机器人先后在海沧海关和东渡海关投入运行。12月22日，查验辅助机器人项目通过厦门海关项目验收组合同验收。同年，厦门海关改善关区冷链查验现场查验单兵设备使用状况，在冷链清洁区内安装冷链查验场远程摄录设备。进一步规范现场作业，减少干部职工近70%的工作量；后台录证人员不必进入冷链场、不需人员封闭隔离，有效节约人力资源，降低感染风险。此外，通过采取压缩数据交换节点、验放接口重构优化、物流验放数据库前置等技术优化措施，完成关区邮件、快件及跨境电商货物放行业务改造，提高系统运行稳定性，使系统响应速度提升3至6倍。

【"海关检疫E码通"功能优化】 2021年，厦门海关持续优化"海关检疫E码通"项目，将健康申报码、运载工具动态轨迹与卫生检疫流程高度集成，实现海港和空港入境卫生检疫数字处理、智能判别的全流程电子化管理，以及与口岸联防联控部门疫情溯源系统数据共享。12月27日，"海关检疫E码通"完成系统改造，实现与总署旅客通关管理系统卫生处置模块融合使用，既落实总署统一规范运行要求，又保留厦门海关创新便利化通关措施。

【厦门海关疫情防控专项应用开发上线】 2021年9月，厦门海关依托海关易服务平台，先后开发上线全员核酸检测、应检尽检、疫苗接种、情况紧急排查、每日健康等应用模块，实现疫情防控数据移动报送，统计信息数据报送工作时长由1天缩短至1小时以内，大幅提高信息收集上报和统计分析效率，关区行政、事业和编外人员防疫信息实现统一、闭环管理。自动生成疫苗接种数据和统计信息，2021年累计收集内部人员3.63万条去向动态、2.86万人次的核酸检测数据，完成关区全体干部职工6轮核酸检测、3轮疫苗接种数据录入和统计管理任务，海关内部疫情防控得到加强。

【"非执法领域管理联动平台"优化升级】 2021年，厦门海关进一步优化升级"非执法领域管理联动平台"，在将原有41个流程迁移整合的基础上，新增34个流程，构建行政管理、人事管理、财务管理、党务管理、科技管理、后勤服务、系统管理7大功能模块，基本实现关区政务审批事项集中办理、部分功能移动化，政务信息系统得到优化整合，内控审批进一步规范。

【“执法办案动态监控应用”二期部署上线】 2021年1月6日，由厦门海关承办完成的署级项目“执法办案动态监控应用”二期在总署信息中心部署上线，1月28日起，陆续在全国直属海关进行系统试运行。该项目对原有的证据管理等6个功能模块进行改造升级，新增督察风险提示等7个功能模块，海关缉私案件管理的精细化、智能化水平进一步提升，执法风险防范和办案效率进一步提高。

【网络安全和数据安全保障】 2021年，厦门海关做好关区网络安全保障，组建技术支撑队伍全面开展安全风险评估及整改，参加公安部网络安全攻防实战演习，实时监控全关信息系统安全运行情况，按需要组织“7×24小时”专人专岗值守，及时开展分析研判、信息通报，确保关区网络及信息系统安全稳定运行。修订下发网络安全管理实施细则，明确系统准入准出、数据安全管理，建立数据安全联合审计机制。开展业务领域数据管理制度落实情况全面检查，通过网上培训和考试、12360推送等举措，加强《中华人民共和国数据安全法》宣传贯彻。

【网络通信畅通保障】 2021年，厦门海关高质量保障网络通信畅通，全年通过海关网络召开及参加视频会议354场、外事会议13场，参加总署节假日及夜间应急演练15次；配合总署以鼓浪屿培训基地为主会场召开全国海关视频会议2次；在本土疫情期间做好云视频会议平台应用，为疫情期间居家观察人员参加各类会议、培训提供线上平台。配合厦门市政府将厦门高崎国际机场原T2航站楼改造建成国际到达第二通道（该通道是为国际入境旅客设置的全封闭式入境专用通道），及时接通T2航站楼海关业务网网络。

（撰稿人：马凌云　吴健新　周　静　姚丽颖　郭明专　蔡　强）

第五篇

政务及后勤保障

政务管理

【概况】 2021年，厦门海关践行“五个坚持”要求，按照全国海关办公室工作会议部署，努力提升办文、办会、办事和服务发展、服务决策、服务落实工作水平，围绕关区重点工作目标和任务，推动政务管理各项工作取得新成绩。发挥办公室“司令部”“参谋部”作用，提高以文辅政水平，政策研究、信息报送、新闻宣传、机要档案等工作亮点频现。落实督查督办各项工作，制发为基层减负8项措施，在总关政务网首页开通“形式主义、官僚主义整治”专栏，实时搜集基层意见建议，及时回应处理。建立文件办理跟踪机制，出台进一步精简文件措施，加大公文错情通报力度，持续提升办文效率。厦门海关获得2020年度厦门市绩效和综治考核“双优秀”，获评厦门市政协优秀提案承办单位。

【厦门海关2021年工作会议及全面从严治党工作会议】 2021年2月1日，召开2021年厦门海关工作会议、厦门海关全面从严治党工作会议、“一报告两评议”会议，党委书记、关长郑巨刚代表关党委总结回顾2020年关区工作情况，分析关区工作面临形势，明确2021年工作总体思路。在部署厦门海关2021年全面从严治党工作时，郑巨刚明确工作任务，关党委纪检组组长周力对关区年度纪检工作作具体安排。因新冠肺炎疫情防控工作要求，会议以总关大楼设主会场和总关大楼外单位设视频分会场形式举行，关党委委员、总工程师、总检验师、各部门单位及隶属海关领导班子成员、关党委派驻各纪检组干部、处级单位办公室和人政科领导、群众代表参加会议。

【督查督办】 2021年，厦门海关将学习贯彻习近平总书记重要讲话重要指示批示精神作为关区形势分析及工作督查例会“第一议题”制度，召开督查例会12次，建立“督查+评估+问效”闭环机制，督办重要事项127项，推进年度重点任务116项。制定贯彻落实习近平总书记来闽考察重要讲话精神13项具体措施，持续推动落地见效。健全完善厦门关区各级党委统一领导、办公综合部门统筹协调、各部门单位分工负责协同配合的督查工作体系，形成狠抓落实的整体合力。坚持督查增效与基层减负并举，推广应用“不发通知、不打招呼、不听汇报、不用陪同和接待、直奔基层、直插现场”督查检查方式，结合实际完善线索核查、暗访督查、督查调研等工作机制。

【应急值守】 厦门海关应急值守实行昼夜值班，尤其加强午间、夜间和节假日的值班，以应对处理各种急难险重事项。设专人、专用电话，以保证同总署值班室通讯联系畅通，及时妥善处理突发事件。2021 年，厦门海关通过政务信息系统向总署报送值班信息 399 条，1 条迅速处置邮轮聚集性食源性疾病信息获署领导批示，1 条应对属地疫情信息被总署合编，3 条信息获总署视频点名通报表扬。编写值班工作应知应会规程，组织值班岗位培训。经常性对关区值班工作开展无预警电话检查。向总署报送厦门海关结合疫情防控工作全面加强值班应急机制工作经验。

【政策研究】 2021 年，厦门海关坚持开门搞政研，按照“统一投稿渠道、统一采编力量、统一稿件要求”，整合《厦门海关政研参考》和《学会论坛》用稿，编发政研参考 26 期。承担署级课题研究任务 11 项，其中牵头 2 项、参与 9 项；共有 3 个课题研究成果在署级课题摘编特刊上刊登；向总署推荐政策理论文章，4 篇被《海关政研》采用。厦门海关政研文章首次在福建省委《海峡通讯》、省政协《政协天地》各刊用 1 篇。对接福建省、厦门市“十四五”规划内容，制定下发厦门海关贯彻落实“十四五”海关发展规划细化措施分工表。

【信息编发与报送】 2021 年，厦门海关开展信息工作“强意识、增本领、营氛围”能力提升专项行动，每月确定不同主题，针对性开展能力培训、稿件点评、经验交流。全年编发厦门海关《今日信息快报》250 期。政务信息被总署信息载体采用 147 篇。采编并报送总署的互联网信息数量以及报厦门市的信息条数均名列前茅。

【新闻宣传】 2021 年，厦门海关编发新闻 1, 857 篇。其中，被《人民日报》《经济日报》《光明日报》等报纸媒体采用稿件 418 篇，被中央电视台、东南卫视、厦门电视台等电视媒体采用稿件 94 篇，被总署“海关发布”微信微博采用稿件 80 篇，被“中国海关”学习强国号采用稿件 115 篇。协助总署办公厅挖掘海关红色资源，6 月 3 日，在龙岩古田举办“传承红色海关精神 支持革命老区发展”署级在线访谈，总访问量达 222 万次，网友提问 409 个问题，实时答复 186 个。这是新冠肺炎疫情发生后总署首次到现场举办的在线访谈，也是网友提问数和嘉宾回答数最多的在线访谈。厦门海关拍摄的《我们的 2020》《关通天下》《乘风破浪的哥哥》《我们》《巾帼绽芳华》《走进泉州市舶司》6 部微视频，被中国海关互联网“海关影像”栏目采用。

▲2021 年 3 月 12 日，厦门海关举办 2020 年十大维权典型案例新闻发布会

【机要保密】2021 年年初，厦门海关制定精简文件提高公文办理质效措施，严格发文必要性审核，实施发文限额动态跟踪调整，取得显著成效，达到总署办公厅提出的“2021 年正式发文数量不超过 2020 年，便函等非正式发文压减 10%”工作要求。明确各类公文格式字数篇幅要求，着力提升公文质量与办文效率，继续保持上报总署公文“零差错”。落实总署保密委和地方保密部门工作部署，开展保密自查自评和保密宣传教育，夯实保密基础，坚守保密底线。

【档案管理及开发利用】2021 年，厦门海关及时做好档案移交接收和文件立卷归档工作，总关档案室累计接收财务档案、基建档案和整理归档收发公文 4,002 件/卷。及时收集新冠肺炎疫情防控中各类工作预案、合作备忘录、会议纪要、工作简报、声像资料等抗疫专题档案 1,012 件/卷。接待到总关档案室调阅利用纸质档案 163 人次、992 卷次。发挥关区丰富的红色档案资源优势，在国际档案日（6 月 9 日）当天，联合总署办公厅在闽西苏区关税处旧址、古田会议会址举办“追寻红色记忆，传承红色基因”直播活动，总署“海关发布”、新浪厦门、“厦门海关发布”等平台同步直播，累计观看人数 94.89 万人次。

【建议提案办理与信访工作】2021 年，厦门海关把做好涉及海关工作的人大建议、政协提案办理列入关区政务工作重要事项，共办理福建省人大代表建议 4 件、福建省政协提案 3 件、厦门市政协提案 10 件，按时办复率、反馈满意率均为 100%。进一步加强海关信访工作法治化建设，落实《中华人民共和国信访条例》，做好信访重复件和积案梳理排查；制订“厦门海关依法分类处理信访诉求清单”，规范信访办理程序，做到不以信访处理代替行政处理，不以信访处理意见代替行政处理决定或者行政履职行为，保证人民群众合理合法诉求得到依法解决。

【政务公开】2021 年，厦门海关聚焦重点领域，做好新冠肺炎疫情防控和落实“六稳”“六保”政策措施公开；扩大部门预决算公开范围，推进所属单位预决算公开；加强海关政策宣传，采用图文解读各类公告、政策，增设场景式服务，方便人民群众领会理解。全年厦门海关门户网站对外主动公开规范性文件 1 件、人大和政协提案办理类信息 8 条、政府采购类信息

263 条。优化政务公开办理机制，有关政务公开的申请登记、审核、办理、答复、寄送、归档等工作环节进一步规范；同时，指导各隶属单位规范答复文书、加强合法性审查、提升办理质量和效率，依法保障公众合理需求。厦门关区全年办理政府信息公开申请 32 件，均在法定期限内予以答复。发挥厦门海关门户网站政务公开第一平台作用，加强政府网站内容建设和信息发布审核，确保网站栏目内容准确、发布规范、更新及时。发挥微信公众号平台覆盖面广、传播强、影响大的优势，做好政务信息、热点资讯和办事服务等的宣传和舆论引导。全年，厦门海关 12360 热线电话接受咨询 2.42 万次，受理 12345 厦门市“市长热线”转办件 223 件；“厦门海关 12360”微信公众号推送 101 期 420 篇文章，受理微信咨询 923 次。

▲2021 年 11 月 10 日，厦门海关举办“12360 专家伴你行”现场问答活动

【外事及港澳台事务管理】2021 年，厦门海关积极倡议将智慧海关、智能边境、智享联通“三智”理念融入金砖海关合作框架中，参与金砖国家海关首届能力建设战略研讨，推进“三智”早期收获项目“海关检疫 E 码通”和先行先试项目“非贸业务一体化监管平台”的优化升级。深化海关系统首个中非关际合作，举办厦门海关—德班海关关际合作工作组会、“三智”合作业务研讨会、能力建设培训会，分享“单一窗口”、智能审图、AEO 建设情况等实践经验。组织与印度尼西亚海关的关际合作项目研讨、自贸区及海关特殊监管区域业务交流等工作。

【海关学会工作】厦门海关学会（简称“学会”），于 1992 年 2 月挂牌成立，是厦门海关主管的群众性研究海关政策与实践问题的学术性社会团体，接受中国海关学会（简称“总会”）、中国海关学会广州分会（简称“广州分会”）指导。2016 年，遵循总署关于“基层海关学会，将不再作为社会团体向地方民政部门登记备案，改为海关内部专门从事政策理论研究的群众团体，由所在海关单位管理”的指导意见，在地方民政部门办理了注销登记手续。截至 2021 年年底，全关共有学会中心组 3 个、学会小组 36 个，会员 738 人。

2021 年，学会落实总会及其广州分会工作部署要求，坚持理论联系实际，推动和促进关区群众性学术理论研究与交流，成为海关改革创新的智囊团和思想库。全年学会共收到投稿论文 210 篇；编发会刊《学会论坛》电子刊物 6 期，刊登论文 108

篇、约55万字。厦门海关处级及以上领导带头撰写政研文章，年内，8位关领导都有署名文章且都获得广州分会评选的年度“海关领导干部优秀论文”；处级领导干部累计撰写论文62篇；8篇文章被总会会刊《海关研究》刊用，创近年一年内厦门海关作者被该刊物用稿量新高。

根据总会部署要求，学会牵头组织开展“庆祝中国共产党成立100周年”专题征文、“海关在总体国家安全观中的历史使命与责任担当”主题征文；组织参加广州分会在其幅联海关范围内开展的“综合类征文”活动。有4篇征文入选总署庆祝建党百年专题征文集；有1篇被总会评为主题征文优秀论文；有7篇获评广州分会综合类优秀征文。年底，学会组织评选厦门海关年度优秀论文、优秀基层学会组织，有35篇文章分获一、二、三等奖，办公室、泉州海关等7个部门单位学会中心组或小组获评年度优秀学会基层组织单位。

学会加强与地方“智库”交流互动，高崎海关会员承接并完成厦门市社科联年度“一般调研课题”《“区块链+AEO”打造厦门国际贸易高质量发展新模式》，保健中心会员承接并完成厦门市社科联年度“青年调研课题”《厦门口岸突发公共卫生事件应急能力建设探讨》。上述2篇课题文章被《中国海关》选登，也被厦门市社科联《智库报告》刊发。

（撰稿人：兰　洁　朱文尧　朱钊钊
刘　骋　刘毅敏　吴建华
宋　林　李欣霖　张琼瑜
陈　睿　林　烨　卓耀谦）

财务管理

【概况】2021年，厦门海关财务保障工作围绕“五关”建设和“十四五”时期海关事业发展需要，积极争取资金支持，保障疫情防控、打击走私、进口固体废物属性鉴别、工资福利等重点支出。参与厦门口岸应对疫情设施设备项目建设，合理调配防疫物资。盯紧重点项目和政府采购、合同签订等重点环节，强化预算执行与绩效管理。持续规范进出口环节涉企收费，开展国有企业公司制改革和事业单位所属企业脱钩，理顺涉案财物处置分工，破解走私象牙等陆生濒危动植物及其制品实物移交难题。规范资产管理，推进税费管理信息化建设，财务管理规范化水平进一步提升。

【税费财务管理】2021年，厦门海关推进税费管理信息化建设，参与总署罚没收入电子支付系统实质性测试阶段试点，实现海关通用财务管理平台与光大云缴费平台、缉私办案平台对接。参与总署行邮税纳入财关库银横向联网收缴入库试点，采用实时扣税和银行端查询缴税两种方式，于12月31日成功上缴首票税单，实现行邮税电子缴库功能。全年税收入库391.44亿元，同比增长18.64%，入库数创近3年新高；罚没收入7,797.17万元，同比下降21.91%。

【预决算管理】2021年，厦门海关提升预算编制和执行质效，于3月份提前启动2022—2024年项目预算需求调研和申报工作；编准编实2022年“一上”“二上”部门预算，向总署、财政部反映厦门海关刚性支出需求，申请新增及增量预算，经费保障获得中央和地方财政资金支持。落实过“紧日子”要求，一般性支出同比下降19.93%，相关经验做法在2021年全国海关财务工作会议上交流。

【预算绩效管理】2021年，厦门海关制定试行预算绩效管理办法、项目支出绩效评价管理办法和预算绩效运行监控管理办法3项制度，修订海关项目支出核心指标体系，将隶属海关预算绩效管理纳入其领导班子年度量化考核指标。年内，对185个二级项目财政资金开展绩效自评，得分为“优”的项目占比93.5%；对136个二级项目财政资金进行绩效运行监控；

东渡海关、海沧海关参与总署2021年度单位整体支出绩效评价试点，推动厦门关区预算绩效管理一体化，预算绩效评价的横向可比性进一步提升。

【涉案财物管理】2021年，厦门海关印发涉案财物拍卖业务第三方机构配合工作指引，并据此选定福建省顶信拍卖有限公司等8家3A级拍卖行列入关区委托拍卖海关涉案财物企业，先行先试采用无底价方式成功公开拍卖一批涉案财物。制定涉案财物管理联系配合工作实施细则，作为关区贯彻落实党中央关于海关缉私部门管理体制调整重大决策部署5项配套制度之一。加强与地方行业主管部门的联系配合，持续推进涉案财物移交地方工作，向福建省林业局移交查获的走私象牙等罚没濒危动植物及其制品4,000余件；向福建省海洋与渔业局移交查获的走私鹦鹉螺壳等罚没水生濒危动植物及其制品4.4吨；向泉州市永春、惠安两县博物馆移交罚没文物121件；向厦门市博物馆捐赠库存罚没国内不予收兑外币1.93万枚。推动建立无法退运固体废物移交地方处置机制，成为全国海关系统最早协调达成与地方建立联系配合机制的6个直属海关之一。

▲2021年5月19日，厦门海关向福建省文物局移交查获走私出境文物174件

【机关财务管理】2021年1月，厦门海关在政务网首页开辟“财务常用制度百问百答”专栏，全年汇编上线3个专题66个常用问题解答。9月起，正式启用厦门海关非执法领域管理联动平台（二期）“用款和采购申请”模块，实现用款和采购环节全流程线上审批。通过每月线上“财务大讲堂”，举办财务制度、报销实务、工会收支、稽查财务等专题培训，提升关区财务人员队伍业务素质。全年，机关财务本级审核用款及采购申请690份，审核合同90份，审核各项资金支出3,650批次。

【事业单位财务管理】2021年，厦门海关加大对关区事业单位财务管理监管，优化事业单位绩效考核。规范进出口环节涉企收费，贯彻落实国务院关于坚决杜绝违规“乱收费”要求，部署开展专项核查，推动目录清单动态管理，禁止擅自提高收费标准和新增未公示收费项目。根据国务院国有企业改革领导小组办公室及总署关于公司制改革的有关部署，完成国企改制企业5家，清算注销企业2家。根据总署关于海关事业单位所属企业脱钩工作部署，完成厦门关区4家企业的进出境检疫处理业务脱钩，停止厦门关区3家企业的与海关行政权力相关业务，停止3家事业单位相关业务。

【厦门海关获评“2021—2023 年全国公共机构水效领跑者”称号】2021 年，厦门海关持续推进节能管理工作，举办关区节能管理知识培训，组织“节能降碳 绿色发展”“践行 135 低碳出行”节能宣传活动。经总署推荐、现场展示、集中评审，厦门海关获得“2021—2023 年全国公共机构水效领跑者”荣誉称号。

【防疫物资保障】2021 年，厦门海关完善常态化防疫物资保障机制，自行开发应急储备库管理系统调配和管理防疫物资。建立临期防疫物资预警提示及质量抽查机制，规范储备库周转库管理，累计向地方政府申领并配发防疫物资 224 万余件，调配防疫物资 6 万余件。在本土疫情期间，紧急联系调配采样管等防疫物资，配发防疫备用包，保障防疫所需各项物资。

（撰稿人：白　洁　朱　明　张进忠　张毅伟　周荣涛　林　敏　赵静娴）

督察内审

【概况】2021年，厦门海关发挥督审监督职能作用，巩固审计整改“对账销号”和“问题清单”动态管理机制，加大督审监督问责力度，开展“整改落实机制”评估课题研究和2020年审计发现问题整改落实情况“回头看”。推进督察审计与纪检监察、巡视巡察等监督有机贯通、相互协调，运用督察内审建议书等形式推送典型问题和风险25个。加强督审工作联动，落实督审结果公开机制，结合问题整改部署推进各部门单位梳理内控节点指标体系，持续构建“查发—整改—提升”闭合环路。受总署委托牵头编修内部审计核查重点操作指南（稽核查、企管领域）、2021年度重大政策措施落实情况督察重点和指南（加强数据管理和网络安全管理措施落实情况部分），出台并实施关区新海廉平台授权管理办法、内控前置审核操作规程。组织学习研讨新修订的《中华人民共和国审计法》，开展内控机制建设“送教上门”和专题讲座，通过以干代训、以审促学，全面提高业务能力水平。优化“嵌入式”“融合式”“两段式”监督模式，自主建立“云擎”指标模型58个。关区督察监督工作在2021年全国海关督察内审会议上作经验交流。

【审计监督】2021年，厦门海关组织对4个隶属海关单位主要负责人实施经济责任审计，共发现问题52个、提出审计建议12条。开展2021年度专项审计“百日自查”。开展实验室建设专项审计调研，发现问题6个，提请总署研究意见建议3条。关党委高度重视审计工作，专题听取审计工作报告1次，形势分析及工作督查例会听取审计工作汇报5次，关领导批示审计报告材料56次。

▲2021年8月9日，厦门海关组建审计组对隶属海关单位开展现场审计

【审计整改】2021年，厦门海关通过构建审计整改长效机制，推动做好审计整改“后半篇文章”。加强督促检查，专岗跟踪、按月督办、及时通报，严把审计整改质效关；坚持“治已病”“防未病”并重，建立审计查发问题分类推送机制，推动关区制度“立改废释”和业务流程优化，举一反三做好同类问题发现和整改；推行审计结果公开，定期发送审计常见问题清单及整改案例，引导建立健全常态化自查自纠制度。年内，推动关级审计查出问题完成整改109个，审计问题到期整改率97.32%；推动关区制修订制度26个、优化工作机制51个、改进内部流程28项；关党委运用“第一种形态”对隶属海关单位审计整改相关责任人开展提醒谈话2人次。

【专项审计“百日自查”】2021年4月9日至7月14日，厦门海关开展专项审计“百日自查”，制订工作实施方案，围绕总署专项审计涉及的重点，统筹组织相关职能部门、缉私局、风控分局，从各自业务条线指导各隶属海关和事业单位开展自查。督审处对办公室、财务处、教育处等职能部门和隶属海关单位实地抽核，督导自查自纠，调阅会议记录等资料211份，筛查报关单电子数据12.46万条，核查财务账册报表、凭证1,312份。自查发现问题23个，立行整改问题22个；推动制修订制度10个、优化工作机制14个、改进内部流程5项、提醒谈话2人次。

【督察监督】2021年，厦门海关坚持“规定动作+自选动作”选题模式，推行“精准督察”和“全覆盖‘三级督察’”；注重协作共享主动融入，运用信息化手段，落实基层减负要求，开展“延伸式”“数据式”督察；坚持查改并举，实施督察项目清单管理、“对账销号”，建立整改通报机制，整改完成率100%。编撰总署2021年度重大政策措施落实情况督察重点和指南（加强数据管理和网络安全管理措施落实情况部分），梳理编制核查重点31个。年内，累计开展关级专项督察6个，隶属海关单位自行开展督察项目56个。

【专项督察】2021年，厦门海关加大专项督察力度，对2020年度7家被审计单位审计发现问题整改落实情况进行专项督察；对数据管理和网络安全管理措施落实情况进行专项督察，发现主要问题5个，提出建议3条；对严防重大动植物疫情疫病传入传出和外来物种入侵措施落实情况进行专项督察，发现主要问题6个，需关注风险点1个，提出建议3条；对严把进出口商品检验关措施落实情况进行专项督察，发现主要问题3个，需关注风险点1个，提出建议3条；对涉检案件行政执法落实情况进行专项督察，发现主要问题5个，需反映问题3个，提出建议3条；对强化企业管理和稽核查工作措施落实情况进行专项督察，发现主要问题4个，需反映问题2个，提出建议3条；组织开展“2021年第二季度重大政策措施落实情况”

署级项目督察自查，发现主要问题5个，需反映问题2个，提出建议3条；组织开展“进出口危险化学品监管措施落实情况”署级项目督察自查，发现主要问题3个，需反映问题1个，提出建议2条。

【疫情防控监督】2021年，厦门海关由督审处牵头开展关区周期性疫情防控安全防护现场督导6次，下发情况通报4期，发现问题134个，提出建议148条。组织督促隶属海关单位每月开展1次安全防护自查。做好厦门海关疫情防控指挥部办公室轮值工作，参与制定疫情防控指挥部办公室值班及安全防护专项监督检查机制。参加关区监督检查专班，做好视频检查“一周一通报”工作，下发通报22期。

▲2021年6月24日，厦门海关开展疫情防控现场督导检查

【内控机制建设】2021年，厦门海关全面推广“内控节点岗位清单制管理”，关区各部门单位加大署级节点、关级节点、隶属海关节点关注力度。制订内控前置审核操作规程，以海关e课堂视频会议形式举办关区内控前置审核专题讲座，对关区出台的15项制度规范、3项关级信息化应用项目开展内控前置审核，提出复核意见82条，职能部门采纳65条、采纳率79.27%。6月1日，召开关区内控工作推进会，机场海关、保健中心分别作经验交流。

【“海关内部控制与监督子系统”应用】2021年，厦门海关应用“海关内部控制与监督子系统”开展风险核查处置，制发监控核查联系单，警示风险移出率、审核率、复核率均为100%。被总署采用的专项成果150篇，涉及通关管理、商品归类、税收、检验监管、口岸监管、统计监督等领域。被“海关内部控制与监督子系统”信息服务网站采用工作动态3条、应用成果50条、系统内风险参考18条。制定新海廉平台授权管理办法，明确权限授予、数据可视范围与岗位配置要求，防范海关数据安全管理风险。发挥该系统“强内控、防风险、促管理、增效益”作用，加强关区异常数据监控分析处置，加大应用成果转化力度，将发现问题的整改转化为预防措施，在前置环节实现对相关风险的有效防范。

【执法评估】2021年，厦门海关优化执法评估“数据+指标+分析+调研”模式，针对“AEO企业贸易便利化措施成效”等执法情况开展专题评估。参加全国海关执法评估“送教上门”授课，参与总署执法评估系统建设，开展“云擎”执法评估站点模型认证及固化，负责发布指标模型 14 个。协助总署完成“海关风险防控运行状况”专题评估，揭示问题风险 6 个、提出对策建议 5 项。配合开展“全国进口粮食监管措施落实情况”“全国海关技术性贸易措施问卷调查”等署级专题调研 6 个。依托“云擎”站点，开展数据分析和指标建模，为执法评估提供强有力的数据支撑。

【专题评估】2021 年，厦门海关开展的主要专题评估及其工作成效包括：“AEO 企业贸易便利化措施成效”专题评估，对 78 家高级认证企业、161 家一般认证企业开展问卷调查并实地调研，围绕通关效率、查验率等 6 个方面 13 项内容进行综合评估分析，指出存在的 4 个方面问题，提出意见建议 3 条；市场采购贸易方式专题评估，以“云擎”大数据为主开展量化分析，围绕关区市场采购出口情况、市场采购贸易出口监管情况、促进市场采购贸易发展的创新措施、市场采购贸易和监管存在的难点问题及风险等，开展多维度多角度评估分析，指出 4 个方面主要问题，并就海关落实市场采购政策、推动市场采购贸易健康持续发展提出意见建议 4 条；“稳外贸稳外资措施”专题评估，以总署进一步落实稳外贸稳外资涉及的 56 项措施为主要内容，对其中可量化的主要措施落实效果进行评估，分析指出外贸形势和稳外贸稳外资措施面临的 2 个方面 8 个问题，提出意见建议 3 条。

（撰稿人：牛恬恬　庄能东　陈思炜　林锦斌　黄基毅）

离退休干部工作

【概况】2021年，厦门海关坚持政治引领、模式创新、精细管理，推动离退休干部工作走实走细，有力提升离退休干部获得感、幸福感、安全感。坚持敬老办实事，强化政治待遇、生活待遇“两个待遇”落实落地。推行关区荣誉退休制度，构建原单位、离退办、离退休干部党组织3个关怀层面，落实一次专题谈话、一场荣退仪式、一本职业相册、一份纪念品、一场接受仪式“五个一”工作机制；为老同志办理手机优惠套餐；建成并启用厦门市滨北老干部活动中心，构筑设施完善、品牌响亮的“老干部之家”；延展厦门鹭江社区医院海关医疗服务点共建，为离退休干部及家属办理年度家庭医生签约续约，主任医师每周送诊到点。强化疫情防控管理工作，第一时间下发抗击疫情温馨提示，完成活动轨迹、核酸采样检测等排查摸底工作，帮助行动不便的老同志完成多轮核酸检测，织密“动态监测、同步核查、同步报送”工作防线；启动应急工作机制，制订实施节假日值班方案，指导金钥匙志愿者“银发分队”参与社区防疫志愿工作。截至12月31日，关区离退休干部职工共843人（含泉州、漳州、东山、龙岩海关144人）。其中，离休干部4人，行政退休人员778人（厅级干部67人、处级干部418人、科级及以下干部234人、职工59人），事业退休人员61人。

【离退休干部政治建设】2021年，厦门海关离退休干部党组织围绕学习贯彻习近平总书记“七一”重要讲话精神和党的十九届六中全会精神专题，开展党员“人人学、大家讲”活动。3月，邀请厅局级老同志以亲身经历讲解《习近平在厦门》等系列采访实录，组织季度专题讲座、网上专题报告会、读书研讨班等活动8场，征集学习心得97篇。4月，召开离退休干部警示教育专题会议，在老同志中开展微党课及“以案说法”座谈，组织参观海关廉政警示教育室；持续开展弘扬“四德”教育，以“离退休干部八句律己箴言”引导老同志严守纪律规矩。5月，组织离退休党员干部收看党史学习教育专题宣讲报告会3场次，党建工作经验获总署离退休干部局、福建省委老干部局推广交流。6

月，开展“解放战争时期的厦门地下党组织”及“民法典婚姻继承九大变化”专题讲座，赴厦门市总工会旧址开展主题党日活动，离退休干部政治理论学习得到进一步提升。此外，结合属地特点，扎实推进教育管理工作，泉州海关落实老同志政治和生活待遇，面向离退休干部开展党员管理、企业兼职任职、因私出国、言论传播等行为规定和酒驾醉驾处罚标准等政策解读，定期开展纪律教育活动；漳州海关强化政治理论学习，完善离退休干部阅文制度，探索离退休干部党支部书记讲党课的新方式，提高互动性和实践性；东山海关强化离退休工作经验交流和动态报送，宣传红色事迹，展示先进人物风采；龙岩海关组织退休干部参观“党员思想淬炼馆”，每季度与在职党员一起过“政治生日”，引导退休党员“离岗不离党，退休不褪色”。

▲2021 年 7 月 27 日，厦门海关获得福建省“八闽银发先锋”、“省级离退休干部示范党支部”荣誉的代表合影

【离退休干部正能量活动】2021 年，厦门海关落实关区离退休干部工作调研座谈会上收集的意见建议，加强老干部艺术团建设，增设老干部心理健康沙龙。春节前后，开展云端“小”春晚、元宵线上灯谜、妇女节健步行、主题征文和书画摄影展等活动。6 月，组织收集整理海关老同志参与革命战争历程、南下支援建设、深山扶贫、助力经济特区改革开放等鲜活故事，相关文稿被《福建老年报》刊发。“七一”前夕，举办离退休干部庆祝中国共产党成立 100 周年文艺汇演，歌咏红心颂党恩，为 83 名“光荣在党 50 年”老党员颁发纪念章。8 月，召开离退休干部“两优一先”表彰会，组织离退休军人代表参加“八一”纪念座谈会共忆军旅。9 月，开展“金色重阳 见证最美生活”线上书画摄影评比和线上心理讲座等活动，泉州海关、漳州海关延伸开展参观见习、文艺汇演等活动。10 月，推进“强基提质工程”，深化培育“篱笆墙”等党建品牌，开展关区“十佳最美老干部”评选，36 名离退休干部主动与困难老同志结成帮扶对子 81 个，1 名党员一次性交纳特殊党费 1 万元。年内召开专题调研座谈会 18 场次，老党员参会 540 余人次，录制访谈视频 8 人次，汇编文稿 3 万余字。

【离退休干部服务保障】2021 年，厦门海关对关区离休干部实行“一对一”居家养老家政服务。邀请老同志参加关区工作会议以及情况通报会 2 场、专题座谈会 7 场。健全完善缉私局退休人员服务管理工作实施细则；规范落实异地安置离休干部医疗待遇、政治待遇、生活待遇；建立“电话—微信—智慧银海平台”多方位、全覆盖的联络机制，拓宽与老同志的沟通渠道；针对老同志医疗方面的实际困难和个性化需求，完善“一站式”咨询、家庭医生签约服务、离休干部异地医疗费用报销等工作机制，逐步打造海关特色的管理交流模式。在重要时间节点，关领导带队看望离退休参战人员、长期重病及孤寡困难的老同志，青年关员志愿为空巢、孤寡和“双高期”（高龄与高发病时期）老同志服务，全年帮扶特困人员 70 人，帮扶金额共 9 万元。

【离退休干部信息化建设】2021 年，厦门海关依托总署“智慧银海”老干部管理平台，组织线上、线下专题培训 4 场次，开展离退休骨干人员信息化培训 5 场次，进一步推广信息化技术手段。及时发布各类服务信息，涵盖人员管理、活动通知、离退休党建、医疗管理、电子书屋等，通过建设离退休干部个人信息数据库，做到档案全、底数清、数据明，对老同志进行精细化管理，以管理带动服务，初步实现离退休工作综合管理有规范、有数字、有模式。广泛运用网络会议小程序、微信平台等手段，引导和鼓励离退休各党支部按时开展线上“三会一课”。全年离退休干部工作信息宣传稿件上报总署获刊发 17 篇次。

（撰稿人：黄　翔）

第六篇

隶属海关

泉州海关

▲泉州海关报关查验中心（泉州市晋江市池店镇池峰路912号）

【概况】泉州海关，是厦门海关副厅级隶属海关，前身是2012年由泉州海关（正处级）、石狮海关（正处级）、肖厝海关（副处级）合并组建的泉州海关（副厅级），2018年与原泉州出入境检验检疫局（副厅级）合并，沿用“泉州海关”名称。截至2021年年底，内设正处级机构6个：办公室（党委办公室）、综合业务一处、综合业务二处、监管业务处、企业管理处、人事政工处（党委组织宣传部）；下设正处级办事处6个：驻泉港办事处、驻刺桐办事处、驻安溪办事处、驻晋江办事处、驻石狮办事处、驻南安办事处；另设事业单位1个：综合技术服务中心。实有行政编制人员306人、事业编制人员62人。辖区范围为泉州市，有对外开放港区5个（斗尾、肖厝、泉州湾、深沪湾、围头湾），对外开放作业区15个，旅检口岸2个（泉州晋江国际机场、围头湾港区石井作业区），海关特殊监管区域1个（泉州综合保税区），保税物流中心（B型）1个，出口监管仓库1个，保税仓库3个。

2021年，泉州海关围绕建设“更有效率海关”，统筹新冠肺炎疫情防控和促进外贸稳增长，统筹发展和安全，打造厦门关区排头兵和治理典范。全年监管进出口货运量4,746.2万吨、进出口值1,941.7亿元、集装箱28.9万标箱，同比分别增长5.4%、41%、25.3%；进出口报关单15.1

万票，同比增长32%；税收入库104.3亿元，同比增长11%；监管出境邮件与进境快件549.9万件，同比增长12.1%；监管进出境运输工具3,501艘/架次，同比减少37.1%；签发原产地证书4.8万份、183.6亿元，同比分别增长19.5%、45.3%。

【党建工作】2021年，泉州海关把党史学习教育作为重大政治任务，掀起“学党史、悟思想、办实事、开新局”热潮，组织党员干部走进革命历史馆参观，组织“学百年党史 悟真理力量”等系列活动；弘扬、践行“晋江经验”，常态化推进“我为群众办实事”实践活动，其中“创新‘3+1’监管模式，助力地方市场采购贸易方式出口预包装食品倍速增长”获评总署“‘我为群众办实事’百佳项目”；“支持泉州企业高水平‘走出去’，推动市场采购贸易提质扩容”获评厦门海关首批“‘我为群众办实事’优秀项目”。

关党委全面落实主体责任清单，加强对“一把手”和处科级领导班子监督，强化“四责协同”。推进和深化“现场监管与外勤执法权力寻租”专项整治，开展“一月一学法”活动，推动用好监督执纪“四种形态”特别是第一种形态，将建设清廉海关各项要求纵深落实到基层一线。

【税收征管】2021年，泉州海关落实综合治税工作部署，推进属地纳税人管理，持续深化税收征管改革，推广汇总征税、预裁定等便利措施。全年税收入库104.3亿元，同比增长11%。其中，关税3.6亿元，同比增长25.8%；进口环节税100.7亿元，同比增长10.5%。落实国家减税降费、加征关税等重大决策部署，引导进出口企业用足用好减免税、自贸协定关税减让以及滞纳金减免、关税保证保险等政策，累计办理减、免、退税费超10亿元。其中，办理征免税证明428份，审批减免税款0.9亿元；自贸协定等优惠贸易安排项下商品进口28亿元，为企业减免税款1.41亿元；签发自贸协定优惠原产地证书3万份，货值129.5亿元，可获得进口国关税减让7.7亿元。

【卫生检疫】2021年，泉州海关严防新冠肺炎疫情输入，筑牢口岸检疫防线。修订工作方案、操作指南，完善制度规范，实行一线卫生检疫人员封闭管理；健全三级人员梯队并加强培训，146人获运输工具登临卫生检疫资质，219名党员群众主动请战疫情防控一线；指导推进口岸现场检疫设施和医学实验室改扩建，保健分中心成为地方定点核酸检测医疗机构；通过联防联控机制，向地方通报安全隐患及风险提示4次。全年检疫监管进出境运输工具3,501艘/架次，同比减少37.12%；检出入境船员新冠病毒核酸阳性，进出境人员监测体检检出其他传染病71例。监督口岸公共卫生，防范疫情叠加风险，检出2021年厦门关区水运口岸首例入境疟疾感染病例，在福建口岸首次截获输入性病媒生物白点溜蝇。

【动植物检疫】2021 年，泉州海关开展“国门绿盾 2021”“清风”等专项行动，筑牢口岸进出境动植物检疫防线。辖区现有进出境动植物及其产品注册登记/备案企业 230 家，主要进境动植物及其产品为大豆、盐渍牛皮、棕榈仁粕等；主要出境动植物及其产品为竹木草制品、种苗花卉、芦柑、观赏鱼饲料、豆粕。全年检疫进出境动植物及其产品 1.13 万批，同比增长 6.7%。其中，出境 1.1 万批，同比增长 13.7%；进境 311 批，同比减少 66.6%。截获检疫性有害生物 280 种次，同比增长 67.66%；在 1 批进境猪肉制品中检出非洲猪瘟病毒核酸阳性；在旅检、快件渠道截获外来物种 171 种次，同比增长 3.28 倍。助力辖区农产品优进优出，推动永春柑橘 2020 至 2021 产季出口 5.13 万吨；监管辖区出口种苗花卉 3,593.53 万株，同比增长 57.34%，创历史新高；完成 1 家隔离检疫苗圃备案审批，监管从日本进口 170 株补血草隔离扩繁。

【食品安全监管】2021 年，泉州海关贯彻落实“四个最严”要求，加强进出口食品安全监管。全年检验监管进出口食品 2.49 万批，同比减少 2.6%。其中，出口食品 2.4 万批，同比增长 61.2%，主要为水产品、糖果制品、水产制品、茶叶等；进口食品 977 批，同比减少 90.9%，主要为水产品、食用油、酒、茶叶等。执行食品准入管理制度，参与总署进出口食品安全局疫情防控源头管控专项工作，对境外水产品企业开展视频检查及评估，审核境外企业整改材料 68 家次。

【危化品监管与安全生产】2021 年，泉州海关强化对进出口危化品监管，严格执行危化品检验监管双人持证上岗，规范作业，强化联防联控，提升应急处置能力，确保危化品监管安全。全年监管进出口危化品 639 批次、2,867.3 万吨，同比分别减少 41.9%、增长 5.37%。其中，主要进口危化品为原油、甲醇、苯乙烯、液化石油气（丙烷、丁烷）、丙烯、对二甲苯、离子膜浓碱和石脑油等；主要出口危化品为汽油、柴油、航空煤油等。全年检出不合格危化品 8 批次。推进安全生产专项整治三年行动，开展常态化安全隐患排查，抓实抓细安全生产整治集中攻坚，严守安全底线。梳理辖区危化品企业信息，制发危险化学品现场监管安全手册，持续动态更新安全生产问题隐患及制度措施两个清单，年内开展安全生产实地集中督导检查 5 次；开展安全宣传讲座及教育培训 6 场，举行危化品个人防护、现场取样等实操培训和放射性超标处置演练 4 场，通过厦门海关危险货物及其包装检验人员资质考试 23 人。10 月 15 日，与福建省泉州港口发展中心、湄洲湾港口发展中心、泉州海事局签订《港口口岸安全联防联控合作备忘录》，推进泉州口岸跨部门执法互助合作，强化安全监管合力。

【市场采购试点监管】2021 年 3 月 2 日，福建省第二个获批的国家级市场采购贸易方式试点——晋江国际鞋纺城启动运营。2021年，泉州海关支持打造“市场采购+中欧班列”“市场采购+空运”等通关模式，实行“一站服务”和“互联网+海关”等措施，助推外贸企业运用市场采购贸易方式试点开拓国际市场。全年监管市场采购出口货物10.34万票、货值572.11亿元，同比分别增长70.38%、64.12%。其中，石狮服装城出口6.84万票、货值378.21亿元，同比分别增长12.79%、8.5%；晋江国际鞋纺城出口3.5万票、货值193.9亿元。出口商品涉及日用百货、建材类、塑料橡胶、机器机械、鞋、纺织服装等14个大类，产品出口到东南亚、美国、欧盟、中东等160多个国家（地区）。

【快件邮件监管】2021年，泉州海关推进快件邮件监管作业改革，全年监管进境非邮政快件395.31万件，同比减少2.1%，主要为食品保健品、奶粉、化妆品护肤品、服装鞋帽等。推行智能审图与人工复审相结合，查验效能不断提升，在快件渠道查获含大麻成分制品；查获调味料中非法添加罂粟籽案例3起，被总署作为典型案例推广。支持泉州邮政互换局“e邮宝”业务于4月22日上线运行，年内监管“e邮宝”出境邮件97.32万件。全年监管出境邮政快件154.58万件，同比增长79.6%。

▲2021年4月22日，泉州海关关员在泉州邮政互换局“e邮宝”业务上线运行首日对出境邮件进行监管

【综合保税区监管】2021年，泉州海关加大《综合保税区适合入区项目指引（2021）年版》宣贯力度，积极扶持保税及非保税电商同步发展，助推综合保税区跨境电商业务实现新突破。10月29日，在泉州综合保税区验放首单1,440个、货值57.9万元的鞋服跨境电商包裹出口，在厦门关区率先启动海关特殊监管区跨境电商监管方式为“9610”项下的出口业务，解决辖区内跨境电商企业原先无法本地申报、需通过二次物流到广东深圳等地出口难题。全年监管综保区一、二线合计进出货值59.63亿元，同比增长62.2%，其中一线进出口货值40.05亿元，同比增长92.5%；新增“一般纳税人”资格试点企业3家，累计8家，进出口总值达5.56亿元，同比增长2.67倍。

【保税物流中心（B型）监管】2021年，泉州海关指导泉州石湖港保税物流中心（B型）完善各项软硬件设施，于2月3日通过厦门海关等联合验收组验收，7月8日封关运营；共有5家物流综合服务商和7家进出口企业入驻。全年监管进出货值3,935.79万元，其中一线进出口

294.03万元、二线进出区3,641.76万元。

【金门供水监管】2021年，泉州海关强化监管优化服务，采取“远程视频监控+人工实地巡查”方式开展海底管道日常监管，企业按“固定设施运输”方式按月集中申报，减少申报频次，降低申报成本，确保福建向金门供水工程顺畅运行，成为推进通水、通电、通气、通桥“小四通”样板工程。全年监管向金门供应天然淡水628万吨，同比增长20.5%，自2018年8月5日正式通水至2021年年底累计供水达1,641万吨；日均供水从2020年1.4万吨增至2021年1.7万吨。

【压缩通关时间】2021年，泉州海关持续推进“两段准入”“提前申报”“两步申报”等业务改革，提升贸易便利化水平。全年进、出口提前申报率分别为46.22%、49.38%，同比分别提升6.99和27.75个百分点；“两步申报”应用率33.83%，同比提升27.91个百分点。12月1日，对从泉州晋江陆地港出发的市场采购出口转关货物，在厦门海沧、东渡口岸试点“转关+安全智能锁”模式，促进市场采购货物通关加速。截至2021年年底，进口、出口整体通关时间分别为16.34小时、1.21小时，同比压减23.68%、27.98%。

▲2021年3月8日，泉州海关关员在斗尾港区连夜对进口原油开展取样工作

【企业管理和稽查】2021年，泉州海关进一步优化企业备案流程，营造良好口岸营商环境。全年新增注册登记报关单位2,110家，累计达1.71万家；累计备案食品化妆品进口商314家、出口食品生产企业228家、出口食品原料种植场92家、养殖场1家、进口肉类产品收货人14个。成立AEO认证培育工作专班，采用线上线下、集中培育与“一对一”重点辅导相结合方式，推动进出口企业信用体系建设。全年新增AEO高级认证企业3家，累计达19家。推动稽查理念向“以查发为导向”转变，稽核查成效进一步提高。全年办结稽查作业84起、核查作业303起。开展3轮固体废物专项稽查行动，移送缉私部门进一步处理企业2家；与市场监管部门开展联合执法12家次。

【查缉走私】2021年，泉州海关开展“国门利剑2021”、“蓝天2021”、“清邮”、打击跨境电商进口走私“断链刨根”专项整治行动，以及“龙腾行动2021”“蓝网行动2021”等知识产权海关保护专项行动，强化反走私综合治理。全年刑事立案34起、案值22.3亿元，行政立案251起、案值4.67亿元。侦办“水客”走私案件8起；查获并退运禁止进口类固体废物3批、

114.83 吨；查扣涉嫌侵权货物 157.01 万件。

▲2021 年 12 月 5 日，泉州海关关员监督退运非法进境固体废物

【实验室建设】2021 年，泉州海关加大实验室建设力度，提高实验室综合检测能力。1 月，综合技术服务中心（简称“综技中心”）下属动植物检疫分中心实验室参与编著的《口岸截获蚧虫彩色图鉴》由中国农业出版社出版。2 月，综技中心下属食品检测分中心晋江实验室从泉州晋江国际机场口岸园区整体搬迁至泉州海关刺桐办公区，实验室面积从原来 1,000 多平方米增加至 4,130 平方米，并通过 CMA 和 CNAS 的搬迁评审，实验室认可检测项目达 1,223 项。4 月，综技中心通过 CNAS 组织的能力验证提供者资质现场复评审，继续保持独立组织实施 CNAS 能力验证的能力，并可依据准则开展皮革中禁用偶氮和橡胶 DIN 磨耗两个项目的能力验证工作。同月，综技中心下属保健分中心医学实验室取得临床基因扩增检验资质，并两次通过卫计委临检中心组织的新冠病毒核酸检测室间质评。

截至 2021 年年底，综技中心各实验室拥有检验场所实用面积约 1 万平方米，仪器设备 760 台/套。综技中心按照 ISO/IEC17025 标准的要求建立质量管理体系，获得 CMA 的检验检测机构资质认定和 CNAS 的实验室认可，检测能力覆盖生物、化学、动植物检疫、消费品、医学 5 大认可领域，涉及食品、纺织品、鞋类及鞋材、原油、陶瓷、植物及其产品、血清、鼠等 111 类产品，实验室认可检测项目达 2,427 项。全年综技中心完成检测（疫）业务 2.48 万单、样品 2.84 万份、项目 15.51 万个；完成新冠病毒核酸检测 23.87 万人次，其中在入境船员中检出核酸阳性。

【队伍管理】2021 年，泉州海关优化科级机构设置，其中事业单位下设科室由 12 个精简到 9 个；跨处室调整干部 48 人，落实事业单位岗位聘用 62 人，队伍积极性和创造性进一步提升；优化处级职级干部使用和激励机制，组织开展“践行‘三牛’精神，争当标兵典范”活动，评选出 10 名“三牛”标兵；强化教育培训，组建“刘李雄专业团队工作室”，发挥业务专家示范引领作用，打造厦门海关危化品实训点品牌；组织 275 人次参加厦门关区 15 个门类项目专业能力提升行动，其中 7 人获评标兵，泉州海关获评优秀组织单位。全年累计 8 人次获评个人三等功。

【泉州市舶司遗址申遗成功】泉州市舶司遗址位于泉州市鲤城区水门巷，为我国唯一保存至今的古海关遗址，1998 年被列为泉州市第四批文物保护单位。2021 年 7 月 25 日，经联合国教科文组织第 44 届世界遗产大会审议，“泉州：宋元中国的世界海洋商贸中心”成功列入《世界遗产名录》。泉州市舶司遗址作为 22 处代表性古迹遗址之一列入我国第 56 项世界遗产，对保护和修复中国海关历史物证，传承中国海关历史文化有重要作用和意义。4 月 22 日，由泉州海关摄制的宣传片《走进泉州市舶司》被总署网站“海关影像”采用。

（撰稿人：许文龙　杨　琳　苏志阳
吴明霓　吴茗蓉　余慈阳
张焕之　陈　楠　陈自猷
周晶莹　洪少群　洪育苗
洪柳德　洪睿航　姚菲蓉
黄忠族　康振金　梁文玉
蔡昱祺）

厦门机场海关

厦门机场海关办公楼（厦门市湖里区翔云三路132号）

【概况】厦门机场海关，是厦门海关正处级隶属海关，前身是厦门海关驻机场办事处（正处级），2004年升格为厦门高崎机场海关，2018年与原厦门机场出入境检验检疫局（正处级）合并，更名为“厦门机场海关”（简称“机场海关”）。截至2021年年底，下设科室18个：办公室（党委办公室）、人事政工科（党委组织宣传部）、综合保障科、运行监控科、法律事务科、口岸监督科、统计科、综合业务科、查验一科、查验二科、物流监管科、值机监控科、旅检一科、旅检二科、旅检三科、网格运行管理科、航维保税科、跨境电商监管科；实有行政编制人员218人。主要负责厦门高崎国际机场各类海关管理工作。

2021年，机场海关围绕建设“更有效率海关”，将党史学习教育成果转化为坚守抗疫动能，全力以赴打好抗疫阻击战，筑牢国门安全防线，打造“海丝”空港枢纽；深化自贸创新，助力辖区航空维修产业复苏。全年监管进出境航班8,355架次；监管进出境货物22.6万吨、货值1,451.52亿元；税收入库27.05亿元；监管进出境维修飞机338架次，保税仓库入出库航材2,930吨、货值161.67亿元；受理卫生许可127家次，对厦门空港口岸商家开展卫生监督937家次、公共场所空气质量监测16次、鼠类及蚊虫媒介监测105次；检出新冠病毒核酸阳性。机场海关肩负“外防输入”重任，以党旗引领战旗，全体员工自愿投身疫情防控一线，汇聚抗击疫情强大力量，以实际行动诠释新时代新担当新作为，并铸就“四种精神”——忠诚履职、舍家为国的奉献精神，一丝不苟、科学严谨的专业精神，坚韧不拔、善作善成的奋斗精神，上下同心、干事创业的协作精神。在中国共产党成立100周年之际，厦门机场海关机关党委被中共中央授予“全国先进基层党组织”荣誉称号。

【党建工作】2021 年，机场海关坚持全面从严治党，创建机场海关机关党委“聚航号”党建品牌，打造“快验先锋”“空港明灯”“红色经纬”“全心引航”等 17 个支部党建品牌，推进辖区各项工作、服务厦门经济特区发展；创建“党建片区协作机制”，划分为三个党建片区，各片区每月轮值党支部牵头开展主题党日、政治生日、党课等活动，形成了“党建协作、业务互帮”的良好局面。通过初心课堂、移动课堂、先锋课堂以及组织党史知识竞赛、红色经典诵读等系列活动，广泛开展党史学习教育，推进国门安全工程、便民利企工程、暖心聚力工程 3 个方面 16 个“我为群众办实事”实践活动项目落到实处。针对 2020 年 11 月厦门海关党委巡察组向机场海关开展危化品专项巡察监督后反馈的 4 个方面 13 个主要问题、提出的 4 项意见建议和整改要求，机场海关党委第一时间召开专题会议部署整改工作，制定 23 项整改措施，全面推进整改，通过专题会议、定期报告、联络沟通、督导检查等形式，及时根据整改进度进行逐条销账，抓实抓细落实举措，做到整改责任、整改措施、整改期限“三明确”。同时，加强与总关党委派驻纪检组的沟通协调，听取意见和建议，联合检验整改成效，推进整改任务落实落细；实施专项排查，召集货站负责人、机场安检和危化品保税仓储企业宣传相关规定政策；举一反三，边整边改，及时堵塞监管漏洞；加强自查自纠，进一步延伸扩大巡察整改效应。至 2021 年 2 月底，完成危化品进出口监管专项巡察整改。

【空港进出境检验检疫】2021 年，机场海关坚持“人、物、环境”同防，整合查验、物流监管资源，预防疫情通过货运渠道输入。开展进口非冷链食品及普通货物、空载集装器核酸采样及预防性消毒；累计监管进口丹麦种猪 9 批，计 3,133 头；监督整改出口医疗物资外包装不合格 16 批。全年采集进口非冷链食品及普通货物、空载集装器核酸样品 3.89 万个，预防性消毒空载集装器 1,306 个及商品 1,631 票。

【空港口岸卫生监督】2021 年，机场海关细化制订辖区年度卫生监督计划和食品抽检、口岸病媒监测计划，联合辖区航空食品生产企业开展食品安全宣传，在重大节假日开展食品安全监督检查，分析研判入境维修航空器卫生监管。全年受理卫生许可 127 家次，注销 28 家次；对辖区内 53 家餐饮企业、95 家食品销售单位、75 家公共场所单位开展卫生监督 937 家次、1,874 人次，食品安全抽样 89 批次，食品原料快速检测 101 样次；对 2 家航食配餐企业完成 888 万份航食的监管；对供水车、候机楼饮水点抽样送检 176 样次，集中空调军团菌采样 25 样次，空调微生物 90 样次。公共场所空气质量监测 16 次；开展病媒生物监测105次，捕获成蚊356只、蚊幼虫44只、蝇143只、蜚蠊46只、鼠类23只，首次在臭鼩鼱（鼠类）检出II型汉坦病毒；处置9起禽鸟类随维修航空器入境情事。

【空港航空器监管】2021年，机场海关严格规范进出境航空器备案、航班申报、登临派单录入、物料监管、航空器终末消毒监管等工作；有针对性优化航空器登临检查与申报备案等业务流程，加强值班，确保各项业务运行平稳顺畅；与航空公司配合落实疫情防控措施；加强对来自新冠肺炎疫情高风险国家（地区）、非洲猪瘟疫区、沙漠蝗疫区的航空器卫生消毒监管。全年监管进出境航班8,355架次，同比减少15.66%，其中客机5,627架次、同比减少28.41%，货机2,728架次、同比增加48.58%；监管进出境公务机52架次，同比减少50%；登临飞机检查3,112架次，检出旅客健康异常等问题14架次，检出有害生物1架次；实施航空器终末消毒及固液废处理监管505架次。

【水生动物智能物流监管】2021年，机场海关启动进境种用水生动物在途检疫监管新举措。3月26日，对1辆运载31.2千克活斑节对虾亲体、运往古雷海关的货车加装智能物流锁，该智能物流锁具备远程一键开锁、密码开锁、开闭锁通知及记录查询、GPS定位等多种功能，其管理权限由隔离场所在地隶属海关查验部门掌握，可对进境水生动物在途运输实时监管。全年累计实施监管49车次，货物目的地分别为漳州海关、东山海关、古雷海关。

【在途监管平台上线运行】2021年7月19日，机场海关在途监管平台试运行，主要用于货物从厦门机场到泉州晋江陆地港和厦门邮局流转货物的途中监管。自试运行至年底，累计对687辆次流转货物实施监管，提升海关在途货物监管风险防控效能。

【维护国门安全行动】2021年，机场海关按照厦门海关部署要求开展“国门利剑2021”联合专项行动、打击跨境电商进口走私“断链刨根”专项整治行动，推进“龙腾行动2021”“蓝网行动2021”等知识产权保护专项行动。通过风险分析研判，在空港货运渠道查获未获准入加州鲈鱼苗1批次、无证进口濒危保护物种南美江魟1批次、无证出口濒危物种折扇芦荟1批次，截获进境检疫性有害生物1批次；在旅检渠道查获携带象牙制品、母乳、活体蚂蚁、高价值涉税物品进出境等一批典型案件；查获侵犯知识产权情事18批次。全年向缉私部门移交行政立案127起，办结检验检疫案件34起。同时，全面强化监管场所、办公场所、空港口岸进出境环节隐患排查和安全防范工作，开展安全风险隐患排查整治专项督导检查，联合空港口岸相关单位开展突发危化品泄漏事故、货物核辐射超标应急处置实战演练，完善应急预案，全年安全生产无事故。

【扶持空港免税店复工】自2020年年

初发生新冠肺炎疫情之后，厦门空港口岸免税店经营持续遭遇困境。2021 年 4 月 28 日，机场海关对空港口岸免税店免税品恢复出库监管，指导厦门空港免税店以澳门—厦门航线为试点，在落实疫情防控政策前提下，对自澳门入境旅客正常销售。自恢复销售之日起至年底，累计销售免税品货值 67.59 万元。

【支持跨境电商发展】2021 年，机场海关开展跨境贸易物流信息化平台（空运业务）试点，实现“数据多跑路，企业少跑腿”；落实跨境电商 B2B 出口单证简化措施，实现全程无纸化报关；推进跨境电商 B2B 出口监管改革试点，支持企业利用海外仓扩大出口，优化跨境电商监管手续；高起点规划厦门空港元翔跨境电商监管场所，扶持口岸跨境电商进出口业务发展。

【助力航空维修产业复苏】2021 年，机场海关针对辖区航空维修企业运营困难的实际，主动助力航空维修产业复苏。首创“进境维修货物坏损件直通送修”监管服务，解决部件维修企业需将原入境维修货物进行境外“一日游”问题，每批次节省坏损航材物流时间 3 天，运输费用 10 余万元；创新“加工贸易货物外发出境加工一体化联动监管”，设立航空维修零部件出境加工账册，优化业务流程，解决企业航空零部件制造受限国内工艺授权难题，每年可为企业节省税费 2 万余元，助推厦门航空维修产业拓展产业链；推动海关特殊监管区域外保税维修试点业务发展，允许部分符合条件的维修企业在账册报核前申报单耗，解决企业生产实际与单耗申报期限矛盾，助力企业发展；推动厦门国际航材保障中心顺利运营，完成 1 家公用型保税仓库验收，设立保税物流账册并监管首票货物入出库；支持辖区航空维修企业发展“客改货”、飞机改装业务，助力飞机发动机包修转包业务持续增长；推动进口航材免关税政策落地。全年辖区航空维修企业保税仓库航材入出库 2,930 吨、货值 161.67 亿元，同比分别增长 8.4%、11.1%；加工贸易实际进出口 1.52 亿元，同比增长 2.61 倍；进境维修飞机 173 架次，同比增长 4.2%；外发出境加工货值 2.11 万元。

▲2021 年 6 月 10 日，机场海关关员在厦门太古飞机工程有限公司对进境维修飞机进行现场监管

【空港口岸营商环境优化】2021 年，机场海关加强对进出口企业“两步申报”“提前报关”政策宣导，出口提前申报率 95%，“两步申报”应用率 33.25%。设立

专家工作组，以问题为导向，研究解决高新科技、生鲜食品、医疗板块等机场特色行业“急难愁盼”问题；设立“一口对外协调窗口”，集成货管现场业务，对外提供“一站式”服务；推动在途监管平台上线，推进物流卡口分类改造；开通民生物资进口绿色通道，保证进口鲜活水产品快速通关；快速验放出口防疫物资及进口苗木、种子、胎牛血清、维修航材等特色货物。全年进口整体通关时间 18.82 小时，出口整体通关时间 0.23 小时。

【科技助力抗疫】2021 年 7 月 13 日，机场海关启用升级版“海关检疫 E 码通”系统，实现疫苗接种信息快速登记，每名入境旅客检疫流程由 5~7 分钟缩短到约 90 秒；启用入境人员电子审单流调台，实现“采样知情同意书”电子化，检疫手续更加便利省时。

【国际到达第二通道启用】2021 年，厦门机场开辟国际到达第二通道，该通道为独立于国内进出港旅客及国际（港澳）出港旅客的全封闭式入境专用通道，设有海关流调区、行李监管区、边检大厅、后勤保障区等 7 大功能区。10 月 23 日，机场海关入驻并开展卫生检疫和行李物品监管工作。自启用至年底，累计监管进境航班 727 航次。

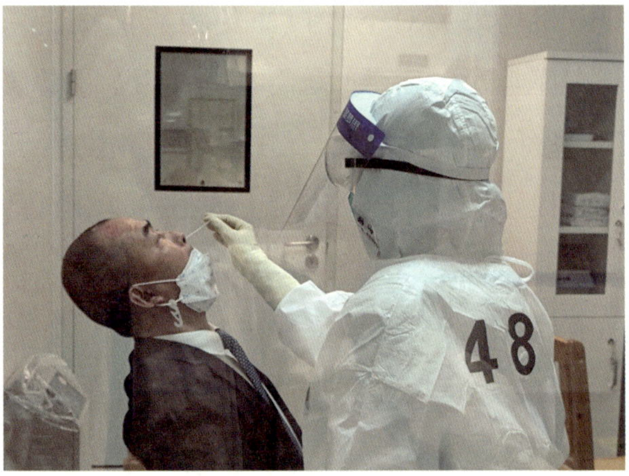

▲2021 年 12 月 25 日，机场海关关员在厦门高崎国际机场国际到达第二通道对入境机组人员进行鼻拭子采样

【防护督导常态化】2021 年 7 月 12 日，机场海关成立安全防护视频监控监督检查专班，建立“现场监督+视频监督+台账备查”监督机制，强化检疫现场终末消毒工作，每日开展视频回放督导，每月开展关级督导。自专班成立至年底，累计检查督促整改问题 608 条，编撰视频监控防护监督检查情况汇总分析报告 16 份，发挥监督机制效能，防范安全防护风险。

（撰稿人：李　文）

厦门邮轮港海关

▲厦门邮轮港海关（厦门市湖里区东港路2号）

【概况】厦门邮轮港海关，是厦门海关正处级隶属海关，前身是厦门海关驻邮轮港办事处（正处级），2018年与原厦门出入境检验检疫局和平码头办事处（正处级）、原厦门机场出入境检验检疫局五通办事处（副处级）合并，更名为“厦门邮轮港海关”（简称“邮轮海关”）。截至2021年年底，下设副处级办事处1个：驻五通办事处，科室8个：办公室（党委办公室）、人事政工科（党委组织宣传部）、法律事务科、综合业务科、口岸监督科、运行监控科、邮轮旅检科、查验科；实有行政编制人员100人。主要负责厦门国际邮轮中心码头、五通客运码头和同益码头海关管理工作。

2021年，邮轮海关围绕建设“更有效率海关”，抓紧抓实政治责任，持续加强口岸疫情防控，不断优化营商环境压缩通关时间，服务外贸高质量发展。全年监管进出口货物24.06万吨，增长超1倍；税收入库1.11亿元，增长2倍，首次突破亿元；监管进出口集装箱超2万标箱（创历史新高），其中，“中远之星”客滚轮进出口2.03万标箱，厦金直航货轮进出口1,099标箱。

【党建工作】2021年，邮轮海关践行“两个维护”，组织党委理论中心组学习，围绕学习宣传贯彻习近平总书记“七一”重要讲话精神、来闽考察重要讲话精神以及党的十九届六中全会精神、党史学习教育、巡视整改等专题开展研讨；成立信息宣传工作小组，在各类媒体发表红色系列宣传稿件20篇；搭建教培平台开展学习宣传中国共产党人精神谱系30余期；开展“支部人人讲”活动100余场次；录制“四德”教育视频4期；推动开展“我为群众办实事”实践活动项目13个。年内，开展3轮历时9个月的教育整顿，从讲政治、压实主体责任、树牢风险意识、落实巡视整改、发挥先锋模范5个方面入手，夯实党建工作基础；开设科长能力提升班，关领导轮流上党课；关党委重视党风廉政工作，与干部职工谈心谈话，运用好“四种形态”，尤其是第一种形态；内务规范“每月一检查、一通报、一评比”；开展全员兼职情况、家属从业情况的全面摸排，推进纪法教育；创建模范机关，促进整体工作提升。

【口岸疫情防控】2021年，邮轮海关做好新冠肺炎疫情防控，织密口岸疫情防控网络。开展邮轮中心码头和同益码头出入境船舶检疫、进境冷链食品采样检测及预防性消毒作业。组建空港入境卫生战“疫”一队专班，分4轮共120人次支援机场海关；组建水运专班15轮30人次、冷链专班7轮22人次。上述3支抗疫条线专班队伍，均实行封闭管理。围绕感染控制、冷链采样等开展7期150余人次的专项培训，组织各类演练12场次，开展个人防护岗位练兵比武。

同步严防其他传染病传入。3月，有序处置某邮轮船员聚集性诺如病毒感染情事；成立应急处置工作组，召开专题会议研究，启动口岸突发公共卫生事件Ⅳ级响应，逐级做好突发公共卫生事件报告工作；经流行病学调查、医学排查、实验室检测，12名船员确诊诺如病毒；开展病毒溯源，组织登轮调查4次，采集样本58份、环境样本97份；向总署卫生检疫司报送结案报告，提出加强邮轮运营方主体责任意识、提升邮轮公共卫生体系执行力度、加强传染病健康宣教3方面建议。

【台湾水果入境检验检疫】2021年，邮轮海关作为厦门关区进境水果检验检疫协作组牵头单位，积极推动台湾水果入境检验检疫工作。全年监管台湾水果621批次、5,320.7吨，共检出检疫性有害生物10批次、2种11种次。

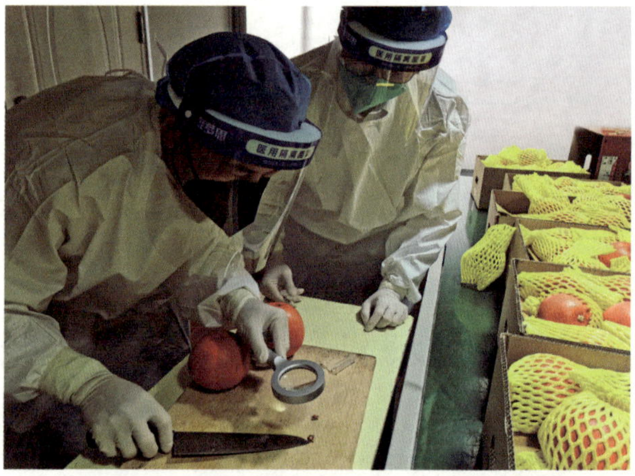

▲2021年9月3日，邮轮海关查验岗位关员对进境水果进行剖果检疫

【口岸安全生产管理】2021年，邮轮海关从严从实做好口岸安全生产管理，严守安全生产底线。成立安全生产专项整治三年行动领导小组和“1+5”专项工作组，组织开展“安全生产月”专项工作，按事故预防体系、内部宣讲、技能培训、应急演练、社会宣传教育、专项检查6个类别制定20项工作任务；开展旅检现场反恐演练及办公区域突遇火情紧急处置演练，完成食堂、船员通道等消防改造；开展邮轮

自用危险品检验监管工作质量自查；与厦门市口岸办、厦门港口管理局等9家单位建立口岸安全生产联防联控机制，针对五通口岸长期靠泊船舶管理、邮轮中心码头船舶自用危险品管理等进行研讨并形成共识，签订《口岸安全生产联防联控合作备忘录》。

【承接同益码头业务】2021年，邮轮海关根据厦门海关部署安排，承接原由东渡海关管辖的同益码头监管业务。成立工作专班，开展同益业务移转测试、试运行靠泊台轮作业，完成进境水果指定监管场地相关查验功能区、技术用房、监管冷库等配套设施及专用查验区、新冠肺炎疫情采样消毒区（恒温查验区）等功能区的验核。5月6日，正式承接并开展同益码头监管业务。

【推动五通客运码头三期核心能力建设】2021年，邮轮海关推动五通客运码头三期核心能力建设，联合口岸运营单位加快落实病媒生物监测工作，签订医疗垃圾处理协议；多次召开卫生检疫区域改造推进会，梳理口岸疫情防控及核心能力建设重点，明确推进节点安排及分工；组织专家开展自评，查找不足并及时整改；12月，五通客运码头三期核心能力建设通过厦门海关考评验收。

▲2021年3月5日，邮轮海关关员在五通客运码头三期建设现场校准监管设备

【厦金客轮“外贸转内贸”推进】2020年2月起，五通客运码头厦金航线停航，新武夷、迅安、捷安、新五缘、和平新星5艘船舶长期停靠五通客运码头。2021年11月，邮轮海关为减轻企业经营负担，联合边检、海事、码头、外代等单位专题研究，决定支持停航期间厦金客运船舶“外贸转内贸”工作；12月16日，对船舶涉及的未结关数据进行清理和备案撤销，完成解除海关监管的全部流程。

【服务外贸发展】2021年，邮轮海关在抓疫情防控的同时服务外贸发展，多方多轮治理优化辖区营商环境。进、出口整体通关平均时长为30.84小时、1.13小时，进口冷链货物通关时间为57.3小时；监管“中远之星”客滚轮进出口集装箱量首次突破2万标箱，同比增长69%；监管进口食品冻柜量同比增长18倍。

（撰稿人：王施红）

东山海关

▲东山海关办公楼（漳州市东山县马銮湾路10号）

【概况】东山海关，是厦门海关正处级隶属海关，2018年与原东山出入境检验检疫局（正处级）合并，沿用“东山海关”名称。截至2021年年底，下设科室7个：办公室（党委办公室）、人事政工科（党委组织宣传部）、法律事务科、综合业务科、稽查科、查验科、产品监管科，事业单位1个：东山海关综合技术服务中心；实有行政编制人员55人、事业编制人员12人。辖区范围包括漳州市的东山县、云霄县、诏安县、常山开发区。

2021年，东山海关围绕建设“更有效率海关”，助力东山口岸扩大开放，支持水产业恢复增长；提升通关效率，优化营商环境；严把进出口检验关；落实减免税政策，支持辖区福建省重点项目推进。全年监管进出境船舶560艘次，同比下降1.41%；监管出口水产品货值194.4亿元，同比增长62.2%；签发检验检疫证书1.17万份，同比增长13.7%；签发各类优惠原产地证书4,200份、70.5亿元，同比分别增长63.1%、1.6倍。

【党建工作】2021年，东山海关提高政治站位，坚持以党史学习教育为主线，纵深推进全面从严治党。通过党委理论学习中心组、“三会一课”、主题党日等方式，组织专题学习研讨；组织全体党员前往谷文昌干部学院现场教学点开展“学好身边党史故事”主题党日活动，进一步淬炼东山海关“木麻黄”精神。修订全面从严治党、从严治关主体责任清单，认真开展对党的十八大以来特别是党的十九大以来全面从严治党决策部署落实情况等“五个全面排查”，坚持“三亮三比三评”“互查互评互学”等党建工作机制。深入开展“现场监管与外勤执法权力寻租”专项整治，开展“全员家访”，聘请新一届特约监督员，形成从严治党内外合力。贴合实际推进“我为群众办实事”实践活动，开展调研53次，及时反映企业诉求，多方沟通推进，合法、合规解决养殖户办证难题，保障出口水产品业务稳步发展。聚焦地方新规划，主动服务中菲（律宾）“两国双园”、云霄核电站、富佳宝项目。

【新冠肺炎疫情防控】2021年，东山海关坚守东山口岸“外防输入”第一线。3月，完成年内首艘入境中国籍船舶整船全员采样，并办理“外贸转内贸”船舶经营航线变更手续；联合漳州市、东山县两级新冠肺炎疫情防控指挥部及口岸各联检部门，为某远洋捕捞船舶上7名外籍船员办理下船入境检疫手续。8月至9月，举行东山口岸监管作业规范月活动，演练防护用品穿脱及口咽拭子采样；与地方政府及多家驻口岸单位联合演练防控口岸新冠肺炎疫情。开展进口冷链冻水产品新冠病毒检测采样及预防性消毒监管，累计监管进口冷链食品及包装新冠病毒核酸检测采样12次、涉及246个样品，检出进境动物病毒性神经坏死病毒，严防疫情叠加风险；累计开展进口冷链商品预防性消毒64票、193柜。组织开展“14+7+7”模式管理水运专班轮战，累计11班次、26人次，共登临检疫运输工具117艘次。

▲2021年8月12日，东山海关关员登临入境远洋船舶开展卫生检疫

【水产业发展帮扶工作】2021年，东山海关持续深化水产业从原料到加工再到成品出口全链条帮扶，助力水产品出口恢复增长。海关与地方政府、企业共同研究加大远洋渔业捕捞、扩大进口台湾水产原料、鼓励加快发展当地养殖业等，破解水产原料不足瓶颈。指导辖区6家进境水生动物隔离检疫场全部通过总署考核组验收，助力进境亲虾、石斑鱼苗等优质种质资源引进56批次。针对鲜活水产品“鲜、活、急”特点，采取“提前申报”、24小时预约查验及船边验放、随检随放等便利化措施，量身定制查验监管方案，特批出口活鱼装载船靠泊养殖渔排，降低传统出口监管作业方式多次装卸带来的鲜活水产死亡风险，实现零延时通关。全年监管出口水产品货值194.4亿元，同比增长62.2%；其中出口鲜活水生动物57批、货值1,938.6万元，同比分别增长96.6%、21.9%。

【优化营商环境】2021年，东山海关成立专班助力地方外向型经济发展。主动配合地方政府规划，支持旗滨万吨级码头对外开放，参加该码头设计方案定稿，推动其进入建设准备阶段。以海关实施新信用管理办法为契机，成功培育厦门关区水产行业首家高级认证企业；持续压缩通关时间，全年进口整体通关时间3.68小时，出口整体通关时间0.89小时；汇总征税率约90%；复制自贸试验区成功经验成效明显，“船边直提”“抵港直装”列入漳州市重点项目。

【服务特色农产品出口】2021年，东山海关扎实服务“六稳”“六保”，帮扶当地特色农产品扩大出口、提升质量。创新探索出境水生动物海上养殖场法检查验新模式，推进出境农产品分类管理，建立进境种用水生动物闭环管理全链条严密监管体系，监管效能不断提高。加大对辖区出口特色农产品扶持力度，加快出口食品农产品生产企业注册、审批，新增备案出口企业29家，辖区水产企业对外注册300家次。全年出口青梅制品1.03万吨、约6亿元，同比分别增长45.3%、52.5%；出口竹木草制品1,367批、约14亿元，同比分别增长61.4%、26.4%。

▲2021年4月21日，东山海关关员在鲍鱼吊养海域对活鲍鱼开展出境水生动物疫病监测取样

【口岸监管进一步加强】2021年，东山海关加强重点业务分析研判和风险布控，首次查获非法进境固体废物，在入境食品中首次检出未申报的转基因成分，在对台小额贸易食品中首次查获蔬菜种子非法进境。持续关注食品进口安全，全年累计查获不合格进口食品31批次，退运不合格食品、活鱼等36批。

【服务中菲（律宾）“两国双园”项目】2021年，东山海关支持福建省重点项目中菲（律宾）“两国双园”项目，该项目以漳州市“一园五片区”以及菲律宾巴丹自由港园区为主体，推动在东山湾区域形成“三大产业片区、三大服贸中心、两大交流基地”的发展格局。东山海关参与前期项目调研工作，助推东山港区港兴码头提质扩容、东山港区城垵作业区扩大开放、诏安县活牛入境检验检疫等涉及海关监管场所（场地）工作有序开展。

【支持漳州核电项目建设】2021年，东山海关成立帮扶工作专班支持福建省重点项目漳州核电项目推进，多次开展涉及该项目进口设备减免税办理的政策宣贯、目的地检验检疫的调查研究，以及进口成套设备申报、税则归类的指导帮扶等工作。3月，与中核集团漳州能源有限公司等5方共同签订《福建省漳州核电项目1-2号机组进口成套设备及材料通关事务合作备忘录》。10月，监管中核集团漳州核电1号机组内穹顶成功吊装。

（撰稿人：许　帆　陈艺滢　陈杰虹　陈紫微）

翔安海关

▲翔安海关办公楼（厦门市翔安区舫山西路 1007 号）

【概况】翔安海关，是厦门海关正处级隶属海关，前身是厦门海关驻翔安办事处（正处级），2018 年与原厦门出入境检验检疫局翔安办事处（正处级）合并，更名为“翔安海关”。截至 2021 年年底，下设科室 9 个：办公室（党委办公室）、人事政工科（党委组织宣传部）、法律事务科、综合业务科、加工贸易监管科、物流监管科、核查科、大嶝监管科、查验科；实有行政编制人员 63 人。主要承担厦门市翔安区内各项海关业务，并管辖全国首个对台小额商品交易市场——大嶝对台小额商品交易市场和福建省首个运营的保税物流中心——火炬（翔安）保税物流中心（B 型）。

2021 年，翔安海关围绕建设“更有效率海关”，突出政治站位，全面提质增效，服务地方发展亮点频出，维护国门安全更加坚决有力，全员打私工作实现新突破。全年监管进出口货值（含二线）首次突破千亿元达 1,112.37 亿元，同比增长 17.47%；税收入库 13.47 亿元，同比增长 34.42%；监管进出境船舶 252 艘次，同比增长 48.23%；有针对性开展法治政策宣讲 12 次，确保企业用足用好法规政策。

【党建工作】2021 年，翔安海关扎实推进全面从严治党工作，落实“第一议题”制度，及时学习贯彻落实习近平总书记重要讲话重要指示批示精神，全年召开 44 次党委会、13 次理论中心组学习会、12 次形势分析及工作督查例会；落实落细巡视整改工作，推进“现场监管与外勤执法权力寻租”专项整治和“严格遵纪、自觉守法，做合格海关人”专项整顿活动，启动“8 小时内外联动”工作机制，组织召开干部家属座谈会，筑牢“8 小时”外预防抵制腐败防线，不断夯实干部队伍建设。围绕党史学习教育，组织开展主题实践活动、党的理论知识测试，撰写建党100周年心得体会，开设党史学习教育主题党课13场，参观“厦门红色教育基地——彭德清纪念室”等党史学习教育基地，组织线上“重走长征路，重温长征史”“百年党史大家讲”等主题党日活动18次。紧扣“我为群众办实事”实践活动，将党史学习教育的成果外化于行，关党委通过调研列出6个方面的项目清单，各支部结合科室工作实际确定16个项目，年内全部完成，其中“创新监管模式 服务保障天马通关”获评厦门海关第二批“‘我为群众办实事’优秀项目”。1名理论骨干获聘为翔安区委理论宣讲团成员。

【新冠肺炎疫情防控】2021年，翔安海关进一步压实新冠肺炎疫情防控责任。6月，构建起关领导巡查监督、带班干部现场监督和纪检人政部门视频监督的安全防护立体监督体系；9月至10月本土疫情期间，启动24小时驻地值守AB班工作机制；干部职工在中秋节、国庆节假期期间就地驻扎办公。年内，受邀在海翔码头组织开展3次疫情安全防护政策宣讲会暨个人安全防护实训，规范码头作业人员防护用具穿脱。

严防疫情境外输入。2月，首次开展进口非冷链新冠病毒检测采样业务；5月，配合地方有关部门完成地方检出新冠病毒核酸阳性病例的跟踪追溯；6月，成立“14+7+7”模式管理水运专班；7月，检出翔安口岸首例新冠病毒核酸阳性病例；8月，向全体员工发出内部口岸一线防疫“征战书”，除原有专班人员外，全关近三成人员主动报名，充实水运专班可持续运转的后备力量。全年检疫监管19艘船舶人员更换，共90人上船、92人离船；完成2名入境船员紧急就医事宜。

【国门生物安全保障】2021年1月，以翔安海关监管种牛进口为例的大中动物检验检疫教学视频上线发布，这是厦门海关首次以实景教学的方式，全流程展示进境大中动物检验检疫工作。1月27日，翔安海关监管3,961头进口种牛在海翔码头登岸，运往翔安区进境种牛隔离场，并在结束为期45天的隔离检疫后运送至宁夏等全国各大牧区，这是进境反刍动物疫病监测列入国门生物安全专项后厦门海关首次承担进境反刍动物隔离检疫工作。年内，翔安海关共对5批次进境水生动物进行隔离检疫监管。

【食品安全监控】2021年，翔安海关落实进出口食品安全抽样检验和风险监测计划，全年检出未准入境进口食品17批次；出口取样送检完成20批次、63个样品，涉及微生物、污染物、理化指标、农药残留、禁限用物质等项目，检测结果均合格。支持翔安区特色农产品出口，引导企业采用节水滴灌、良种引进、生物防治等先进技术，不断提升产区的胡萝卜品质；提前指导企业制订并实施采收前质量安全监测计划，开展胡萝卜出口采收前农残监控，出口胡萝卜已连续12年无国外通报事件发生，相关监管、保障工作于2020年、2021年连续两年被央视报道。2020年冬至2021年春产季，翔安海关共监管出口胡萝卜5.1万吨，货值2,744.78万美元，同比分别下降0.53%、增长24.23%。

▲2021年1月5日，翔安海关关员对出口胡萝卜进行采收前监管

【安全生产】2021年10月，翔安海关与厦门港务海翔码头有限公司签订《口岸安全生产联动管控合作备忘录》，共同推进安全生产专项整治三年行动。全年对海翔码头和火炬（翔安）保税物流中心开展安全生产检查57次、视频巡查275次，发现安全生产隐患问题2个，并责令业主单位限期整改；组织安全宣传培训活动3次，接受培训人员76人次；开展安全生产咨询活动3次，接受咨询100余人次；联合企业开展安全生产应急处置演练3次，参加演练人员61人次。

【加贸保税监管】2021年，翔安海关辖区加工贸易业务占厦门关区加工贸易业务总量的三分之一以上。针对辖区加工贸易规模以上企业多、业务周期长、操作繁琐等特点，翔安海关采取网络、下厂等方式多方位进行政策宣讲和答疑，规范企业的经营活动，及时解决企业残次品处置、账册紧急核销、物流受阻导致库容不足等难题。2月，完成加工贸易企业建档管理，共建立加工贸易企业档案60份，整理加工贸易手（账）册档案200余份，实现保税物流中心外加工贸易企业档案全覆盖。7月，首次试点开展的“企业集团加工贸易监管模式”被国务院列为深化“放管服”改革着力培育和激发市场主体活力的重要举措之一，总署将此模式在全国海关全面推广；年内，指导宸鸿集团旗下5家企业加入该模式，企业免缴上亿元全工序外发保证金。全年监管加工贸易实际进出口503亿元，同比增长33.83%。监管厦门关区唯一“寄售维修”保税仓库入库货物金额4.8亿元，同比增长65.38%；出库货物金额3.9亿元，同比增长57.41%。监管出境加工货物进出口3,413万元，占厦门关区同类业务的69.7%。

▲2021年8月12日，翔安海关关员到加工贸易企业调研

【保税物流中心转型指导】2021年，翔安海关持续支持厦门火炬（翔安）保税物流中心优化发展，指导辖区光电企业充分利用保税物流中心的辐射带动作用，顺畅产业链和供应链，全年监管保税物流中心进出口货物17.27万吨、货值788亿元，同比分别增长17.45%、6.02%。9月，指导保税物流中心运营方根据其发展规划完成保税物流中心面积缩减申请材料，协助企业建设智能产业物流园，构建“非保税区域”同“保税区域”协同发展的现代化物流模式。12月21日，该申请得到总署批复，原规划面积由0.3,415平方千米变更为0.135平方千米。

【优化营商环境】2021年，翔安海关分析影响通关时间原因，采取措施提升通关效率。2月3日，通过海关行政审批网上办理平台受理《中华人民共和国海关行政许可管理办法》实施后的厦门关区首起26004项下（出境动植物及其产品、其他检疫物的生产、加工、存放单位注册登记）行政审批作业。4月，完成《中华人民共和国海关法》将报关企业注册登记审批改为备案后的厦门关区首次报关企业备案，进一步降低企业制度性交易成本。9月，经跨关区协调，在厦门关区首次试点高新技术货物布控查验模式，化解高精密设备无法在口岸开拆查验的难题，大幅提升物流通关效率。年内，解决手册转账册管理、内销保税料件备案、残次品销毁等多项辖区企业“急难愁盼”的事项；跨关区协调解决辖区企业光刻胶进口通关难题，为企业避免因产线停产造成的损失；联合高崎海关开展涉及“碳化硅外延生产设备用石墨配件（金属含量<5ppm）”的税政调研，相关建议被采用。

【“外贸转内贸”业务办理】2021年11月，翔安海关与地方联防联控单位密切配合，为“星东18”轮顺利办结“外贸转内贸”手续，协助该轮由国际航行船舶转入国内航线运营。这是总署等5部委进一步加强国际转国内航线船舶疫情防控工作后，厦门口岸办理的首票“外贸转内贸”业务。

【核查工作】2021年2月，翔安海关应某食品有限公司申请，首次通过采信第三方报告对海关核查工作“标准化作业表”中的30余项等效项目进行采信，这是厦门关区首例。第四季度，与翔安区市场监督管理局联合对4家企业开展抽核工作，减轻企业负担。全年累计开展核查84起，包括“出口食品企业监管”“出境木质包装除害处理标识加施企业监管”等涉检核查65起，“企业注册信息核对”“保税货物盘库核查”等核查19起。

【查缉走私】2021年，翔安海关深入开展反走私综合治理，打击走私效能稳步提升，移交刑事立案4起、普通程序案件立案2起，查发案件28起（其中查办快速办理案件26起）。助力查发“忠诚21—08”打击伪报贸易性质走私专案，该专案入选2021年厦门关区打击走私十大典型案件。查获一批总重为 1.2 吨的废旧硬质合金刀具，并监管其退运出境，这是翔安海关首次查获及退运进口固体废物。

【大嶝对台小额商品交易市场管理升级】 大嶝对台小额商品交易市场，是 1998 年设立的全国首个对台小额商品交易市场。2021 年，翔安海关推进大嶝对台小额商品交易市场更新改造海关监管辅助系统支付验证功能；推动市场商户内、外贸分区销售，强化视频监控及卡口抽核，严密海关监管。

（撰稿人：王　宇　刘祥威　李　飞
吴天侨　吴荣凯　林熙彦
祝婕女　楚计猛　滕佳霏）

厦门邮局海关

▲厦门邮局海关办公楼（厦门市湖里区长虹路10号）

【概况】厦门邮局海关，是厦门海关正处级隶属海关，前身是厦门海关驻邮局办事处（正处级），2018年与原厦门出入境检验检疫局邮件快件办事处（正处级）合并，更名为“厦门邮局海关”（简称“邮局海关”）。截至2021年年底，下设科室12个：办公室（党委办公室）、人事政工科（党委组织宣传部）、综合保障科、邮快件审像科、法律事务科、口岸监督科、统计科、综合业务科、邮递物品监管科、跨境电商监管科、快件监管科、物流监管科；实有行政编制人员108人。主要负责厦门国际邮件互换局、厦门进出境快件监管中心、厦门海运快件及跨境电商监管中心的海关监管工作。

2021年，邮局海关围绕建设“更有效率海关”，着力提升业务规范管理，统筹新冠肺炎疫情防控和促进外贸稳增长，统筹发展和安全，严守国门，创新服务。全年监管进出境邮件703.16万件，同比减少63.26%；监管快件124.58万票，同比减少36.34%；税收入库9.83亿元，同比下降6.68%，邮件征税率45.09%；检出动植物有害生物32种次，卫生检疫不合格65批、同比增长2.82倍，商品检验不合格5批、涉及5种商品；查扣各类非法出版物822件。

【党建工作】2021年，邮局海关党委推动党史学习教育走深走实，带头开展“再调研”。把党史学习教育作为重大政治任务，建设党建有声图书馆、开展知识竞赛、组织专题读书班暨宣讲交流会，组织党员赴特区纪念馆等开展体验式学习教育，派员参加厦门海关、厦门市宣讲比赛，分获一、二等奖，选派“轻骑兵”参与厦门市委宣传部宣讲节目拍摄，引导党员干部弘扬伟大建党精神。通过海关政治保卫成果展厅，深入开展党史教育及关史宣传。扎实推进“我为群众办实事”实践活动，党委和支部共41个项目全部完成，其中1个项目获评厦门海关“‘我为群众办实事’优秀项目”。实施党建“强基提质工程”，推进支部标准化规范化，增强党组织号召力、凝聚力。5名干部支援疫情防控封闭管理专班工作。

增强政治机关意识，加强对“一把手”和领导班子监督，推动“一体严、贯通严、自觉严”，推进清廉海关建设。对照总关巡视整改122个细化任务开展自查、举一反三；针对巡察、审计反馈问题和建议，逐条梳理、制定措施66项，问题整改落实落细；开展“现场监管与外勤执法权力寻租”专项整治，梳理更新风险节点121个，压缩权力寻租空间；推进“严格遵纪、自觉守法，做合格海关人”专项整顿活动，全关全覆盖谈心谈话；深化新海廉平台应用，成立风险研判小组，参与厦门海关“非贸业务一体化监管平台”工作。培塑机关文明形象，促进文明风尚养成。

【新冠肺炎疫情防控】2021年，邮局海关筑牢检疫防线，坚持“人、物、环境”同防，严把进口高风险非冷链集装箱货物新冠病毒采样关、预防性消毒关，完成采样及预防性消毒监督239票，涉及商品项424个，采送样品3,234个。全年开展个人安全防护检查158次，通报整改问题115个；组织在编职工、安全防护检查小组人员、采样专班、后勤保障服务人员培训14场、240余人次，确保总署规定要求100%落实到位。加强与地方联防联控，及时通报交流有关信息，稳妥应对厦门本土疫情。

【寄递渠道监管】2021年，邮局海关强化检查督导，落实安全生产专项整治三年行动，定期更新“政策措施”“问题整改”两张清单，关员参加危化品监管资质考试通过率100%，“科带室”（现场查验科室带初筛实验室）建设有序推进。“国门绿盾2021”行动、打击跨境电商进口走私“断链刨根”专项整治行动及邮递渠道“清邮”行动均取得成效，首次在快件渠道查获Ⅰ级风险动物原皮、含可发芽罂粟籽调味品。央视、《人民日报》等多家媒体报道“厦门邮局海关截获海格力斯长戟大兜虫”新闻。知识产权保护力度加大，查获年内厦门关区最大一起跨境电商出口侵权案件。落实打私部署，“国门利剑2021”等专项行动有序推进，办结“两简”案件（2021年7月15日前为简单案件、简易案件，后改为快速办理、简易案件）13起，移送缉私部门刑事立案12起、行政立案109起。

【邮递渠道“清邮”行动】2021年，邮局海关出动40余人次参与邮递渠道“清邮”专项行动，完成敏感信息要素“切片”随机抽查任务10次。动态调整“切片”要素，无预警查验邮件883票，发现异常邮件373票。及时约谈邮政企业。查发各类精神药品、有害外来物种、疑似枪支配件、侵权物品等9起；协助缉私部门成功抓获二类精神药品走私犯罪嫌疑人1名。

【“国门绿盾2021”行动】2021年，邮局海关构建形成多维参与协同分工的防控机制、查验现场与实验室信息共享机制；探索推进初筛实验室建设，由通用查验岗自主开展籽实萌发、杂草、昆虫、植物线虫等初筛实验，组织进行国门生物安全监测、禁止进境物销毁实操培训。全年截获动植物及其产品665批，检出有害生物14种32种次，其中检疫性有害生物2种3种次；开展外来物种防控，非贸渠道截获外来入侵物种118种、227批，占厦门关区非贸渠道截获的56.33%；成立境外疫情信息监测组，有关信息被总署采用24篇；依法销毁查获的动植物及其产品139批次、95.81千克。

【“国门利剑2021”行动】2021年，邮局海关专门研究制订方案，强化专项督导，并与东渡海关缉私分局优化协同合作；梳理流程，制发作业指导书；将洋垃圾、象牙等濒危物种及其制品等查缉重点贯穿全程。全年查获涉走私象牙制品8批次、濒危动植物成分制品114批次；查办伪报出口非医用口罩案1起；查发涉毒品（含精神药品）走私刑事案件10起、行政案件17起，涉及含麦角酸二乙胺（LSD）成分彩色图片（俗称“毒邮票”）、大麻油等，其中1起为近两年来厦门关区查获最大精神药品走私案，共查获咖啡因5.21万片。

【打击跨境电商进口走私】2021年，邮局海关统筹推进打击跨境电商进口走私“断链刨根”专项整治行动，梳理跨境电商直购进口业务，验核物流企业、电商平台网站、支付企业证书有效期限，验视境外企业与其境内服务协议；督促报备促销商品种类、数量、价格、折扣、促销时间，促销结束后开展价格核查；加大真实交易核查，建立台账；深入企业调研宣讲，完善风险管理档案；对跨境电商出口风险同步排查。全年通过电话核实收件人订单信息88票，未发现异常；通过跨境电商进口申报数据比对、额度验核比对、核查归类等分别查获涉嫌代购5件、超个人额度10件；对跨境电商出口排查，发现问题口罩2,317票。

2021年1月13日至14日，邮局海关对厦门某贸易有限公司以跨境电商方式申报出口的鞋子、衣服开箱查验，发现疑为侵犯知识产权商品。经全面清查，发现有异常的共163票，含鞋子219双、衣服24件。经Christian Louboutin、Louis Vuitton等9家权利人确认，其中202双鞋子、10件衣服为侵权货物。这是厦门关区年内在跨境电商渠道查获的最大一起出口侵权案件。3月17日，对当事人作出行政处罚。

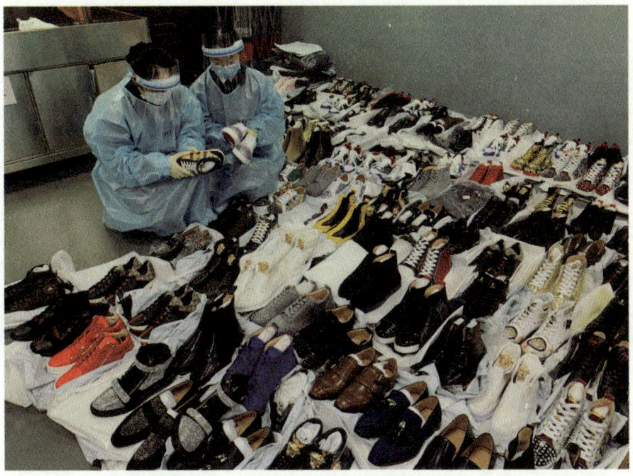

▲2021 年 1 月 13 日，邮局海关关员查获跨境电商出口商品侵权货物

【深化改革服务发展】2021 年，邮局海关落实福、厦两关全业务领域一体化改革，转关福州、杭州、深圳跨境电商出口业务常态化开展。全年开通简化申报业务的跨境电商企业共 29 家。参与“非贸业务一体化监管平台”建设，建成以物流信息为主线、结合其他数据流的快件可视化物流链。实施 RCEP 框架内快件通关保障，符合条件的，6 小时内通关。开辟“高雄—金门—厦门”海运快件通路，新增“台湾海运—中外运海运”集运仓落地厦门，全年监管对台海运快件 220.33 万票，同比增长 12.47%。持续压缩通关时间，全年进口整体通关时间为 36.32 小时，进口海关时间为 2.05 小时。税政调研结果为航空维修企业每年节省成本约 800 万元。

【智能审图建设】2021 年，邮局海关通过创新推动多台 CT 机图像信息共享，建成集中审图平台，助力提升邮快件通关速度和把关准确率，满足集约、智能、精准监管需求。推进 CT 智能审图同屏比对工作，优化智能审图算法，参与总署优化 CT 智能审图算法攻关。开展智能审图算法分类部署，作为总署快件业务两个试点海关之一参与试点。1 名业务骨干入选总署 25 人组成的署级智能审图业务专家团队，参加 WCO 非侵入式查验技术专家会，介绍中国海关智能审图实践。4 月，利用算法报警首次查获莲见疫苗；年内还查获宠物甲虫“海格力斯长戟大兜虫”、仿真枪及配件、象牙茶壶等，应用智能审图查发成效显著。

（撰稿人：吕慧瑶　刘　铭　许熳吟　李彩云　吴志平　张翼翀　陈　蓉　郑雨茹　徐雯莹　黄　晟　康丽婷　蔡　斌）

高崎海关

▲高崎海关办公楼（厦门市湖里区墩岭路162号）

【概况】高崎海关，是厦门海关正处级隶属海关，前身是厦门海关驻高崎办事处（正处级），2018年升格为高崎海关。截至2021年年底，下设科室12个：办公室（党委办公室）、人事政工科（党委组织宣传部）、综合保障科、法律事务科、综合业务科、加工贸易监管科、关税科、机动查验科、集中审像科、现场业务科、企业认证科、核查科；实有行政编制人员89人。负责厦门岛内（不含自由贸易试验区厦门片区）属地纳税人管理、税费征管等监管通关、加工贸易和保税监管、企业资质管理、企业注册信息核对及相关核查等业务；负责厦门行政区内减免税、企业认证等业务；负责厦门关区公自用物品审核、H986机检查验图像的集中审核、机动查验、复查复验等业务。

2021年，高崎海关围绕“理念先进、作风严谨、管理高效、富有活力”的目标愿景，着力建设“更有效率海关”，推动各项工作有序开展。全年税收入库21.36亿元，同比增长17.39%；加工贸易进出口金额605.25亿元，同比增长48.2%，占厦门关区25.93%；减免税业务办理登记项目信息36份，投资总额992.74亿元；出具“征免税确认通知书”7,124份，实际进出口值30.38亿元，减免税款2.13亿元，分别占厦门关区的94.26%、73.92%、51.65%；开展机动查验64票；审核机检图像3.55万幅，机检查验报关单2.65万票；办理报关单位备案1,173家，变更1,343家，非贸业务审批373票；开展认证作业19起，对42家企业开展信用培育；完成核查作业101起。

【党建工作】2021年，高崎海关贯彻落实习近平总书记重要讲话重要指示批示精神，加强党委班子自身建设，完善党委全面从严治党主体责任清单，扎实推进政治机关建设，严格落实好“第一议题”制度，8 个党支部共开展集中学习 140 次。统筹推进常态化疫情防控，共有 12 人次支援抗疫一线；始终保持打击走私高压态势，发挥集中审像、机动查验“锐眼利剑”作用，严厉打击洋垃圾、象牙等濒危物种及其制品走私犯罪行为。

狠抓纪律作风，开展内务规范专项提升行动，锻造全面过硬准军事化纪律部队。统筹开展“现场监管与外勤执法权力寻租”专项整治工作及“严格遵纪、自觉守法，做合格海关人”专项整顿活动，形成风险防控清单 34 项，整改清单 7 项。从严从实做好巡视整改工作，修订完善政府采购管理实施规范等制度 5 项。启动对党的十八大以来特别是党的十九大以来全面从严治党决策部署落实情况等“五个全面排查”，建立问题整改清单，提出整改措施 53 条。进一步推进纪法与警示教育，开展宪法、安全生产等为主题的法律沙龙共 8 次。规范运用监督执纪“四种形态”，全年累计运用“第一种形态”9 人次。积极探索家访工作法，坚持把家访作为思想政治工作必修课，全年开展实地、线上家访 133 人次。

开展“四个课堂”，推动党史学习教育走心走深走实。打造红色课堂，设立“庆祝中国共产党成立 100 周年——党的发展历程”展示墙；打造指尖课堂，开展“重走长征路，再忆革命史——‘云长征’”活动；打造体验课堂，组织党员干部参观厦门市深田社区图强政治生活馆、厦门锄山党史学习厅；打造实践课堂，开展“党建引领业务，同频共振‘崎’发展”主题活动，深入推进“我为群众办实事”实践活动，17 个重点民生项目全部完成。

【新冠肺炎疫情防控】2021 年，高崎海关抓细抓实新冠肺炎疫情防控各项工作。全年召开疫情防控工作指挥部会议 23 次，制修订安全防护、应急处置、全员核酸检测等制度规范 14 项，建立高崎海关、作业班组两级安全防护监督员队伍，安全防护自查 15 次，分门别类建立疫情防控台账并专人跟踪维护。建立每月疫情防控联席会议机制，联合开展“无预警”安全防护监督检查 10 次、疫情防控应急演练 7 次。8 月，与厦门市湖里区禾山街道社区卫生服务中心开展强化健康科普宣传、应急技能培训、提供医疗卫生指导等疫情防控合作。9 月，本土疫情期间为闭环管理人员提供心理咨询减压服务。

【属地纳税人管理优化】2021 年，高崎海关落实“六稳”“六保”，发挥属地优势，引导企业规范申报，审核规范申报本地数据 5.3 万条、异地数据 17.83 万条，处置本地错误数据 369 条、异地错误数据 3,006 条。加强税政调研，参与税收政策制定，共报送税政调研 6 篇，其中“碳化硅涂层石墨盘”通过关税调整方案实现降税。加大商品异动等风险分析力度，完成税收风险防控建议，提炼报送风险参数。对厦门关区17家重点税源企业开展属地纳税人管理企业底账建账和纳税遵从度评估，对8家企业建立“双特”（特许权使用费和特殊经济关系）价格台账。

【落实减免税优惠政策】2021年，高崎海关支持厦门市重点项目建设和重点企业增资扩产。落实集成电路、航材等税收优惠政策，指导企业用足用好减免税政策，主动加强政策宣讲9次，及时收集企业诉求并向上级部门反映。做好H2018减免税管理子系统切换工作，10月28日通过新系统办结厦门关区首份由快审系统生成的“征免税确认通知书”，涉及货值31.85万元，减免税款2.7万元。推进集成电路ERP+快审系统试点及应用。

【加工贸易保税监管】2021年，高崎海关深化加工贸易监管改革，激发加工贸易企业新动能。年内新增加工贸易手册94份、备案金额479.2亿元，同比分别增长46.88%、66.67%。保税仓库入库3.53吨、金额3.7亿元，同比分别增长65.73%、71.14%；出库3.03吨、金额3.24亿元，同比分别增长19.95%、40.87%。优化集成电路保税检测监管措施，支持集成电路产业发展，全年办理集成电路保税检测进口20批次、金额696.97万元，同比分别增长1倍、2.43倍。开展“企业集团加工贸易监管模式”试点，试点企业集团内保税料件实现自由调拨。

▲2021年11月30日，高崎海关关员到企业调研集成电路保税检测情况

【智能审图】2021年，高崎海关运用科技创新提升海关监管效能，推动智能审图识别商品种类不断扩大。参与“三智”海关建设项目，加快推进智能审图系统建设，探索开展先期机检。建立审图追踪机制和审图智慧共享平台，对标注的“嫌疑标”图像、非常见商品等进行登记并及时跟进现场人工查验处置情况。年内，派员参加总署智能审图专题集中工作、厦门海关—德班海关“三智”合作业务交流与能力建设研讨会、全国海关智能监管科技创新H986智能审图线上视频交流会等，审图能力进一步提升。

【企业资质管理】2021年，高崎海关推动资质管理，进一步提升监管服务效能。实行“注销便利化”，企业注销环节全程网办；落实取消“报关企业注册登记”行政许可，实施报关单位（含进出口货物收发货人和报关企业）备案制管理，推行备案全程网办。5月至11月，根据打击跨境电商进口走私“断链刨根”专项整治行动部署，开展跨境电商企业资质信息的清查复核工作，共计验核跨境电商企业141家。

【企业信用管理】2021年，高崎海关创新优化认证方式，提升培育效能，助力更多企业成为海关高级认证企业。高质量实施企业认证，3月通过厦门关区首家生物医药企业AEO高级认证；10月首次对高级认证企业开展不定期重新认证；11月通过厦门关区首家链式认证模式企业高级认证。积极开展信用培育，搭建“诚长”线上企业信用培育平台，录制网络信用培育视频，同步开展“不见面”和“面对面”信用培育；加大AEO认证培育力度，提高信用培育针对性，对超半数培育对象开展精准AEO认证培育。创新企业认证指标财务自检工具，自主研发的“AEO认证财务指标测算工具”在国际贸易综合服务平台上线，助推首份包含“AEO财务状况表”的财务审计报告出具。参与社科课题研究，“用区块链技术打造厦门AEO高信用供应链生态圈”入选厦门市社科联年度研究课题并顺利结题，为海关创新“区块链+AEO”双信合一机制、AEO认证融合区块链技术的AEO高信用生态平台建设提出全新、可行的实践方案，该研究成果被《中国海关》杂志等采用。

【企业核查】2021年，高崎海关承接属地化核查工作职责，推动辖区核查业务平稳起步。充分发挥属地监管的主观能动性，运用海关业务监控分析系统和第三方应用，主动发现辖区企业风险，查发辖区首起减免税设备违规抵押情事、某保税仓库存在保税与非保税货物混放混用情事。落实疫情防控和安全生产要求，综合研判企业生产类型和系统风险，采集、保留电子化数据，采用线上视频和线下实地等形式确保核查工作顺利开展。

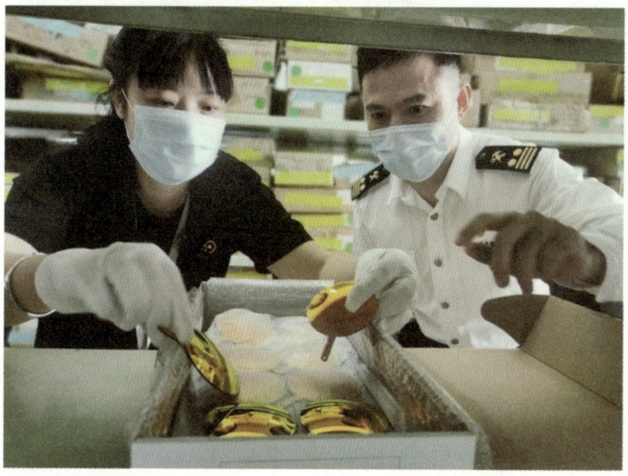

▲2021年11月22日，高崎海关关员对企业太阳镜片进行型号和数量检查

【“国门利剑2021”行动】2021年，高崎海关健全打私工作机制，多次召开全员打私推进会，不断拓宽案件来源，提升打私整体效能。严厉打击洋垃圾走私，查获违法进口再生黄铜、再生塑料颗粒、贝壳、棕榈油酸化油等固体废物11起、393.96吨。严厉打击象牙等濒危物种及其制品走私，查获出口濒危物品案件5起。严厉打击防疫物资、疫苗非法出境，查发防疫物资伪瞒报情事90起。打击危险化学

品夹藏走私，查获夹藏危化品空调制冷剂、混合油墨、石材防护剂等危化品案件10起。

（撰稿人：王一蕾　王筱捷　平肖毅　杨艺柳　苏远慧　张荣辉　陈章栩　林　琍　林　喆　周　冶　薛翁敏）

集同海关

▲集同海关办公楼（厦门市同安区银湖路9号）

【概况】集同海关，是厦门海关正处级隶属海关，前身是厦门海关驻同安办事处（正处级），2017年更名为厦门海关驻集同办事处（正处级），2018年与原同安出入境检验检疫局（正处级）、杏林出入境检验检疫局（正处级）合并，更名为“集同海关”。截至2021年年底，下设科室16个：办公室（党委办公室）、人事政工科（党委组织宣传部）、综合保障科、法律事务科、综合业务科、集美监管科、同安监管科、加工贸易监管科、稽查一科、稽查二科、稽查三科、稽查四科、核查一科、核查二科、稽查审核科、稽查分析科；实有行政编制人员142人。2021年1月，原集同海关承担的厦门市行政区内的核查工作职责调整为由企业所在地的属地海关承担，调整后，集同海关主要承担厦门市集美区、同安区各项海关业务和厦门市行政区内海关稽查业务。

2021年，集同海关强化包容、自信、团结、担当团队精神，争创“更有效率”基层海关排头兵，推动各项工作提质增效。全年接受进口、出口报关单申报分别为1.39万票、3.34万票；税收入库3.65亿元，同比增长34.92%；加工贸易进口、出口货值分别为62.99亿元、187.13亿元，同比分别增长28.63%、14.7%；签发原产地证3.88万份，签证金额16.7亿美元；办理企业管理业务1,979次；开展检验检疫1.79万批次，货值67.25亿元，签发检验检疫证书2,163份；办结稽查作业313起。加大“八五”普法宣传力度，开展“美好生活·民法典相伴”主题宣传和《中华人民共和国生物安全法》专项普法，在“4·26”知识产权宣传周、“8·8”海关法治宣传日、“12·4”国家宪法日和宪法宣传周等时间节点举办普法活动。开展志愿服务活动48次、232人次。

【党建工作】2021年，集同海关将党史学习教育贯穿始终，以“建党百年”为主题，组织主题演讲、文艺汇演、主题党日活动、心得分享交流会、青年关员座谈会，制发“党的百年历程”学习手册，利用集美区嘉庚纪念馆、同安区高山党校等红色资源开展现场教育，践行“我为群众办实事”实践活动项目10项。编制集同海关基层党组织党务工作参考资料，开展基层党组织规范化建设检查及基层党建基础工作自查自纠，党建基础进一步夯实。推进全面从严治党，做好常态化纪法学习警示教育，联合总关党委派驻纪检组开展执法廉政监督抽查回访70次。推进巡视巡察审计整改，召开党委会9次、专题会议11次研究落实，部署开展专项自查整改6项，组织专项督导检查2次，健全完善党委班子建设、新冠肺炎疫情防控等相关制度规范19项。

【新冠肺炎疫情防控】2021年，集同海关毫不松懈抓紧新冠肺炎疫情防控，召开疫情防控指挥部会议14次，针对境外疫情和本土疫情情况优化防控措施，及时下发相关文件通知。强化外出执法人员安全防护监督制度；落实新冠病毒疫苗“应接尽接”，定期开展核酸检测；加强办公场所管理，从严审批出差出行，减少聚集性活动；加强防控队伍梯队建设，强化应急演练。9月，同安区发生聚集性感染事件后，集同海关全体干部职工严格遵守属地防控政策，做到了“零感染”。参与属地疫情防控指挥部工作，保障通关顺畅，协调解决企业进境400吨非转基因大豆及2.4万吨油菜籽调运库存问题，保证民生物资供给。

【维护国门生物安全】2021年，集同海关开展“国门绿盾2021”专项行动，防控非洲猪瘟等重大动植物疫情疫病，主动收集境内外动植物疫情动态信息和检疫政策信息，被总署采纳17篇；完成集美区、同安区18个监测点检疫性实蝇和外来杂草等6种外来有害生物监测工作；开展进境动物隔离场审核和隔离检疫监管，支持企业成功引进16批次境外优质种质资源，监管进境水生动物58批次，查发违规情事2起。落实进出口动植物产品安全风险监控计划。参加总署专项工作，对南宁关区、海口关区、呼和浩特关区共4家进境油菜籽加工企业进行考核验收。

▲2021年4月6日，集同海关关员在古龙酱文化园进行出口食品监管

【安全生产】2021年，集同海关落实

安全生产监管责任，健全安全生产专项整治工作机制，动态更新问题隐患和制度措施“两个清单”。开展“6·16”安全宣传咨询日活动，推动安全宣传进企业、进社区、进学校。加强进出口危险品检验，梳理辖区进出口危险品品种、危险类别，对进出口危化品、旧机电产品等监管重点领域进行安全排查，在进口属地查验中检出不合格货物20批；落实执法岗位资质要求，23人参与总署进出口危险品及其包装检验监管岗位练兵和技能比武，其中1人进入全国海关“万人争先”线上练兵百强名单。与集美区、同安区应急管理局建立协作机制，定期互访通报进出口危化品情况，形成闭环监管。落实食品安全监管“四个最严”要求，执行进出口食品化妆品安全监督抽检和风险监测年度计划，完成出口食品境外通报调查1起。加强对境外技术性贸易措施的收集整理和分析研判，收集境外食品安全信息和疫情信息450条，被总署采用411条。

【优化营商环境】2021年，集同海关持续压缩整体通关时间，12月，进口整体通关时间0.57小时，出口整体通关时间0.02小时；进口提前申报率100%，出口提前申报率99.14%。原产地证书审核正确率100%，自助打印比率提升至90%。实行“两段准入”进境监管模式，进口粮食通关效率提升，监管进境粮食46.6万吨。优化退证核查流程，作业时限从法定90个工作日缩短为最快7个工作日。联合同安区市场监督管理局对5家出口食品生产企业开展跨部门联合抽查执法。完成辖区2家企业“不停产盘点”核查作业。加强内控管理，更新内控节点，纠正业务差错，并上报专题分析报告52篇。

【促进外贸稳增长】2021年，集同海关落实“六稳”“六保”，助力辖区企业抢抓出口机遇、拓展国内市场。4月，集同海关同安办公区综合服务大厅综合业务、加工贸易窗口搬迁至集美区行政服务中心，企业办理相关业务更加方便。通过宣讲政策，指导企业利用内销季度集中申报、简化内销征税审批、通过特殊物品出入境公共服务平台审批等政策，助力辖区新冠病毒检测试剂企业出口4.02亿人份、31.58亿元，同比分别增长29倍、23倍。成立出口危化品攻坚小组，帮助解决相关企业化工品危险公示标签和安全数据单编写、运输标签等问题。指导新造集装箱企业扩建堆场并尽快投入使用，全年集装箱出口11.3万标箱、21.69亿元，同比分别

▲2021年10月13日，集同海关关员到企业新造集装箱堆场现场监管

增长 1.62 倍、3.33 倍。优化办事流程，积极服务运输企业，新增注册承运海关监管货物境内运输企业 12 家，备案运输车辆 2,579 部，创历史新高。

【稽查发展与改革】2021 年，集同海关制定试行稽查指令监督管理工作指引、稽查作业过程监督管理工作指引、稽查审核“一审双析”工作指引 3 项制度，覆盖稽查指令—作业实施—审核处置全过程。10 月 11 日至 12 月 10 日，组织开展“奋战六十天”行动，其间办结稽查作业 140 起，完成全年稽查工作任务指标。11 月，全国海关稽查改革启动后，确定“以查发为导向、以联动为机制、以规范为目标、以防范风险为底线”的落实思路，推动稽查改革快速落地见效。全年通过稽查查发问题并向缉私部门移交进一步处理的案件共 33 起，其中刑事立案 2 起，完成行业性稽查建议和贸易调查 6 起。

【查缉走私】2021 年，集同海关开展“国门利剑 2021”行动，加强与缉私部门联系配合，召开打击走私联席会议，联合打私整体效能进一步提升。全年办结简单案件和快速办理案件 56 起，涉检案件 3 起；行政立案 76 起，刑事立案 6 起。开展打击洋垃圾走私专项稽查行动，对厦门市行政区内 8 家进口固体废物企业、13 家进口再生金属企业进行专项稽查，移交缉私部门处理 1 起；开展打击危化品专项稽查行动，查发某企业出口 154 票危化品未报检情事，涉案货值 1,034 万元。

（撰稿人：姚　轩）

东渡海关

▲东渡海关办公楼（厦门市湖里区长岸路 61 号）

【概况】东渡海关，是厦门海关正处级隶属海关，前身是厦门海关驻东渡办事处（正处级），2004 年升格为东渡海关，2015 年与原象屿保税区海关（正处级）合并组成新“东渡海关”，2018 年与原厦门东渡出入境检验检疫局（正处级）、原厦门出入境检验检疫局象屿保税区办事处（正处级）、原厦门出入境检验检疫局港湾办事处（正处级）合并，沿用“东渡海关”名称。截至 2021 年年底，下设科室 18 个：办公室（党委办公室）、人事政工科（党委组织宣传部）、综合保障科、运行监控科、法律事务科、统计科、综合业务一科、综合业务二科、查验一科、查验二科、物流监管一科、物流监管二科、保税监管科、产地证科、核查科、产品监管科、船舶监管科、重量鉴定科；实有行政编制人员 229 人。负责东渡口岸及象屿保税区、象屿综合保税区等特殊监管区域各类海关业务，监管业务涵盖海运、保税、展会、跨境电商、原产地证签发等门类。

2021 年，东渡海关围绕建设“更有效率海关”，统筹口岸疫情防控和促进外贸稳增长，加强口岸卫生检疫，加大监管制度创新，优化港区物流疏运，支持保税区、综合保税区高水平开放高质量发展。全年监管进出口货运量 1,962 万吨、进出口值 3,159 亿元，同比分别增长 8.06%、15.99%；监管国际航行船舶 7,792 艘次，同比下降 12.85%；税收入库 72.9 亿元，同比增长 11.77%。

【党建工作】2021 年，东渡海关坚持“第一议题”制度，把深入学习贯彻习近平新时代中国特色社会主义思想作为首要政治任务，开展党委理论学习中心组专题学习25次。立足政治、监督、责任、组织、队伍、作风、制度7个着力点，提出21条具体措施，促进党建、业务全面融合相互促进。开展党史学习教育，推进“我为群众办实事”实践活动，走访企业开展送政策、送指导、送效率“三送”活动20余次，推进重点民生项目14项，其中，“六个订单纾困惠民服务模式”入选厦门海关首批“‘我为群众办实事’优秀项目”。夯实基层党支部建设，在支部间试行党务协作新模式。开展巡视反馈意见对照检查，与总关党委派驻纪检组密切协作，开展2020年度常规巡察“回头看”自查，发现并整改5个方面8个问题。用好用足监督执纪“四种形态”，诫勉谈话1人次、提醒谈话24人次，有效传导严的主基调。

【新冠肺炎疫情防控】2021年，东渡海关做好“人、物、环境”同防，织密疫情防控网，组织175人次参与疫情防控封闭专班工作。全年排查进出境人员3.08万人次，排查病例76人次，在入境船舶中检出新冠病毒核酸阳性。其中，从印度尼西亚入境的某船舶中检出新冠病毒核酸阳性。加强进口冷链商品风险监测，指导码头建设冷链综合查验场，建设“三区两通道”，采样室、智能控制室、监测数据集成工作室，日均监测集装箱量30个。应用病毒采样机器人，实现机器人自动采样、采样全过程远程抓拍，每台机器人日峰值完成13个集装箱采样工作。全年累计完成进口冷链商品风险监测集装箱6,000余个、采集样品12.5万个。严格实施口岸卫生监督，及时约谈经营单位，向辖区船舶代理企业宣贯疫情防控政策4次。妥善处置入境故障船舶登临检疫，对伤病船员紧急入境提供帮助。组织应对本土2轮新冠肺炎疫情，持续强化内部疫情防控，组织6轮全员核酸检测，推进疫苗“加强针”应接尽接。

【内部风险防控】2021年，东渡海关梳理18个科室内控清单324条，将主体监督、执法风险防控嵌入作业流程。成立由行政后勤人员参与的查验派单工作组，随机安排查验派单人员，扩大查验领域随机范围。成立安全防护监督检查小组，发现问题261个，制发监督检查记录单122份。运用“审单+现场查验+后续处置+视频监控”的危化品全流程监管模式，无缝对接现场查验及后续处置，实现现场作业可追溯，全年监管进出口危险化学品890批次，立案22起。推进各项整改整治整顿工作，分片区分条线开展全员谈心谈话，实现警示教育、纪法教育全覆盖。年内，东渡海关主要负责人公开接访5次，在办事窗口、服务大厅倾听企业诉求。开展廉政底数调研走访，深入40家企业问策、问需、问廉。组织企业座谈会10场次，宣讲公开透明、统一规范执法要求。引入社会监督，从地方政府、政协、新闻媒体及进出口企业中挑选聘任12位特邀监督员，加强政风评议和行风效能建设。

【检验检疫】2021年，东渡海关学习贯彻《中华人民共和国生物安全法》，成立由具有卫生、动植检、食品等业务专长的17名处级相应职级干部组成生物安全专家巡检工作组。全力防范疟疾、登革热、非洲猪瘟等疫病疫情，检出1例带状疱疹传染病病例；完成口岸病媒生物监测202次，在鼠类本底监测中检出I型汉坦病毒（汉滩型）核酸阳性，系厦门关区首次检出该类型病毒。截获有害生物174批、478种次，包括检疫性有害生物85种次；在自台湾进口水果菠萝、释迦中检出多起有害生物，为出台相关植物疫情防控政策提供依据。全面落实食品安全“四个最严”要求，全年检验检疫未准入境食品84批。维护国家生物安全论文获评厦门海关学会年度优秀征文。

【口岸监管】2021年，东渡海关“两步申报”“两段准入”业务改革稳步推进，“两步申报”占比25.78%。大力推进“提前申报”，提前申报率由30%提升至60%。试行“抵港直装”“船边直提”业务模式，全年完成直装1,329标箱、直提84标箱。推动泉州—厦门“水水联运”快速专线开通，监管试运行集装箱84个。推进东渡港区与特殊监管区域监管设施升级，将卡口逻辑调整为单卡模式，提高园区货物流转效率。结合物流分拨优势，聚焦融资租赁、跨境电商等新兴产业，推动综合保税区做大做强；监管进境展品3票，货重184.96吨；监管象屿保税区、象屿综合保税区进出口货物货值811.79亿元、314.73亿元，同比分别增长90.5%、25.6%。开展口岸监管业务运行监控，组织实地、视频检查并填制巡查表单288份。指导辖区现代码头优化汽车场装作业专用区域建设，助力企业开通汽车出口海铁联运模式，全年监管汽车出口2.7万辆，同比增长1.59倍。调整H986机检作业方式，设置机检专用落地场，日均过机集装箱数量从30个提升至50个。全年查获侵权案件18起、侵权商品260万件，查获出口淫秽印刷品5,200件。

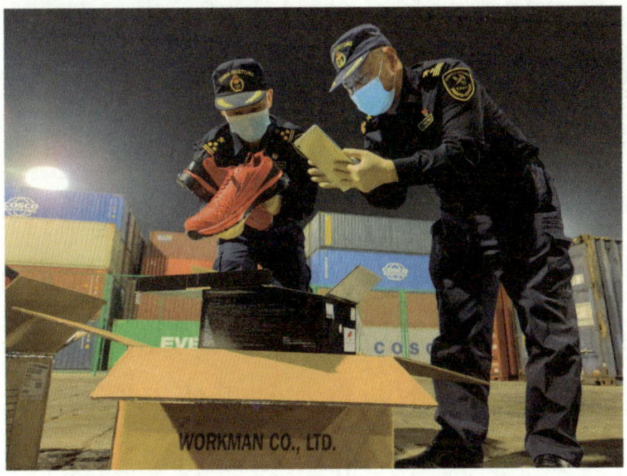

▲2021年1月23日，东渡海关关员查获出口侵权货物

▲2021年12月14日，东渡海关关员在码头现场查验进口石材

【服务地方经济发展】2021年，东渡海关落实“六稳”“六保”和《海关总署福建省人民政府合作备忘录》，指导企业用足用好国家税收优惠政策，受理企业退税申请220票，退税905万元。签发5.83万份优惠原产地证书，出口企业因此获得出口目的地国家（地区）1.7亿美元关税减免。深化原产地证多渠道申领改革，升级完善原产地证申领一体化平台的做法被列为福建省2021年第二批优化营商环境工作典型经验做法。持续压缩取样送检等重点环节通关时长，12月进口、出口整体通关时间分别为31.87小时、1.08小时，同比压缩5.6%、21.16%。开展税政调研，碳化硅涂层石墨盘税则修订调整建议获得国务院关税税则委员会通过，大幅降低企业进口成本。推进核查领域“第三方检验结果采信”“企业自查结果认可”改革试点。9月，总署公布2020年度全国综合保税区发展绩效评估结果，象屿保税区、象屿综合保税区分别在福建省排名第1位、第3位，全国排名第23位、第44位。

【打私效能提升】2021年，东渡海关开展“国门利剑2021”、“国门守护”、打击跨境电商进口走私“断链刨根”专项整治行动，查获制氧机夹藏出口、烟花爆竹伪瞒报出口、清代墓碑石顶盖走私出口等案件。移交固体废物案件14起、涉濒危案件3起、冻品案4起。

【队伍管理与文化建设】2021年，东渡海关组织200余人次参加专业能力提升行动，4名关员获评厦门海关专业能力提升行动业务标兵；1名科长参评总署2021年度“百名优秀执法一线科长”。组织卫生、危化品等各类资质培训考核。严格考勤纪律、内务管理和准军事化队伍建设，开展纪律检查14次。从执法一线工作中评出24名实绩突出的“三牛”标兵，引导关员立足岗位建功。发挥工会提高队伍凝聚力、归属感的作用，组织拍摄微视频《巾帼绽芳华》，获总署网站“海关影像”栏目采播。

（撰稿人：王立强）

海沧海关

▲海沧海关办公楼（厦门市海沧区海沧大道1号）

【概况】海沧海关，是厦门海关正处级隶属海关，前身是厦门海关驻海沧办事处（正处级），2015年升格为海沧海关，2018年与原海沧出入境检验检疫局（正处级）合并，沿用“海沧海关”名称。截至2021年年底，下设科室18个：办公室（党委办公室）、人事政工科（党委组织宣传部）、综合保障科、运行监控科、法律事务科、统计科、综合业务一科、综合业务二科、查验一科、查验二科、查验三科、查验四科、物流监管一科、物流监管二科、船舶监管科、保税监管科、核查科、产品监管科；实有行政编制人员214人。主要承担厦门市海沧区、海沧台商投资区、福建自贸试验区厦门片区海沧园区海关业务，涵盖口岸监管、加贸保税、海铁联运、中欧班列、跨境电商、企业管理等门类，辖区有30余条海上航线直达全球主要港口。

2021年，海沧海关围绕建设“更有效率海关”，提质增效、创先进位，推进各项工作发展。全年审核进出口报关单99.45万票、监管进出口货运量3,668.78万吨、进出口值3,893.74亿元、入库税收82.95亿元，同比分别增长15.27%、5.16%、26.42%、6.48%，分别占厦门关区的35.96%、30.31%、34.33%、21.19%，较2015年海沧海关设立时分别增长32.31%、33.02%、61.16%、51.46%，年均分别增长4.78%、4.87%、8.28%、7.16%。监管进出口集装箱429.88万标箱，同比增长16.36%，占厦门关区进出口集装箱总量的67.13%。

【党建工作】2021年，海沧海关坚持“第一议题”制度，学习贯彻习近平总书记重要讲话重要指示批示精神。开展党史学习教育和庆祝“建党百年”系列活动，完成“我为群众办实事”实践活动重点民生项目16个，其中“多点发力助推中欧班列发展”项目入选厦门海关“‘我为群众办实事’优秀项目”。6月，“磐石”党史教育室建成使用，该室以中国共产党基层党组织的建设历程为线索，串联党史重要历史节点，介绍厦门海关、海沧海关基层党组织建设情况，成为基层党支部重要学习阵地。

落实总署党委第五巡视组巡视发现问题的整改，形成长效机制。制订党委全面从严治党主体责任清单、重点任务分工方案，将其与各项工作同研究同部署同落实同考核。组织开展违纪违法典型案件教育，推进“现场监管与外勤执法权力寻租”专项整治、“严格遵纪、自觉守法，做合格海关人”专项整顿活动，排查防范执法、管理、廉政风险。

【新冠肺炎疫情防控】2021年，海沧海关坚持落实“外防输入、内防反弹”总策略，构建立体化新冠肺炎疫情防控体系，召开专题会议23次，编发文件汇编、工作动态、数据日报等信息；建立“一线、预备、应急”三级人力储备，成立水运登临检疫专班和进口重点商品监管专班，参加专班轮战累计27期、194人次，落实专班人员“14+7+7”封闭管理。全年监管国际航行船舶4,585艘次，监管出入境换班上下船员1,796人次，检出新冠病毒核酸阳性，妥善处置国际航行船舶聚集性新冠病毒感染事件。加强内部防控，建立AB班应急机制，督促职工核酸检测“应检尽检”、疫苗接种“应接尽接”。

【口岸监管】2021年，海沧海关强化进口食品、机动车、医疗器械、特种设备、危化品等重点敏感商品监管，截获未批准入境的食品21批、142.36吨，检出甲醇含量超标的进口白兰地1批、247.8升。排查安全隐患，对辖区危险品查验场实行合规性检查，开展反恐应急演练4次。完善关警联席会、案件审理委员会制度，通过开展“国门利剑2021”、“国门绿盾2021”、“龙腾行动2021”、打击跨境电商进口走私“断链刨根”专项整治行动，严厉打击洋垃圾、涉枪涉毒、濒危物种、违禁出版物等走私犯罪行为，查获进口固体废物案7起、进出口濒危动植物制品案3起，查获毒品可卡因61.28千克。防控监测埃博拉、拉沙热、非洲猪瘟、鼠疫、沙漠蝗等疫情输入，检出检疫性有害生物

▲2021年8月3日，海沧海关关员在海沧保税港区东集中查验平台查获24吨进口濒危植物木粉

263 批次、416 种次。办理“两简”案件 445 起、检验检疫行政处罚案件 52 起，办理侵犯知识产权案件 18 起，查扣涉嫌侵权货物 191.9 万件。向缉私部门移交一般案件 128 起、走私犯罪案件 16 起。

【查获出口侵权卫生用品系列案】2020 年 8 月 26 日，海沧海关查验时发现青岛某公司出口的 151 万片卫生巾外包装使用“alluays”和“alvivays”标识，构成对“always”商标侵权；之后，厦门海关根据海沧海关查获的线索，在全关范围内又连续查获涉嫌商标侵权的出口卫生巾、纸尿裤等卫生用品 7 批次、481 万片。2021 年 4 月，上述“出口侵权卫生用品系列案”入选 2020 年中国海关知识产权保护十大典型案例。

【优化口岸营商环境】2021 年，海沧海关持续推进政务服务“一网通办”“全程网办”，落实政务服务便民化，提升口岸通关效率。落实总署通关一体化改革要求，推广应用 H2018 通关管理系统，推广“提前申报”、“两步申报”、“两段准入”、汇总征税等通关便利化措施，编制企业报关服务指南，辖区 45% 的进口货物实现“提前申报”。开展税政宣讲，优化退税流程，汇总征税率达 24.71%。对进出口粮食、肉类、水产品、防疫物资等重点民生商品开通绿色通道，指导企业用好通关便利措施。建立专业核查人才库，推动“第三方检验结果采信”“企业自查结果认可”等核查试点。支持原产地信息化管理，参与总署 RCEP 原产地管理信息化平台建设，完成厦门关区首份企业备案，推广原产地证书智能审核、自助打印，全年共签发各类原产地证书 2.08 万份，货值 78.87 亿元，自助打印率 66.86%。

【压缩通关时间】2021 年，海沧海关建立通关业务联席会议制度，全面梳理优化通关作业流程，出台压缩海关通关时间 25 条措施和压缩整体通关时间 10 条措施，持续优化申报、查验、检测、后续监管等通关环节，建立催办督办机制，控制各环节耗用时长。就压缩进出口货物样品检测时长，与技术中心沟通协商，制定加强取样送检联系配合的实施办法。至 2021 年年底，海沧海关进口、出口整体通关时间分别压缩至 37.58 小时、1.8 小时，较 2017 年分别压缩 72.93%、93.79%。

【服务地方经济发展】2021 年，海沧海关主动服务地方发展大局，建立定向帮扶辖区企业工作机制，因企施策，针对产业、货物特点创新监管机制，扶持特色产业发展壮大。支持生物医药产业发展，优化特殊物品检疫监管模式，推动具备仓储、查验、检测等一体化功能的厦门生物材料特殊物品出入境公共服务平台建设，监管特殊物品出口 1,700 余票；通过税政调研，提出的 3 项生物医药相关税则调整建议被国务院关税税则委员会采纳；支持厦门燕窝产业发展，监管进口毛燕 19.9 吨，同比增长 2.1 倍；支持辖区跨境电商企业对企业（B2B）模式业务发展；监管国际航行船舶保税燃料油供应67.77万吨，同比增长19.52%；支持全国海关特殊监管区域内首家航材整备中心建设，监管进出口航材30.02亿元，同比增长14.68倍，其中飞机发动机18台、货值21.15亿元；监管平行进口汽车75批、134辆。

【助力海沧港综合保税区通过验收】 2020年9月9日，国务院批复同意海沧保税港区整合优化为海沧港综合保税区。此后，海沧海关对标《国务院关于促进综合保税区高水平开放高质量发展的若干意见》，建立与地方政府相关部门的沟通协调机制，配合做好基础设施和监管设施规划建设工作，推进区内业态创新，优化产业结构，为海沧港综合保税区验收创造有利条件。2021年5月12日，海沧港综合保税区通过由厦门海关牵头，厦门市发改委、商务局、财政局、自然资源和规划局、税务局、外管局、市场监管局组成的联合验收组验收，成为具备“综合保税区+自贸试验区+台商投资区+自主创新示范区”4区叠加优势的开放型经济发展平台。

【中欧（厦门）班列监管】 2015年8月16日，海沧铁路货场首次开行中欧（厦门）班列，班列可抵达中亚及欧洲波兰、匈牙利、德国、俄罗斯等12个国家的30多个城市，全程运输不超过20天，比海运节省大量时间。中国台湾、中国香港地区以及泰国、越南、日本、印度尼西亚、印度等周边国家的货物可以在厦门过境，通过中欧（厦门）班列实现海铁联运。2019年10月，中欧（厦门）班列专用的海关监管场所——海沧多式联运监管中心投入使用。海沧海关不断优化监管作业流程，与沿线海关建立日常联络机制，积极开展数据交换、问题通报，协调解决运行应急处置，保障班列常态化稳定开行。截至2021年年底，往返厦门的中欧班列累计开行1,105列，运载货物8.7万标箱、货值238.92亿元，货物包含电子机械产品、日用品、食品、木制品等。

2015—2021年中欧（厦门）班列运行情况表

项目／年份	列数（列）	载货量（标箱）	货值（亿元）
2015	16	172	0.58
2016	86	3,917	12.92
2017	126	7,599	19.8
2018	171	13,441	30.46
2019	236	18,334	46.78
2020	273	24,122	61.82
2021	197	19,398	66.84

【支持厦门燕窝产业发展】 厦门自贸片区海沧园区的厦门燕窝产业平台自2016年投入使用，具备毛燕查验、暂存、加工等一体化功能。2018年，该平台专属的配套加工企业通过总署批准，成为全国仅有的两家进口毛燕指定加工企业之一。厦门海关国家级燕窝及燕窝制品检测重点实验室为该燕窝平台提供技术支持。海沧海关为进口毛燕量身定制“进口毛燕一体化加

工”监管作业模式，包括入境前指导、进境申报、运输监管、保税仓储等监管流程。2019年监管首批毛燕进口，截至2021年年底，累计监管毛燕进口27.98吨，助力海沧成为国内最大的燕窝深加工基地。

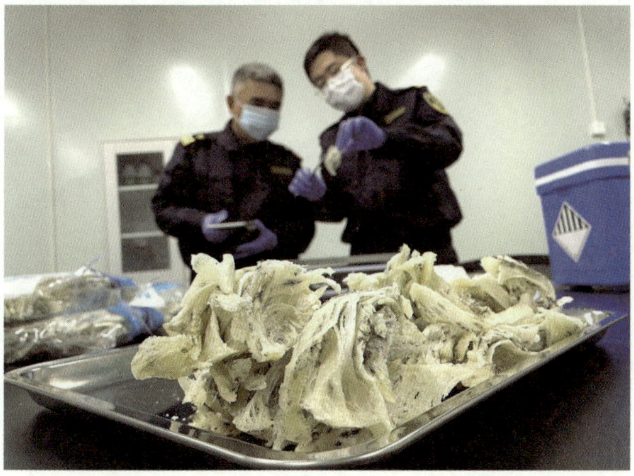

▲2021年11月23日，海沧海关关员验放进口马来西亚毛燕

【政务运行提质增效】2021年，海沧海关持续推进行政管理制度“立改废”，梳理完善相关制度。落实财务预算管理，践行过“紧日子”要求，推动节约型海关建设。新闻宣传稿件被央视播出3次、中央媒体刊发20余篇次、各类媒体采用200余篇次。参与署级课题研究4项，政研文章被厦门海关采用13篇次，获评厦门海关群众性理论研究工作组织推动先进单位。

（撰稿人：游聚民）

古雷海关

▲古雷海关办公楼（漳州市漳浦县绥安镇蓝理中路52号）

【概况】古雷海关，是厦门海关正处级隶属海关，2018年由原漳州海关驻漳浦办事处（正科级）、原东山海关古雷监管科（正科级）、原厦门出入境检验检疫局古雷办事处（正处级）、原漳州出入境检验检疫局漳浦办事处（副处级）合并成立“古雷海关”。截至2021年年底，下设科室6个：办公室（党委组织宣传部）、综合业务科、查验科、漳浦监管科、口岸监督科、法律事务科；实有行政编制人员32人。辖区范围包括漳州市的漳浦县、古雷港经济开发区。

2021年，古雷海关围绕建设“更有效率海关”，积极防控新冠肺炎疫情，严抓安全生产，深化改革创新，持续优化营商环境和提升通关效率，助力古雷口岸扩大开放和石化产业发展超越。全年监管进出口货运量552.16万吨、进出口值223.65亿元、进出境船舶226艘次，同比分别增长65.34%、1.78倍、55.86%；税收入库39.23亿元，同比增长2.97倍；检验检疫出入境货物9,280批、货值38.19亿元，同比分别增长12.2%、59.94%；办结稽查作业4起，主动披露作业3起。

【党建工作】2021年，古雷海关坚持全面从严治党、从严治关，着重发挥党建引领作用，推动党建与中心工作同研究、同部署、同推动、同落实。统筹建立党委委员与执法一线科室、党委委员与基层党支部联系点，切实发挥“抵近管理”优势，强化支部和科室建设；召开党委理论学习中心组学习会20次，专题交流研讨12次，各党支部通过“三会一课”开展各类学习活动153次；深化“四强”支部建设，进一步擦亮“五献浦”“讯雷先锋”“灯塔”3个特色支部品牌。组织推进党史学习教育，开展“新蕾学堂·党史我来讲”系列微党课36课，关员轮流上台讲党史、谈理解，分享感悟；开展“重温红色经典影视”活动，每日分享《党史百年天天读》，形成浓厚学习氛围；推进“我为群众办实事”实践活动项目28项，为辖区企业办实事、办好事，推动古雷石化码头对外开放，推进企业保税物料管理信息化建设，上门宣传AEO政策等；先后组织党员干部到红三团革命历史陈列馆、漳浦地区海关旧址、清泉岩红军洞等地开展主题党日活动，学习了解闽南地区革命历史；与漳浦县绥安镇城西社区共建联学，实现双方资源共享、优势互补。

【新冠肺炎疫情防控】2021年，古雷海关坚守口岸新冠肺炎疫情“外防输入”第一线。3月，完成某入境中国籍船舶整船全员采样，并办理“外贸转内贸”船舶经营航线变更手续。联合地方政府及多家驻口岸单位举行阳性病例应急处置桌面推演、开展口岸疫情防控实战演练；组织开展“14+7+7”模式管理水运专班轮战，累计8班次、16人次；登临检疫88艘次，监管换班船员113人次；开展流行病学调查69人次，采样67人次，未发现新冠病毒核酸阳性。实行出口证书“不见面”办理，配置文件消毒柜作为材料接收和证书发放的“中转站”，保障疫情形势严峻期间企业办理有关证书不受影响。

【动植物疫情防控】2021年，古雷海关开展盐渍牛皮炭疽杆菌和盐渍猪皮非洲猪瘟疫病监测8次；对进境原皮目的地查验499批次；对进境水生动物隔离期实行监管135次，疫病监测45批次；开展口岸国门生物安全监测，封存猪肉及其制品105批次、1.39吨；密切关注沙漠蝗、红火蚁、舞毒蛾等动植物疫情发展动向，加大涉及疫区船舶监管力度，压实企业主体责任。

【出入境检验监管】2021年，古雷海关强化源头管理，严把进出口检验关。6月，首次检出出口化妆品不合格，为睫毛膏菌落总数超标；11月，查发首起进口危险化学品高危低报案；12月，首次检出出口食品不合格，为保鲜蔬菜异菌脲和氟硅唑超标。

【推动古雷口岸公共卫生核心能力建设】2021年，古雷海关一体推进古雷口岸公共卫生核心能力建设与疫情防控，密切与地方政府和各驻口岸单位沟通协调，推动制订《古雷港经济开发区应对口岸突发公共卫生事件应急预案》；指导督促码头业主完善口岸疫情防控区域设置，建设口岸医学排查室、隔离留验室、传染病快速检测室等，与有专业资质的医疗废弃物处置机构签订垃圾储运协议；购置口岸核生化监测、医学媒介生物监测、供船食品快速检测等各类设施设备超过40件/套。12月，古雷口岸公共卫生核心能力建设通过厦门海关考评验收。

【支持古雷口岸扩大开放】2021年，古雷海关从口岸疫情防控、公共卫生核心能力建设、海关监管作业场所建设、进出口危化品监管、安全生产等方面，指导帮扶漳州港古雷港区南15~19号泊位开放，企业通过“一船一报”开展临时作业16艘次，保障原料供应及成品出口。8月，古雷海关助推上述泊位新增外贸作业点对外开放通过漳州市市级验收；9月，监管首艘外贸船舶靠泊入境；10月，核发海关监管作业场所注册登记证书。

▲2021年10月18日，古雷海关关员实地指导海关监管作业场所软硬件设施建设

【推动加工贸易发展】2021年，古雷海关持续加强加工贸易产业调研和重点企业走访，协助解决企业料件成品归类、单损耗确定、边角料集中内销等环节难题，实施“一对一”精准帮扶，简化优化业务流程，推动加工贸易产业发展。截至2021年年底，辖区有加工贸易企业26家、保税仓库1家。全年开展海关核查2次，为企业办理手册备案23份，手册变更100份，核销手册23份，核注清单1.01万份；监管加工贸易进出口26.23亿元，同比增长30.04%，其中进口9.69亿元，同比增长52.92%，出口16.54亿元，同比增长19.79%；加工贸易内销征税1,411.58万元，同比增长86.58%。

【安全生产】2021年，古雷海关落实总体国家安全观，严守安全底线，履行安全生产监督职责。梳理辖区进出口危化品的危险特性、防范要求等，制订危化品清单及监管要点；健全完善安全生产责任体系，修订完善应对危化品泄露应急处置预案，强化监管能力；开展安全宣传及教育培训，营造安全生产氛围；对辖区涉危作业场所实地风险排查7次，督促企业落实主体责任、整改到位。排查及防控卫生检疫、危化品检验、内部管理等领域安全风险。联合驻口岸单位在古雷海腾码头举行危化品泄漏应急处置演练；联合漳州边检站开展口岸反恐应急桌面推演；邀请危化品行业安全专家讲授防护装备使用规范；与漳州东山海事处签署《口岸安全生产联动管控合作备忘录》，推进古雷口岸跨部门执法互助合作。全年开展监管场所实地

▲2021年4月7日，古雷海关联合漳州边检站开展口岸反恐应急演练

巡查51次、视频巡查109次，督促企业落实安全生产主体责任；实施危化品包装使用鉴定19批次，查检危化品包装1,580余件；配备核素识别仪、表面沾污仪、快速检测箱等设备，有效提升检测能力。

【优化营商环境】 2021年，古雷海关推广"互联网+海关"线上服务，完成公共服务事项2,128项，同比增长38.45%。引导企业"提前申报"，进口报关单提前申报率100%；简化船舶申报手续，大幅压缩单证数量；落实大宗商品重量鉴定模式改革、进口原油"先放后检"等便利举措；实施进出口"直提直装"模式，即符合条件的进出口货物可直接卸货提离或运抵装船，省去码头堆存环节；全年进口平均通关时间1.84小时，同比压缩7.02%。深化关税保证保险成效，办理关税保证保险42票，担保金额14.47亿元，降低企业缴税成本；力促惠企税政"直达直享"，分3批次为辖区2家企业退税10.7亿元。为漳州古雷港综合保税区申请设立出谋划策，协调厦门市海关特殊监管区域协会开展专题调研。开展普法宣传8次，助力法治社会建设；开展RCEP等政策宣讲6次，落实惠企政策。

【助力石化产业加速发展】 2021年，古雷海关聚焦古雷"十四五"规划蓝图，主动作为、精准施策，提供"7×24小时"预约加班服务保障货物进出口，加强调研走访，及时回应企业服务诉求，指导码头业主做好海关监管作业场所建设和疫情防控工作，推动重点产业项目落地建设投产加速，服务全产业链发展。年内，新增进口品类有石脑油、液化石油气。3月，监管某中国籍船舶入境卸载凝析油12.23万吨，刷新古雷口岸入境中国籍油轮最大载重吨位纪录；5月，监管进口文莱产对二甲苯3.99万吨，刷新古雷口岸进口对二甲苯单批最大纪录；11月，实现设关以来首次出口，出口品类有工业用乙烯、不饱和聚酯树脂。

【服务农林渔特色产业发展】 2021年，古雷海关深化"放管服"改革，落实"六稳""六保"，助推漳浦县农林渔特色产业高质量发展。开辟保鲜蔬菜出口绿色通道，专岗受理、随约随检，检验检疫出口保鲜蔬菜8.25万吨，同比下降4.78%；货值0.73亿美元，同比增长56.3%。对辖区77家出口食品生产企业及其种植养殖基地提供技术指导和支持，发布风险预警信息49期；11月，联合厦门海关食品处、漳浦县工信局举办保鲜蔬菜出口政策宣讲暨培训会。推行"智能审核+自助打印"新模式，签发原产地证书2,048份，同比增长45.04%；涉及货物金额1.46亿美元，同比增长26.82%；助力企业出口享惠667.18万美元，同比增长99.74%。支持优良品种引进，监管进口优质斑节对虾亲体、南美白对虾和罗氏沼虾虾苗等45批，同比增长8倍；指导首次进口台湾蝴蝶兰幼苗、石斛兰幼苗16万株。审核更新11家出口食品生产企业自检自控方案，帮扶企业新增出口食品13种。

【支持林浆纸一体化项目】2021年，古雷海关支持辖区内福建省重点项目推进，多次开展减免税政策宣贯，为企业在漳浦县新建林浆纸一体化项目办理减免税设备备案总额度8亿美元。9月，办理首批进口设备减免税手续，为企业减免税款超5万元，这是该关设立后首次办理减免税审核确认业务。全年监管3批次、总值473.55万美元减免税设备进口。

（撰稿人：张冬锋）

漳州海关

▲漳州海关办公楼（漳州市芗城区元光北路6号）

【概况】漳州海关，是厦门海关正处级隶属海关，2018年与原漳州出入境检验检疫局（正处级）合并，沿用“漳州海关”名称。截至2021年年底，下设副处级办事处1个：驻招银办事处，科室10个：办公室（党委办公室）、人事政工科（党委组织宣传部）、法律事务科、综合业务一科、综合业务二科、加工贸易监管科、产品监管科、核查科、稽查科、角美监管科，事业单位1个：漳州海关综合技术服务中心；实有行政编制人员135人、事业编制人员17人。辖区范围包括漳州市芗城、龙文、龙海、长泰4区，华安、南靖、平和3县，以及漳州招商局经济技术开发区、漳州台商投资区、漳州高新技术产业开发区。

2021年，漳州海关围绕建设“更有效率海关”，制发中心组学习通报，办好理论学习辅导电子刊物；建立督办清单，推进疫情防控防护、压缩通关时间、“国门利剑2021”和“国门绿盾2021”专项行动等重大任务落实；加强口岸监管、巡查、综合治税，排查加贸企业风险，监测国门生物安全，严格产品检验监管，分析处置业务风险信息，深化关警协作；加强政研工作，被厦门海关政研论文载体刊用8篇；文化聚能创先争优，创编《水仙》《政工通讯》等人文期刊。全年监管进出口货运量814.79万吨、进出口值181.77亿元、集装箱7,734标箱，同比分别增长35%、增长73.5%、下降15.9%；办理进出口报关单1.01万票，同比增长40.1%；检验检疫出入境货物7.64万批、206.89亿元，同比分别增长4.8%、0.03%；税收入库17.11亿元，同比增长45.96%；签发原产地证书2.64万份、119.99亿元；办理减免税审批 47 票、1.24 亿元，实际减免税额 1,673.78 万元；办理报关单位注册登记 380 家；加工贸易手册备案 40.1 亿元，同比增长 71.68%；稽核查作业 465 起；出口食品备案企业共 374 家，其中对外注册企业 41 家；监管进出境船舶 404 航次；口岸检疫供船食品 168 批次，供退物料共 1,045 批次，查获非洲猪瘟猪肉 13 批次共计 952 千克。

【党建工作】2021 年，漳州海关加强党委班子自身建设，细化全面从严治党主体责任清单，推进支部标准化和品牌化建设；制订党史学习教育工作方案，细化工作任务，明确责任科室和完成时限；开展“党史故事演讲”“家乡红色记忆微视频分享”活动，开辟“红色漳州”专栏，开设“党史 e 起学”微课堂，微信推送“党史上的今天”“党史故事”，慰问离休战斗英雄，联合社区举办专题书画笔会；推进“我为群众办实事”实践活动，深入企业调研解决“急难愁盼”事项 18 件。

【新冠肺炎疫情防控】2021 年，漳州海关严格口岸疫情防控，组建作业专班及预备梯队，编发风险评估报告，组织应急演练和桌面推演 4 次、技能培训和考核 5 次，协助漳州边检、码头公司开展安全防护培训 5 次；提升硬件设施水平，合理设置风险分区，配备全身镜、流程图、置物架、医疗废弃物垃圾桶和自动手部洗消装置，投入使用全新一代移动式口岸检疫方舱设备；对 1 艘染疫船舶和 1 艘来自高风险地区的船舶进行严格流调采样排查，紧急处置 2 艘次船员突发疾病送地方医院救治情事；落实“应检尽检”“应接尽接”等要求，张贴警示标语，慰问专班人员及家属，组织线上文体活动和心理调适等，做好内部防护。

【出入境检疫监管】2021 年，漳州海关全面落实“四个最严”要求，强化进出口食品监管，全年开展食品化妆品监督抽检 49 批，出口动物源性风险监测抽检样品 55 个；不断压实企业食品安全主体责任，对 7 批次境外通报及时开展核查，约谈 5 家企业，督促企业整改，推动出口食品质量提升。严格检疫监管，维护国门安全，完成 48 种动植物安全风险监控，设置 59 个植物疫情监测点，全年检出检疫性有害生物 380 种次，首次在全国口岸大宗进口货物中截获玉米矮花叶病毒。派员参加总署组织的中国盆景输美准入谈判，完成 1 家供（香）港水生动物养殖场注册申请，结合《中华人民共和国生物安全法》颁布实施，开展国门生物安全宣传活动。发挥“哨点”作用，聚焦“安卫环”要求，加强旧机电、特种设备、医疗器械等高风险产品监管；严把进出口商品质量安全关，退运 251 台无能效标识进口电机；严格落实法检目录调整政策，首次检出不合格出口化肥。开展危化品安全隐患排查，暂停 10 家查验场所不合规企业现场查验，相关情况及时通报地方应急管理部门，有效防范重特大安全生产隐患。

【优化营商环境】2021 年，漳州海关优化行政审批服务，实现报关单位备案、变更“一网通办”，推进企业注销便利化工作；落实改革举措，优化办事流程，压缩通关时间；及时向漳州市政府报送进出口数据监测分析预警，协助快速检测“欧艾抑菌霜”事件所涉抑菌霜样品、进口电煤等。全年，辖区进口整体通关时间 2.69 小时、压缩 46.14%，出口整体通关时间 0.96 小时、压缩 69.35%；推广“两段准入”通关模式，监管进口粮食 231.86 万吨、63.17 亿元，同比分别增长 34.78%、86.43%，创历史新高；年内新增 3 家海关高级认证企业，首次采取“企业自查结果认可模式”开展 AEO 企业保税货物盘库核查；支持重点项目，指导重点大型企业入驻漳州台商投资区保税物流中心（B 型），全年监管保税物流中心（B 型）业务进出口 8,221 票、4.18 万吨、21.73 亿元，同比分别增长 4.3 倍、3.6 倍、1.1 倍；推动漳州首个网购保税进口海关集中作业场所落地运营，实现跨境电商监管方式“1210”“零”的突破；帮扶传统产业，为 39 家水产品出口企业办理对外注册资质，帮助 2 家企业恢复对韩出口；与漳州市商务局、长泰区政府、漳州台商投资区管委会、芗城区法院等联合举办海关信用管理、知识产权、减免税政策、行业标准宣讲会 5 场。

【扶持特色农产品出口】2021 年，漳州海关指导平和县研发出口蜜柚间歇式二次挑选平台，为蜜柚恢复对俄罗斯出口提供技术支持，推荐 35 家蜜柚企业获得出口美国和哈萨克斯坦资质；出台出口花卉风险评估、出口蜜柚检疫监管方案等，指导企业正确进行商品编码归类，实现电子底账申报即报即放；开展出境竹木藤草企业分类管理；推动活鱼恢复对韩国出口。全年共监管出口食品农产品 5.5 万批、123.05 亿元，同比分别增长 2.7%、17.5%。

【创设“骐骥工作室”和“一线工作站”】2021 年 5 月，漳州海关成立“骐骥工作室”，加强业务风险信息的收集、研判和处置工作，与风控分局密切配合，吸收年轻业务骨干参与，高度关注通关环节和产品监管、检测中出现的产品质量、数量、价格等方面的异常现象，及时分析研判，全年共发布风险预警提示 4 期，下发“处置联系单”8 份，有效提升各类案件的自主查发能力。11 月，漳州海关与漳州市长泰区政府签署落实《海关总署 福建省人民政府合作备忘录》协议，并针对开发区生产型企业较为密集的特点成立“一线工作站”，工作站人员每周深入基层，听企业讲、到企业看、替企业想、为企业办，当好企业的科技特派员、政策辅导员和通关协调员。

【“国门利剑 2021”行动】2021 年，漳州海关严厉打击洋垃圾走私，对 2 家企业开展固体废物专项稽查，移交一般行政案件 1 起；严厉打击重点涉税敏感商品，查发禁止进口煤炭走私案件 2 起，涉案煤炭

28 万吨、2.24 亿元；开展重点涉税商品专项稽查，查获 2 家进口芒果干企业偷漏税，移交刑事案件 2 起；严厉打击涉枪涉毒走私行为，联合查获辖区大麻烟油邮递进境案件，为近 10 年查获的首起涉毒案件。

【监管新模式创新】 2021 年，漳州海关创新采用船舶供退物料“云监管”模式，通过实时画面与通话相结合，对保税油供船、污油水回收现场作业及人员防护情况进行 90 余批次抽查。探索无人机在口岸现场检疫、杂草监测和场地巡查等工作中的应用，提升查检智能化水平。探索“互联网+稽查”新模式，通过向企业宣讲“互联网+海关”项目稽核查业务功能模块，对低风险企业采用电话、微信等手段在线传输证据材料、远程面洽审核业务，减少对企业生产经营活动的人工干预，降低企业路程、时间和经营成本，并实现本土疫情防控期间稽查作业不停顿的目标，全年共施行“互联网+稽查”模式 40 余次。

▲2021 年 12 月 13 日，漳州海关关员首次使用无人机对进口粮食开展“云监管”

【海关检疫监管业务实训点建立】 2021 年 5 月，厦门海关进境木材检验检疫实训点和漳州海关食品农产品监管实训点分别建成启用。实训点集“教、学、练、战”为一体，通过组建教员团队，汇编执法依据，梳理监管流程，提炼各类产品监管作业要点，实现产品监管“标准化”；采用“实务讲解—案例剖析—现场实操—研讨交流”的方式开展理论教学和跟班实训，为厦门关区从事相关业务的人员及初任关员提供岗前培训、在岗轮训、实验室鉴定培训等，培养“本职领域精通、相关领域熟悉、全领域了解”的复合型人才。

▲2021 年 5 月，位于漳州海关驻招银办事处的厦门海关进境木材检验检疫实训点建成启用

（撰稿人：王亚芬　卢添财　刘雅婷　孙有恒　孙钒婧　苏聪强　张颖滨　黄海国　崔　仪）

龙岩海关

▲龙岩海关办公楼（龙岩市新罗区华莲路1号）

【概况】龙岩海关，是厦门海关正处级隶属海关，2018年与原龙岩出入境检验检疫局（正处级）合并，沿用“龙岩海关”名称。截至2021年年底，下设科室7个：办公室（党委办公室）、人事政工科（党委组织宣传部）、法律事务科、综合业务科、核查科、陆地港监管科、古田监管科，代管厦门海关技术中心龙岩管理部；实有行政编制人员52人，代管事业编制人员10人。负责龙岩市行政区内各项海关业务。

2021年，龙岩海关围绕建设“更有效率海关”，立足革命老区建设“红土新关”。全年监管进出口货运量73.96万吨、进出口值321.12亿元，同比分别增长37.29%、112.08%；审核报关单3,577票，同比增长31.41%；税收入库6.09亿元，同比增长51.11%；签发原产地证4,201份、金额16.23亿元，同比分别增长39.4%、40.3%；检验检疫出入境货物9,015批、货值34.4亿元，同比分别增长28%、54.5%；开展保税、企管、动植检、食品安全等核查75起；开展“国门利剑2021”专项行动，累计查获刑事案件3起、行政案件15起。

【党建工作】2021年，龙岩海关落实全面从严治党，制定建设“深明国家大义红色龙关、深厚历史担当有为龙关、深植人文情怀幸福龙关”3年目标，通过创建“四强”支部推动“红土新关”等9个党建品牌建设。派出6名党员支援厦门关区抗疫一线。落实“我为群众办实事”实践活动项目18项，其中“落实习近平总书记在闽考察重要讲话精神，促进闽西老区金铜产业释放‘链’效应”获评全国海关“‘我为群众办实事’百佳项目”。巩固拓展脱贫攻坚成果，每季度组织干部职工走访长汀、武平挂钩脱贫户，全年累计走访252人次，发放食用油、捐赠鞋服等物资，合计约5.8万元。

▲2021年12月31日，龙岩海关关员为金铜产业链龙头企业上门验放出口阴极铜

推进党史学习教育，组织到古田会议会址等红色旧址集体学习教育；建设的“中央苏区税关史料馆”升级成为“厦门海关基层党建实训基地（龙岩海关实训点）”；召开大会并向全体干部职工发出“响应伟大号召，致力伟大复兴”倡议；承办总署门户网站关于支持革命老区发展的主题在线访谈，访问量222万人次；在国际档案日联合新浪网开展“追寻红色记忆，传承红色基因”直播活动，在线观看近95万人次；《中央苏区红色税关的政治工作研究》被中国海关学会刊用并获评厦门海关学会优秀论文；拍摄《忠诚使命》短视频入选总署红色故事展播；编排音乐情景剧《税魂》参加厦门海关文艺汇演；《经济日报》、“学习强国”等10家媒体宣传报道龙岩海关党史学习教育和服务闽西发展经验做法。

创设“党员思想淬炼馆”，作为新时代关员运用党的创新理论进行思想洗礼和政治历练的重要学习平台。该馆从指导地位、创立背景、丰富内涵、学理哲理、重大意义、实践伟力6个方面，展示海关学习贯彻习近平新时代中国特色社会主义思想的举措和实践成果，占地面积120平方米，集宣传展示、交流研讨、图书阅览等功能于一体。全年累计接待参观学习20批、310人次。

▲2021年6月3日，龙岩海关在上杭古田承办总署门户网站关于支持革命老区发展的主题在线访谈

【动植物检疫】2021年，龙岩海关持续做好防控非洲猪瘟、高致病性禽流感等重大动物疫情工作，落实防止外来物种入侵措施。开展国门生物安全监测及农产品安全风险监控；完成检疫性食蝇、外来杂草、番茄褐色皱果病毒等监测任务；完成出口饲料及饲料添加剂安全风险监控、出境食用水生动物（大闸蟹）疫病监测及安全风险监控任务。持续做好辖区进境粮食

后续监管，全年监管进口饲用加工粮 56 批次、9.92 万吨，同比分别增长 47.37%、18.11%；加强境外动植物疫情收集、风险研判，向厦门海关报送疫情信息 28 条。

【危化品监管】2021 年，龙岩海关加强危化品安全监管，落实出口危化品“产地检验、口岸查验”、双人持证上岗、批批检等相关制度要求，统筹运用集约化查验方式，建立完善进出口企业档案，督促相关企业扎实做好日常基础工作。全年完成出口危化品检验 1,759 批次、9.32 亿元，同比分别增长 41.29%、1.3 倍，危化品包装使用鉴定 1,101 批次，危化品包装性能检验 108 批次，累计检出不合格 153 批次。

【助力龙岩革命老区高质量发展】2021 年，龙岩海关贯彻落实国务院支持革命老区振兴发展的意见，服务“六稳”“六保”，制订实施支持服务闽西老区高水平对外开放行动计划。落实《海关总署 福建省人民政府合作备忘录》，建立与新罗区、上杭县、漳平市、龙岩经济开发区长效合作机制，持续打造“一县一策”工程。联合厦门海关企管处对龙岩市 16 家重点外贸企业开展认证培育，进行“一对一”重新认证指导培育 12 次。全年新增注册企业 290 家，同比增长 34.88%，累计注册企业 1,825 家；2 家高级认证企业通过重新认证，新增 1 家高级认证企业；龙岩市外贸依存度由 2019 年的 11.3%上升至 2021 年的 16.5%，外贸成为革命老区振兴新引擎。

支持老区食品农产品扩大出口，指导 4 家出口食品企业新增备案，开展 12 家备案养殖基地、23 家备案种植基地的新增备案及监管，生姜种植基地原料供货量占福建省出口生姜制品原料 90%以上；助推辖区内的棒棒糖、饼干、果冻、调味酱等食品企业实现首次出口；帮扶辖区企业获得福建省首张出口冻干宠物食品注册登记证；助力辖区内的水生动物（大闸蟹）养殖场注册登记并实现首次出口。全年监管出口食品 521 批次、3.08 亿元，同比分别增长 26.46%、80.18%。加大竹木藤草制品出口帮扶力度，完成新备案出口竹木草制品企业 3 家，延续备案 17 家，延续登记木质包装企业 1 家。监管出口竹木草制品累计 4,244 批次、10.44 亿元，同比分别增长 10.90%、22.48%。

聚焦龙岩金铜产业发展，探索企业 ERP 联网监管，制订企业进口未锻造金监管方案，实现福建革命老区未锻造金加工贸易进口“零”的突破，助力龙岩市全年金铜加工贸易进出口总值达 304.99 亿元，同比增长 71.17%，创历史新高。支持龙岩老区打造全国稀土产业绿色发展示范基地，服务稀土产业精深加工，持续规范出口申报，全年监管稀土出口 405 批、3.88 亿元，同比分别增长 78.17%、2.01 倍。

【支持跨境电商综合试验区建设】2021 年，龙岩海关对接中国（龙岩）跨境电子商务综合试验区（简称“龙岩综合试验区”）发展需求，对跨境电商进出口货物分别启用“清单核放、汇总申报”和“清单核放、汇总统计”两种通关方式；支持龙岩综合试验区内企业落地出口退税、“无票免税”、所得税核定征收等政策；支持企业建设、租赁海外仓，利用海外仓扩大出口；允许跨境电商商品转关，对厦门关区内出境的跨境电商适用区域直通模式等。2020 年 6 月，监管方式 9610 进口测试成功；2021 年 2 月、3 月，监管方式 9710、9810 出口相继落地；2021 年 7 月，阿里巴巴菜鸟国际进驻龙岩综合试验区，9610 直购出口模式成功开通。截至 2021 年年底，龙岩综合试验区监管方式 9610 进出口、9710 出口、9810 出口全线贯通，全年新增 19 家跨境电商企业，标志着龙岩综合试验区发展迈上新的台阶。龙岩海关全年监管龙岩综合试验区 66 家企业出口 59 万票、2.4 亿元。

【代管事业单位跨越发展】 2020 年 7 月，龙岩海关所属原综合技术中心、原国际旅行卫生保健中心、原服务中心经整合成立厦门海关技术中心龙岩管理部（简称“龙岩管理部”），作为厦门海关技术中心内设部门驻点龙岩开展工作，人员和业务的日常管理由龙岩海关负责。龙岩管理部有国家级矿产品检测重点实验室和总署农林产品检验检疫区域性中心实验室 2 个“国字号”实验室及 1 个植物检疫常规实验室，有各类仪器设备 223 台（套）；检验检测项目通过 CMA 资质认定和 CNAS 认可共 75 类、877 项，主要开展食品及农产品、化工产品、矿产品等检验检测。2021 年，龙岩管理部加大业务拓展力度。3 月，首次承接龙岩市食用林产品质量安全及其土壤监测检验业务，并首次承接未锻造金、粗铜取制样业务；8 月，首次中标新罗区市场监督管理局食品安全抽检业务。年内，龙岩管理部持续提升科技实力，申请国家发明专利 1 项、获得实用新型专利 4 项、软件著作权 1 项、发表科技论文 2 篇；科技成果《进口矿产品质量安全化学因子识别关键检测技术及风险评估体系》获得 2020 年度福建省科技进步三等奖，获省科技计划项目立项 1 项，省级科技奖励和科技计划立项双双实现“零”的突破。

（撰稿人：林国桢）

第七篇

事业单位

后勤管理中心

【概况】厦门海关后勤管理中心（简称“后管中心”），是厦门海关所属事业单位。内设部门机构10个，即办公室、财务部、采购部、大楼管理部、生活服务部、车辆管理部、涉案财物管理部、企业管理部、湖里管理部、高崎管理部；实有事业编制人员55人。承担总关和湖里办公区后勤服务保障、厦门行政区内海关闲置房产管理、总关涉案财物保管、在总关举办的会议及培训后勤保障、所属服务经营单位管理等职责。

2021年，后管中心围绕建设“更有效率海关”，打造“理念先进、作风严谨、管理高效、富有活力”后勤管理队伍。践行“两个维护”，政治建设进一步加强；深化全面从严治党，党建水平进一步提升；坚持底线思维，慎终如始做好内部疫情防控；聚焦政务运行，服务保障水平进一步提高；落实过“紧日子”要求，节约型机关创建工作上新台阶；完善内部管理，高质量发展的基础得到进一步夯实。全年完成总关大楼会议及培训服务保障733场次，设备设施维修2,631项次，办理涉案财物进出库655票、涉案船舶出入坞12艘，协助拍卖销毁涉案财物896.13万件，做好总关食堂用餐保障等。

【党史学习教育】2021年，后管中心扎实开展党史学习教育，严格落实“第一议题”制度，及时传达学习贯彻习近平总书记系列重要讲话重要指示批示精神，教育引导全体干部职工增强“四个意识”、坚定“四个自信”、做到“两个维护”。深化党建与业务深度融合，开展“学党史、提技能、开新局”岗位练兵活动，更新和加强职工公文写作、信息宣传、采购执行、财务管理、消防技能等岗位知识，开展技能竞赛近20场次，参赛干部职工100余人次。推进“我为群众办实事”实践活动，完善“关馨”便捷支付及网购平台建设，升级改造充值消费系统，进一步便利和丰富干部职工生活。培育“阳光后勤”“筑防线争先锋”2个党建品牌，38名党员全部参与社区“双报到”。

【接受巡视巡察审计监督】2021年，后管中心推动总署巡视发现的涉及房产权属变更等事项整改，针对13个自查问题制定整改措施 22 项，严格按责任分工落实。结合“现场监管与外勤执法权力寻租”专项整治和“严格遵纪、自觉守法，做合格海关人”专项整顿活动，同步排查非执法领域风险。

8 月 9 日至 20 日，接受总关审计组对后管中心主要负责人任职期间履行经济责任情况审计，并根据审计决定提出的 4 个方面 7 个问题积极整改，至 2021 年年底，除新阳仓库产权办理事项因历史遗留问题尚处于整改阶段外，其余 6 个问题均整改完毕。11 月 3 日至 30 日，厦门海关党委第一巡察组对后管中心常规巡察，提出 3 个方面 11 个问题。后管中心成立巡察整改工作领导小组，主动认领问题，第一时间启动整改工作。

【后勤服务】 2021 年，后管中心动态调整内部疫情防控措施，做好人员进出管控、场所环境消杀、车辆调配、食堂供应等保障工作，筑牢安全屏障。全年累计发放常态化疫情防控物资 258.6 万件/个，抽调 3 名事业干部、17 名后勤保障人员支援关区疫情防控专班。后管中心下属的厦门和健卫生技术服务有限公司 1 月至 8 月（8 月 23 日停业）高标准完成口岸区域、出入境交通工具和口岸冷链产品及仓储环境的消杀工作，妥善处置疫情相关突发事件，完成入境国际航行船舶群体性新冠病毒核酸阳性事件预防性消毒工作，助力口岸防疫安全。

开展安全生产专项整治三年行动，强化对办公场所、涉案财物仓库等重点领域安全整治，制订突发事件应急管理暂行办法及防台风、食堂突发食品安全事件等应急预案 9 项，完成多项重大会议活动及重要节日期间的安全保卫任务。组织“安全生产月”活动，营造人人关注安全的良好氛围，协同组建总关大楼应急救援队并开展培训，开展反恐防暴，预防台风、火警、电梯困人、高空坠物等应急处置演练 10 余场次，确保总关工作环境硬件设施安全稳定运行。

统筹推进能耗监控、节能改造、绿色办公等行动计划，坚持节水、节电、节粮、节油、节纸。厦门海关机关先后获评“市级节水型单位”“省级节水型单位”“2021—2023 年全国公共机构水效领跑者”等荣誉称号。

落实海关监管工作用犬保障服务协议，强化防疫养护，抓好日常犬体驱虫清洁、犬舍消毒等工作，确保犬只健康状况良好。结合疫情防控要求，科学制订工作

▲2021 年 6 月 3 日，后管中心组织消防演练

用犬训练计划并严格执行，做到“停工不停训”，增强犬只体能和实战技能。年内，所有现役工作用犬均通过厦门海关组织的年度考核。

【企业监督管理】2021 年，后管中心制修订企业管理办法和企业财务管理办法，规范健全企业管理制度，防范财务风险。面临新冠肺炎疫情影响、主营业务持续下降的严峻形势，全力支持企业开拓社会业务。推动完成厦门鹭杰综合管理部、厦门思明区晓然书屋、厦门海馨公寓管理服务部公司制改革，改制后企业的名称分别为：厦门鹭杰综合管理服务有限公司、厦门市晓然书屋有限公司、厦门海馨公寓管理有限公司。年内，贯彻落实总署关于从事消毒业务公司脱钩、注销工作，厦门银海宾馆有限公司、厦门金关技术服务部均完成注销；厦门和健卫生技术服务有限公司及厦门环宇卫生处理有限公司自 8 月 23 日停业，截至 12 月 31 日清算工作有序进行。

（撰稿人：杜剑彬　李文音　翁珊珊）

厦门海关技术中心

▲厦门海关技术中心（厦门市海沧区建港路 2165 号）

【概况】厦门海关技术中心（简称“技术中心”）是厦门海关所属事业单位。内设管理部门 4 个，即办公室、人事政工部、财务部、综合业务部；实有事业编制人员 116 人。承担厦门海关各类实验室检测鉴定、化验以及社会委托检验鉴定、公共技术服务和科研等职责。技术中心总部位于厦门市海沧区，在厦门市海沧、东渡和杏林 3 地设有实验室，总面积 2.7 万平方米；配备各类检测仪器设备近 3,000 台/套，获得 CMA 认定、CNAS 认可等各类资质实验室 28 个，建成农产品安全检测、食品接触材料检测、石材建材矿产品放射性检测、电气安全检测、蔬菜种子与植物种传病毒检疫、甲壳动物检疫等国家级重点实验室 9 个。

2021 年，技术中心推进党史学习教育，抓好新冠肺炎疫情防控，强化科技创新和技术支撑，提升综合发展实力，优化内设机构，完成事业单位岗位设置及聘用，全力开拓市场业务。落实“四个最严”要求，开展进出口食品、化妆品监督抽检和风险监测。完成濒危动植物物种鉴定 19 批。全年完成总检测任务 3.86 万批，同比下降 4.6%。其中，法检检测 1.04 万批，同比增长 29.9%；商业委托 2.82 万批，同比下降 13.2%。

【党史学习教育】2021 年，技术中心抓好党史学习教育，微信推送党史“每日一学”“每月一分享”，营造浓厚学习氛围。举办“学党史、悟思想、办实事、开新局”主题演讲比赛。宣传视频《五四青年节“无奋斗、不青春”》被总署网站采用，“耕耘奋斗铸发展、光辉岁月党史情”入围“‘文明鹭岛、点赞厦门’我们一起来朗读第五季”决赛。开展“追寻红色之

旅 传承红色精神”党建活动，组织参观厦门破狱斗争旧址。开展精准打击洋垃圾、促外贸发展等7项“我为群众办实事”实践活动。

【新冠肺炎疫情防控】 2021年，技术中心成立新冠肺炎疫情防控安全防护领导小组，组建安全防护专家组，出台疫情防控制度、方案和防控举措，加强值班值守和内部安全防护。组织疫情防控自查、实地检查和培训演练，立行立改堵塞防疫漏洞，开展培训演练2次，支援机场海关和保健中心一线疫情防控17人次。严格执行冷链样品实验室检测操作规程。

【执法保障能力建设】 2021年，技术中心提升检测和管理水平，服务打击洋垃圾、象牙等濒危物种及其制品走私等工作，累计完成归类化验及品名鉴定214批、危化品样品鉴别1,317批，完成花岗岩放射性检测148批、检出超标64批。首次采用核磁共振波谱助力尼龙材料化验工作，解决尼龙系列产品的归类化验难题。检测东渡海关送检的一批动力煤，其灰分和氟项目检测结果均超过《商品煤质量管理暂行办法》限量要求，其中氟超过最大限量1.1倍，是厦门口岸检出的首例灰分和氟不符合国家限量要求的煤炭。鉴定厦门某公司、泉州某公司分别在东渡海关和海沧海关申报进口的2票共11台旧机器实际均为需要进口许可证的旧设备，为业务现场实行许可证监管提供证据。

【动植物检疫鉴定】 2021年，技术中心从进出境动物及其产品中检出传染病病原20批，从进出境植物及其产品中检出检疫性有害生物53种1,297种次，其中，在厦门口岸首次检出红毛竖毛天牛、玉米褪绿斑驳病毒和玉米矮花叶病毒。鉴定确认集同海关送检样品与企业申报的品种不符，为现场监管提供证据支持；同时经清点后发现隔离场剩余鱼苗重量约为41.25千克，不足报关重量的1/3，这是厦门海关首次对水生动物进行数重量鉴定。

▲2021年3月10日，技术中心人员对进口大宗粮食实施检疫

【禁止进境废物鉴定】 2021年，技术中心加强固体废物鉴定实验室建设，建立专家组集体研判机制，开发应用核磁共振、薄层色谱、热裂解色谱等检测技术，解决疑难商品鉴别难题，累计完成固体废物属性鉴别190批，判定固体废物27批，其中涉及的干扇贝壳、棕榈油酸化油、氟铝酸钾、再生铜、铣刀等，均为厦门海关首次查发的新型固体废物。

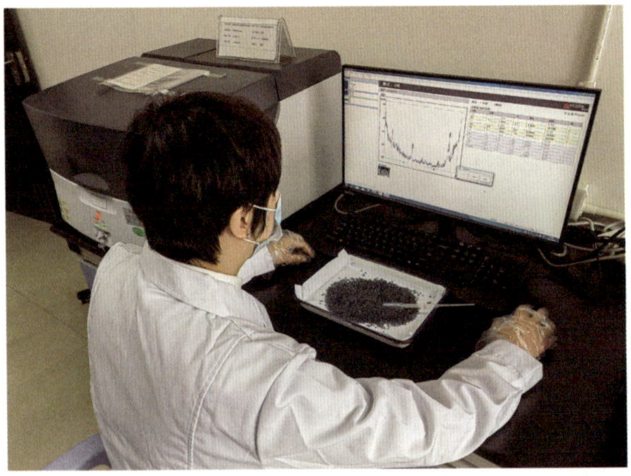

▲2021 年 2 月 9 日，技术中心人员鉴定进口货物成分

【科研成果】2021 年，技术中心申报总署“揭榜挂帅”科研项目 1 个、福建省科技项目 6 个、总署科技项目 4 个、厦门海关科研项目 2 个。首次参与国家自然基金项目“基于智能质谱数据处理和多维组合衍生化探究土鳖虫药效物质及其作用机制”研究；申报研究“铜冶炼渣高通量快速检测和精准识别关键技术及应用”，获得福建省科技计划项目立项；完成“进口矿产品质量安全化学因子识别关键检测技术”研究，获得 2020 年度福建省科技进步三等奖；承担的“茶叶质量安全检测技术及风险评估的应用与研究”“茶叶品质的量化分级与精深加工技术”2 个项目，获得 2020 年度厦门市科学技术奖三等奖。年内，获得海关科技成果奖 3 项（作为主持单位获评二级成果 1 项，作为参与单位获评一级成果 1 项、二级成果 1 项）。成立厦门海关首个职工技术创新工作室，1 人获评厦门海关首个福建省高层次人才（C 类人才），技术中心全资子公司厦门佰能检验技术服务有限公司获“国家高新技术企业”称号。

【开拓检测市场业务】2021 年，技术中心开拓检测市场业务，首次入围福建省污染地块调查评估、治理修复工作技术支持单位推荐名录，入选厦门火炬高新区第 8 批“火炬创新券服务机构”，获批列入厦门市中级人民法院 2022—2023 年度司法技术专业机构名册，在厦门市食品安全监督抽检承检机构上半年考核中居第 1 名。年内，中标厦门市市场监督管理局、世界大学生运动会、第 18 届世界中学生夏季运动会等食品安全检测，江西省赣州市农业综合行政执法支队肥料抽样检测，以及多家企业委托检测业务，与第三方机构开展检验业务合作，承接政府购买服务，为漳州市政府做好“欧艾抑菌霜”事件化妆品检测。开发重量鉴定、价值鉴定、文物鉴定、实验室体系咨询服务、AEO 认证培训、年度检测、出口退运及电池危险特性分类鉴定等新领域业务。

【安全生产隐患排查整改】2021 年，技术中心梳理安全管理制度，全面排查实验室风险点、隐患点，全员签订岗位安全责任书，压紧压实安全生产责任。开展安全宣传教育活动，举办“落实安全生产主体责任、提高风险分级管控水平”“技术中心消防知识培训及技能训练”专题培训。组织安全自查、危险品检验监管排查，及时整改安全隐患。组织化学实验室突发安全事件应急演练，模拟实验设备起火、危险化学品泄漏、检验员眼睛被化学品灼伤、人员救助等场景应急处置，取得预期效果。

【实验室能力建设】2021年，技术中心优化实验室布局，制订检测技术能力建设“十四五”发展规划，新增商品检测技术21项，扩充CNAS检测能力累计达1.05万项、CMA检测能力累计达1.06万项。在全国海关首次采用核磁共振波谱应用于尼龙、褐煤蜡的归类化验。3月，承担建设的“海峡两岸食品农产品质量安全技术服务平台”项目，通过厦门市政府投资项目评审中心验收，建成后可为地方政府食品、农产品质量安全监管提供技术支撑。12月，“实验室综合管理系统”（LIMS）完成向社会公开招标采购，推动实验室统一智能化管理。

（撰稿人：王碧生　甘　露）

厦门国际旅行卫生保健中心

▲厦门国际旅行卫生保健中心（厦门海关口岸门诊部）办公楼（厦门市湖里区金鼎路31号）

【概况】 厦门国际旅行卫生保健中心（厦门海关口岸门诊部）简称“保健中心”，是厦门海关所属事业单位。内设部门5个，即办公室、综合保障部、综合业务部、健康体检部、卫生检疫实验室；实有事业编制人员36人。具体承担厦门口岸出入境人员传染病监测、健康体检、预防接种、国际旅行卫生保健咨询、医疗保健门诊工作；承担口岸卫生检疫执法相关的公共卫生检验检测工作；参与总署、厦门海关组织的口岸突发公共卫生事件处置工作；开展卫生检疫技术研发与技术服务，参与卫生检疫和旅行医学国际交流与合作；承接委托的健康体检、预防接种、实验室检测及其他医疗服务等。

2021年，保健中心坚持政治引领，加强新冠肺炎疫情防控梯队建设，组织参加临床基因扩增检验技术、厦门市卫生系统实验室生物安全等岗前和资质培训，提升检测队伍综合能力。推行安全防护监督员制度，开展医学生物安全演练，严格规范疫苗采购储存接种、实验室、放射性卫生安全及办公场所等安全管理。全年受理健康体检12.91万人次、预防接种7,493人次，国际旅行健康咨询3.5万人次，签发国际旅行健康检查证明书、国际预防接种证书、核酸检测报告等12.1万份，发现有临床意义的疾病4,583例。

【党史学习教育】 2021年，保健中心通过“三会一课”、海关e课堂、智慧党建、“学习强国”等线上线下平台，推进党史学习教育，组织参观当地红色教育资源基地，参加厦门海关庆祝建党100周年专场文艺活动演出及“传承红色海关精神、支持革命老区发展”在线访谈。开展

“我为群众办实事”实践活动，发挥技术优势，助力厦门市全员核酸检测，在“美丽厦门 智慧健康”平台开通预约功能，及时上传核酸检测报告，实现“一站式”服务；受理新冠病毒疫苗接种记录转签（中英文），为出境人员提供便捷服务，多家企业单位送来锦旗和感谢信；为厦门广播电视集团赴日参加东京奥运会提供疫情防控指导服务；为厦门市文化旅游局83名涉外导游、出境领队开展国际旅行卫生保健知识培训。

【新冠肺炎疫情防控】2020年新冠肺炎疫情发生后，截至2021年年底，保健中心累计检测出入境人员鼻咽拭子22.99万份、血液标本6,183份、粪便或肛拭子86份，检测干部职工及社会体检鼻咽拭子10.46万份、血液样本590份，检出新冠病毒核酸阳性、抗体阳性。2021年6月21日起，保健中心为“14+7+7”专班干部职工等开设核酸检测专场；8月11日，检出关区水运口岸聚集性新冠病毒感染——

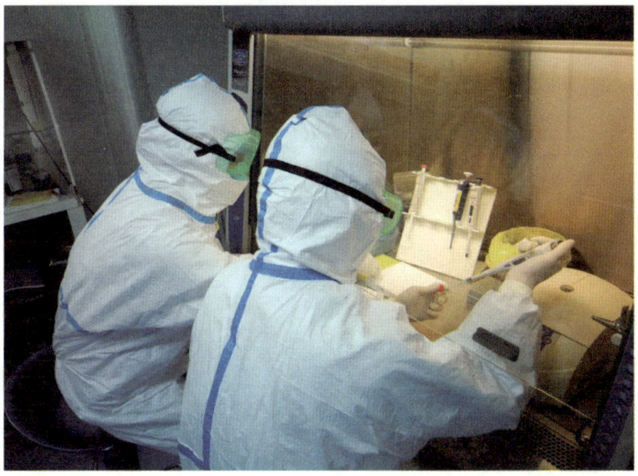

▲2021年1月12日，保健中心人员开展新冠病毒核酸检测

从入境散货轮上检出核酸阳性、抗体阳性；8月14日起，通过中国疾控中心信息系统实现新冠病毒核酸检测阳性人员信息网络直报。

【实验室检测】2021年，保健中心卫生检疫实验室从入境人员中检出新冠病毒核酸阳性、诺如病毒核酸阳性、疟疾、登革热、疱疹病毒感染；从进口货物检出新冠病毒核酸阳性。鉴定各类病媒生物样品252批次、9,418只，开展鼠携带病原体检测1,000多项次，检出Ⅰ型汉坦病毒（汉滩型）核酸阳性1例（系关区首次检出该型病毒）、Ⅱ型汉坦病毒核酸阳性2例。7月5日实验室检测业务切换到e-Lab2.0运行。保健中心生物安全二级实验室改扩建项目完成后，实验室核酸检测能力由日检测量48份提升至2,500份样本。

【内控机制建设】2021年，保健中心完成ISO9001质量管理体系内部审核和管理评审，ISO9001质量管理体系通过中国质量认证中心（CQC）监督审核。完成内控工作规范手册改版升级，制订保健中心领导班子议事清单，贯彻落实“三重一大”决策制度实施细则，修订完善全面从严治党主体责任清单、车辆管理办法等管理规范。经验做法在关区内控工作推进会上交流。

【科研成果】2021年，保健中心持续强化科研创新，牵头国家重点研发计划课题1项，“国境口岸重要病媒伊蚊的分子溯源研究”“入境传染性肺结核监测体系研究”“厦门口岸登革热媒介伊蚊抗药性及抗药性基因研究”3项省部级课题通过验收，“海关卫生检疫常用英语场景会话手册及教学视频编制”等5个省部级项目获批准立项。“口岸传染病监测与防控关键技术研究成果”获评2021年度海关科技“三级成果”。

【机构人员调整与岗位聘用】2021年，保健中心落实厦门海关调整部分事业单位内设机构和领导职数要求，内设机构由办公室、综合保障部、综合业务部、健康咨询部、健康体检部、医学媒介室、医学检验部7个部门，调整为办公室、综合保障部、综合业务部、健康体检部、卫生检疫实验室5个部门。完成35人的岗位设置和聘用工作，其中聘用管理岗人员9名、专业技术岗人员25名、工勤岗人员1名，聘期5年。

（撰稿人：杨　苹　陈毅强）

厦门海关培训中心

▲厦门海关培训中心（厦门市湖里区墩岭路160-162号）

【概况】厦门海关培训中心（简称“培训中心”），是厦门海关所属事业单位。2019年4月，原国家质量监督检验检疫总局南方培训中心更名为培训中心；2020年1月，培训中心与厦门海关教育培训基地合并；2020年5月，后管中心高崎管理部纳入培训中心管理。内设部门3个，即综合部、业务部、高崎管理部；实有事业编制人员10人。主要为全国海关及地方的人才队伍建设、疫情防控、片区单位等提供服务保障。先后被相关组织批准成立“世界海关组织亚太地区培训中心（厦门）”和“金砖国家海关培训中心（厦门）”。自2020年年初新冠肺炎疫情发生后，根据关党委部署安排，为抗疫一线人员封闭管理提供服务保障。

2021年，培训中心围绕建设“更有效率海关”，落实机构改革工作部署，拓展企业经营发展局面，谋划品牌升级优化服务。

【党建工作】2021年，培训中心推进党史学习教育，列出学习清单及重点工作任务11项，开展专题研讨、主题党课、“百年党史我来讲”等活动，把“我为群众办实事”实践活动贯穿年度工作全过程，及时解决后勤保障中一批“急难愁盼”实际问题。落实支部“三会一课”和“四德”教育，组织法律法规和纪律规定专题学习，队伍纪律作风建设不断强化。1月，根据厦门海关党委第三巡察组常规巡察反馈意见，逐项制定问题整改措施，强化主体责任，逐条推进整改，对内部管理制度进行“立改废”梳理，把巡察反馈的问题整改落到实处。

【培训疗养机构改革】2021年，培训中心根据国家培训疗养机构改革部署，落实国家机关培训疗养机构第二批改革精神及总署关于全国海关第二批培训疗养机构改革工作要求。厦门海关教育培训基地

（原总署厦门教育培训基地）改革方式为“保留”，原国家质量监督检验检疫总局南方培训中心（厦门海天宾馆）改革方式为“撤销”。先后制订厦门海关教育培训基地和厦门海关培训中心（原国家质量监督检验检疫总局南方培训中心厦门海天宾馆）改革实施方案并报送总署。

【国企改革】2021年，培训中心根据厦门海关关于国企改革工作部署，推进3家国有企业公司制改制。9月30日，完成厦门海上花园酒店改制；12月24日，完成厦门海天宾馆清算注销；向总署财务司、国家市场监督管理总局机关服务中心提交厦门卫生检疫技术研究所改制有关事项情况说明。

【集中封闭管理二级专班管理】2021年，培训中心承担厦门海关新冠肺炎疫情防控一线人员集中封闭管理二级专班职责，负责集中封闭管理期间餐饮、住宿等保障工作，协助督导检查集中封闭管理纪律落实情况和突发事件处置报告（含厦门海关人员入住的厦门市定点入境隔离酒店）。6月21日，首批封闭管理人员入住培训中心高崎驻勤楼。同月28日起，根据专班工作地点调整隔离安排，培训中心高崎驻勤楼负责保障机场封闭隔离专班人员，厦门市定点入境隔离酒店负责保障水运封闭隔离专班人员及冷链封闭隔离专班人员。8月30日起，根据专班工作周期调整隔离安排，厦门市定点入境隔离酒店负责保障所有封闭隔离专班“14天在岗”集中封闭管理人员，培训中心高崎驻勤楼集中保障所有封闭隔离专班“7天离岗”集中封闭管理人员。培训中心制订各项疫情防控管理规定和应急处置预案，细化防护措施，健全疫情防控工作机制，开展疫情常态化防控培训和应急演练，全方位提升疫情防控能力和水平。落实关党委关心关爱抗疫一线人员举措，配合政工部门组织封闭管理专班人员开展运动打卡、阅读分享、视频讲座等活动。全年累计保障一线抗疫人员住宿2.66万间天，用餐7.62万人次；其中高崎管理部独立保障住宿1.1万间天，用餐3.26万人次。

【地方疫情防控支援】2021年9月，培训中心在本土新冠肺炎疫情发生期间，根据厦门市疫情防控需要，积极配合提供厦门市湖里区港中路1605~1613号的房屋及土地，支持厦门市隔离方舱建设，做好相关资产现场监督移交搬运、登记造册及资产后续处置等相关工作；将海上花园酒店列为游客住宿安置点之一；提供海天宾馆一期大堂及二期用地支援地方全员核酸检测。针对厦门及各地疫情，开展人员情况排查，配合湖里创新园区做好全员核酸检测。

【高崎片区海关单位后勤保障】2021年，培训中心做好高崎片区海关单位（高崎海关、厦门高崎机场海关缉私分局、培训中心）日常用餐保障、物业保洁安防等后勤工作，全年保障片区用餐8.33万人次，配合高崎海关维修改造片区地下车库。落实过“紧日子”要求，推进节能减排、节约粮食等各项举措。重视安全生产，联合片区海关单位开展反恐防暴、消防应急实战演练，全年无安全责任事故发生。联合片区海关单位加强疫情防控，开展桌面应急演练、突发事件现场处置演练，提升快速处置能力；推进新冠病毒疫苗接种，一线工作人员均完成“应接尽接”；严格落实门岗测温登记、查看健康码和行程码、每周开展卫生消杀、重点岗位定期核酸检测等，织密织牢安全之网。

▲2021 年 11 月 9 日，培训中心在厦门高崎驻勤楼举行消防演练

【会议培训及疗养服务保障】2021 年，培训中心主动融入厦门市金砖创新基地建设，整合、拓展、优化培训资源，加强员工技能培训，提升服务水平，扩大“世界海关组织亚太地区培训中心”和“金砖国家海关培训中心”的“双中心”品牌影响力。年内，保障总署在“双中心”举办的多场大型会议活动，共完成各类会议培训保障 80 批次，相关住宿保障 9, 568 间天，合计 1. 23 万人次；服务干部疗养人员 462 批次，合计 954 人次。

【开拓服务发展空间】2021 年，培训中心所属厦门海上花园酒店利用地处鼓浪屿的优势，探索多元化经营。针对口岸防疫需求，厦门卫生检疫技术研究所推广实验室仪器设备及智能监管设备销售，全年共销售多维消杀设备 10 台、室内环境消杀设备 1 台和病毒采检设备 1 台；做好关区防疫物资应急保障 121 批次；根据政策变化和用户需求不断升级“口岸传染病电子监管系统”等应用软件，确保各地使用单位业务的正常开展。

（撰稿人：李蔚敏）

中国电子口岸数据中心厦门分中心

▲中国电子口岸数据中心厦门分中心（厦门市湖里区象兴一路 11 号）

【概况】中国电子口岸数据中心厦门分中心（简称“数据分中心”），是总署委托厦门海关代管的事业单位，于 2003 年成立。下设部门 3 个，即综合财务部、业务部、技术部；实有事业编制人员 4 人。主要承担厦门关区国际贸易“单一窗口”标准版、中国电子口岸执法系统、跨境电子商务统一版信息化系统等应用项目的服务工作；承担厦门海关内外网数据交互的枢纽职责，承接厦门海关对外网络接入工作；承担中国电子口岸专网分中心节点的网络系统和信息安全保障工作；参与地方国际贸易“单一窗口”应用项目建设等。

2021 年，数据分中心抓牢政治建设，通过“每日一篇”主题学习、“每日一题”线上竞答、“我为群众办实事”实践活动等方式，开展党史学习教育；制度建设和日常管理进一步加强，首次完成事业单位法人年度报告公示，注册“中国电子口岸数据中心厦门分中心．公益”域名；完成关级政研课题“金砖国家示范电子口岸暨金砖‘单一窗口’试点建设规划方案”。年内，数据分中心受理厦门关区电子口岸新入网用户 5,243 家，同比下降 9.4%；其中“不见面办理”2,031 家，同比增长 27.98%。中国电子口岸数据交换平台厦门二级节点共接入跨境电商进口统一版企业 247 家，同比增长 18.75%；共接入跨境电商出口统一版企业640家，同比增长1.34倍；处理跨境电商进出口业务报文6.01亿条，同比增长1.49倍，报文日峰值突破500万条。

【推动“关银一KEY通”项目落地】 2021年1月22日，数据分中心协助中国建设银行厦门分行高科技支行代理点办理首单“关银一KEY通”电子口岸法人卡解锁业务，实现厦门关区“一KEY双证”应用，企业持有的“共享盾”既具备电子口岸IKEY功能，也可办理银行金融业务。

【“掌上单一窗口”手机App推广应用】 2021年3月，数据分中心协助中国电子口岸数据中心开展国际贸易“单一窗口”标准版移动端服务平台（“掌上单一窗口”手机App）用户端测试；10月，该App在全国推广应用，为进出口企业提供货物通关、个人通关、状态订阅推送等“一站式”业务查询和办理等服务。

【“进出口双信息放行应用系统”优化升级】 2021年4月，数据分中心在“进出口双信息放行应用系统”中优化空运出口转关（主管地）电子放行信息，将出口转关（主管地）放行信息数据推送至监管作业场所经营人，解决航空国际联程中转业务出口转关放行无纸化难点，实现空运信息无缝对接，促进空运货物通关物流便利化。7月，数据分中心在该系统中增加厦门海关特殊监管区域“先进区后报关”放行信息业务报文类型，并编写相应报文传输填制规范，指导企业测试上线，为厦门海关开展特殊监管区域“先进区后报关”业务改革提供技术支撑。

【数据分中心对外服务网站下线】 2021年，数据分中心整合有效资源，方便企业归口查询厦门关区海关业务指引。5月20日，正式关闭对外服务网站（www.xmeport.com），将厦门关区电子口岸办事指南改由厦门海关网站（xiamen.customs.gov.cn）统一发布。

【业务现场分拣线网络接入模式逐步统一】 2021年5月，数据分中心首条海关业务现场分拣线网络接入专线调通，漳州台商投资区保税物流中心经数据分中心实现与海关对外局域网对接，该线路主要用于开展跨境电商分拣线业务。年内，海沧综合保税区进口查验中心、泉州综合保税区查验中心分拣线业务相继接入数据分中心，实现了数据间的互联互通。

【深化国际贸易“单一窗口”标准版应用】 2021年5月至7月，数据分中心协助厦门关区19家快件Server版客户端企业切换至国际贸易“单一窗口”快件系统导入客户端。10月，全面停用厦门关区加工贸易联网监管电子账册系统企业客户端及系统辅助平台电子口岸专网端，共有187家加工贸易电子账册企业切换至国际贸易“单一窗口”金关二期加工贸易管理系统申报。

【厦门口岸首家码头生产作业数据联网接入】 2021年11月，数据分中心推动厦门海关数字监管平台建设以来首家码头生产作业系统数据接入该中心系统，并以数据分中心作为数据交互枢纽，逐步推动厦门口岸码头与海关数据实时对接，助力提升码头数字化治理水平和提高海关监管作业效率，为厦门海关数字监管平台建设奠定数据基础。

【厦门关区电子口岸用户服务】 2021年，数据分中心坚持为厦门关区企业提供“7×24小时”热线咨询服务和故障解决服务，并按业务系统分类建立12个微信服务群，回复企业咨询9,000余条次，在线咨询量约占企业咨询总量30%；本地呼叫中心受理来电2.2万宗，同比下降8.98%；为国际贸易“单一窗口”各业务系统提供问题解决方案91次，为电子口岸用户提供远程技术支持30台次，处理各类应用、系统和网络故障14次，服务器和存储系统维护522次，网络设备维护129次；依托国际贸易“单一窗口”运维服务管理平台，与厦门地方服务实体建立标准化工单申报流程，全年申报工单171票，其中服务请求工单167票、故障工单4票。

【电子口岸专网分节点运行维护和网络安全保障】 2021年，数据分中心出台网络安全管理实施细则，制订网络安全应急处置预案，全面排查整改网络安全隐患，升级加固网络安全防护系统，优化访问控制策略，完成厦门关区66家监管场所的进出口双信息放行应用系统客户端安全性和兼容性升级。整体接收厦门海关湖里办公区机房，通过配合所在大楼配电系统低压增容改造消除机房停电安全隐患。全年电子口岸专网厦门分节点各业务信息系统运行平稳，未发生信息安全事故；中国电子口岸数据交换平台厦门二级节点传输效率显著提升，未出现数据传输通道拥堵现象，受理该节点咨询问题8宗，同比减少92.16%。

▲2021年6月29日，数据分中心人员开展机房安全检查

（撰稿人：刘晓莉　刘润婕　李　媛　吴　旭　余鹏晖　张美玉）

第八篇

荣誉榜

厦门海关首次荣获“光荣在党50年”纪念章名单

秦惠中	刘献文	唐庭喜	崔希英	朱远忠	李天生
吴龙湖	曾文江	杨伯谦	袁丽月	南国琴	方金地
陈金标	王嘉祥	潘斯镇	林昆阅	苏成春	陈秀治
苏宜谦	王伟民	陈玉福	陈嵩民	马绍先	林喜泉
何永城	余长云	谢焜煌	陈彩蓉	肖聪如	冯杰锋
张和悦	白文骞	吴睦邻	倪建忠	郑一杜	林清辉
徐玉霖	王仗芳	刘玉功	吴绍炳	宋国聪	蔡才达
张可朗	陈忠贤	林亚莲	陈泉泽	雷庆传	张拾壹
廖国芳	陈朝地	洪军在	苏耀明	陈孟历	樊力平
成茂芝	郑瑞芳	林溪河	马启和	苏加旺	章大业
朱龙发	谢建兴	戴佑初	胡克雨	李　玉	郑秀榕
陈俊杰	李振华	何锦英	陈业庆	叶亚解	谢顺明
郑家萍	谷豫闽	陈秀英	李金雨	荆卫国	郭法成
许明璋	林久利	陈如意	卢中津	王金杰	

2021年度厦门海关获得厅局级以上单位部门表彰的集体荣誉一览表

序号	集体名称	荣誉名称	颁授单位
1	厦门机场海关机关党委	全国先进基层党组织	中共中央
2	东渡海关查验一科党支部“向阳花”品牌	全国海关党建示范品牌	中共海关总署委员会
3	高崎海关加工贸易监管科党支部“关企驿站”品牌、泉州海关晋江办综合保障科党支部“海丝先锋号”品牌、机场海关旅检二科党支部“国门坚盾”品牌	全国海关党建示范品牌（复核认定）	中共海关总署委员会
4	海沧海关查验一科党支部“初心堡垒”品牌	全国海关党建培育品牌（复核认定）	中共海关总署委员会
5	厦门海关	华东片海关文化协作区党史知识竞赛团队一等奖	华东片海关文化协作区
6	办公室党支部、关税处党支部、科技处党支部、泉州海关办公室党支部、泉州海关泉港办肖厝监管科党支部、泉州海关刺桐办稽查科党支部、泉州海关晋江办综合保障科党支部、机场海关航维保税科党支部、邮轮海关邮轮旅检科党支部、邮轮海关五通办旅检科党支部、邮局海关快件监管科党支部、高崎海关集中审像机动查验科室党支部、集同海关加工贸易监管科党支部、翔安海关核查科党支部、东渡海关查验一科党支部、东渡海关综合业务一科党支部、东渡海关保税监管科党支部、海沧海关查验二科党支部、海沧海关法律事务科支部、海沧海关船舶监管科党支部、漳州海关角美监管科党支部、漳州海关稽查科党支部、东山海关综合业务科党支部、古雷海关漳浦监管科党支部、龙岩海关古田监管科党支部、风控分局非贸分析科党支部、厦门海关离退休干部第四党支部	先进基层党组织	中共厦门海关委员会
7	泉州海关泉港办查验科、泉州海关南安办石井货管科、机场海关卫生监督科、邮轮海关邮轮旅检科、邮局海关邮递物品监管科、集同海关稽查二科、东渡海关综合业务一科、东渡海关查验一科、海沧海关法律事务科、海沧海关船舶监管科	业务能力建设“十佳科室”	厦门海关

续表1

序号	集体名称	荣誉名称	颁授单位
8	泉州海关、邮轮海关、东渡海关、龙岩海关、邮局海关	2021年专业能力提升行动优秀组织单位	厦门海关
9	厦门海关“福建省厦门自贸片区海关创新知识产权普法机制打造知识产权保护展示中心”案例	第二批全国普法依法治理创新案例	全国普法办
10	东渡海关、风控分局出口布控科	打击虚开骗税违法犯罪两年专项行动成绩突出集体	国税总局、公安部、海关总署、中国人民银行
11	厦门海关	2021—2023年公共机构水效领跑者	国家机关事务管理局、国家发改委、水利部
12	厦门海关	省级节水型企业和节水型单位	福建省住建厅
13	法规处	2016—2020年全省普法工作先进单位	中共福建省委宣传部、福建省司法厅
14	厦门海关离退休干部第四党支部	省级离退休干部示范党支部	中共福建省委离退休干部工委
15	海沧海关综合业务一科党支部	厦门市先进基层党组织	中共厦门市委
16	厦门海关	厦门市2020年全国营商环境评价中表现突出的先进单位	厦门市人民政府
17	泉州海关	2020年度绩效考评优秀等次	中共泉州市委、泉州市人民政府
18	漳州海关、东山海关	2020年度绩效考评优秀等次	中共漳州市委、漳州市人民政府
19	综合处党支部、卫生处党支部、食品处党支部、泉州海关晋江办党总支、泉州海关南安办石井监管科党支部、驻机场疫情防控指挥部战疫一队临时党支部、邮局海关跨境电商监管科党支部、集同海关稽查二科党支部、翔安海关综合业务科党支部、东渡海关船舶监管科党支部、海沧海关保税监管科党支部、漳州海关招银办查验科党支部、东山海关查验科党支部、龙岩海关综合业务科党支部、保健中心党支部、风控分局出口布控科党支部	厦门市直机关先进基层党组织	中共厦门市委市直机关工作委员会
20	卫生处、邮局海关	创建模范机关先进单位	中共厦门市委市直机关工作委员会
21	厦门海关	第六届创建全国文明城市工作突出贡献单位	中共厦门市委、厦门市人民政府
22	东山海关、龙岩海关	全国文明单位培育对象	中共福建省委文明办
23	邮局海关、翔安海关	福建省2018—2020年度文明单位	中共福建省委文明办
24	高崎海关、海沧海关	福建省文明单位培育对象	中共福建省委文明办

续表2

序号	集体名称	荣誉名称	颁授单位
25	高崎海关、东渡海关、邮轮海关、技术中心、保健中心	2018—2020年度厦门市文明单位	中共厦门市委、厦门市人民政府
26	龙岩海关综合业务科	全国“巾帼文明岗”	全国妇联
27	集同海关综合服务大厅、海沧海关查验一科、龙岩海关综合业务科	第20届全国“青年文明号”	共青团中央等多部门
28	机场海关旅检现场	福建省青年五四奖章集体标兵	共青团福建省委、福建省青年联合会
29	泉州海关南安办石井旅检现场、集同海关综合服务大厅、漳州海关角美监管科、古雷海关报关大厅、龙岩海关业务小组、风控分局风险防控中心	2021—2023年省级“青年文明号”	福建省创建“青年文明号”活动组委会
30	保健中心医学检验部	福建省“五一先锋号”	福建省总工会
31	机场海关旅检二科	厦门市“五一先锋号”优胜集体	厦门市总工会
32	泉州海关肖厝监管科、机场海关查验一科、邮轮海关查验科、翔安海关产品监管科、高崎海关企业认证一科、集同海关核查二科、东渡海关综合业务一科、古雷海关漳浦监管科、漳州海关法律事务科	厦门市“五一先锋号”集体	厦门市总工会
33	邮局海关工会	2020年度厦门市“四星职工之家”	厦门市总工会

2021 年度厦门海关获得厅局级以上单位部门表彰的个人荣誉一览表

序号	姓名	荣誉名称	颁授单位
1	李端悦、施咸宁、俞刚、马俊毅、张真、杜智勇、王毅、彭艳青、黄基毅、游枫红、王珑、黄宝边、李光、李志红、李绍成、蔡暾生、林华亮、柳文山、洪少群、张焕之、刘丹、黄火成、陈可炎、方丽艳、黄荣伟、郑朝晖、何丽玲、沈庆辉、庄洪涛、陈劲松、林家辉、张华强、许赟、章树圳、柯翔宇、纪华晨、邢贺强、戴昱、卢姮晖、喻尚、黄雅菁、张翼翀、王子珑、简荣芳、卢芳、胡晓、林颖鸿、王凌、郑路、林熙彦、吴荣凯、郭江水、韩治国、廖旭彬、刘文娟、魏钢山、夏宏明、张媛媛、沈新永、陈志斌、林志建、黄艺焕、赖逸超、单煌莉、陈晓明、崔仪、黄鹭菁、邵金诚、杨银红、郑俊超、钟观明、叶春霖、钟逸思、张冬锋、阙智兴、王秉楠、林布置、李雪铮、苏菲菲、王若帆、佘伟嘉、方志鹏、林双庆、吴蕾、祁红武、王美云、崔希英、李彩云、刘陵、黄印尧、项家贵、姜建荣、卢中津、李玉、郑智勇、马旭庆	优秀共产党员	中共厦门海关委员会
2	刘杨武、朱斯琦、张凝、姚丽颖、陈帆、刘建阳、张乃勤、洪育苗、庄彬聪、李雅颖、张少娟、曹峻峰、高健、方磊、金亮、陈一婷、吴斐萍、洪昕、康张婷、吴雪琴、张婕、李自强、林昭秀、徐淑姿、杨筱璐、唐烜恒、李佳、胡小红、郑艺平、赖小龙、黄艺芸、李思玲、印康平、杜颖、李建仲、翁珊珊、黄丽玲、范洪涛	优秀党务工作者	中共厦门海关委员会
3	陈文谋、徐小伟、马炜芳、许熳吟、叶佳增、张林超、林梅、唐琪、黄铭妍、黄小民	十佳学习标兵	厦门海关
4	刘李雄、庄晓江、张庄熠、吴于庚、陈周萍、吴勇、单景、黄旸旸、楚计猛、薛翁敏	十佳业务能手	厦门海关
5	张凝、林志建、洪诗鹏、王丹妮、姚泰春、许睿淼、徐小伟、叶琲玲、赵立洲、朱玲玲、许赟、庄熙玲、杨筱璐、康程皓、马步扬、卢姮晖、陈捷、周晓杰、李正锴、许帆、李雪芹	业务标兵	厦门海关
6	洪庆瑶、林若林、李子涵	进口冷链食品源头管控视频检查工作先进个人	海关总署食品局

续表1

序号	姓名	荣誉名称	颁授单位
7	吕相静	2021年全国海关科技活动周荣誉证书	海关总署科技司
8	陈从毅、王曲波、方剑	科技人员跟班作业活动中表现突出人员	海关总署科技司
9	郭晋翔	商检领域“万人争先”线上练兵全国百强	海关总署政工办
10	姚琳	优秀带班干部	中国海关管理干部学院
11	许炯锋	华东片海关文化协作区党史知识竞赛个人优秀表现奖	华东片海关文化协作区
12	王海燕	2020年全国“扫黄打非”先进个人	全国“扫黄打非”领导小组
13	李少君、张荣辉、张君捷	全国打击虚开骗税违法犯罪两年专项行动成绩突出个人	国家税务总局、公安部、海关总署、中国人民银行
14	黄印尧	八闽银发先锋	中共福建省委组织部、中共福建省委老干部局、中共福建省委离退休干部工委
15	吴艳、欧阳芳芳	2019—2020年度福建省三八红旗手	福建省妇联
16	李伟娜家庭	福建省最美家庭	福建省妇联
17	张晓晖	厦门经济特区建设40周年先进模范人物	中共厦门市委、厦门市人民政府
18	衣秀芹	2018—2020年度厦门市精神文明建设先进工作者	中共厦门市委、厦门市人民政府
19	杨坤宇	厦门市第十一批拔尖人才称号	中共厦门市委、厦门市人民政府
20	杨坤宇	厦门市优秀共产党员	中共厦门市委
21	张小彬	厦门市2020年全国营商环境评价中表现突出的先进个人	厦门市人民政府
22	周燕	漳州市平安建设先进工作者	中共漳州市委、漳州市人民政府

续表2

序号	姓名	荣誉名称	颁授单位
23	钟子阳	“爱国情·强国志·报国行”主题征文社会组一等奖	中共厦门市委宣传部、中共厦门市委教育工委、中共厦门市委讲师团、厦门市教育局
24	刘毅敏、周贵堂、林丽军、王清松、王咏洁、黄明阳、苏升	厦门市直机关优秀共产党员	中共厦门市委市直机关工作委员会
25	陈国华、陈梅峰、吴巍、苏远慧、刘松武	厦门市直机关优秀党务工作者	中共厦门市委市直机关工作委员会
26	刘文娟	第二届厦门市“十佳食安卫士”	厦门市食安委
27	曾弢	厦门市食品安全工作先进个人	厦门市食安委

第九篇

大事记

2021年厦门海关大事记

1月

▲1日　关长郑巨刚，副关长陈宇、张冬冬对贯彻落实总署进口高风险非冷链集装箱货物口岸环节新冠病毒检测和预防性消毒工作电视电话会议精神作出部署。

关长郑巨刚到机场海关、东渡海关调研，慰问节日期间坚守岗位的一线干部职工。

副关长张冬冬到东渡及海沧港区开展调研。

▲6日　缉私局联合厦门市公安局、泉州市公安局开展“忠诚21—01”打击非设关地成品油走私专项行动，全案案值6.31亿元。

▲11日　厦门海关2020年一线业务执行岗位能力提升行动“十佳学习标兵”“十佳业务能手”“业务能力建设十佳科室”评选活动结果揭晓。

▲12日　“厦门海关公证送达支付应用”获评厦门市2020年度改革创新优秀案例。

▲15日　厦门海关调整隶属海关单位部分职责和机构编制，共裁撤41个、新设2个、更名36个科级机构。

▲16日　厦门海关第九批支教扶贫志愿者（集同海关关员郑路）完成河南省卢氏县汤河中心小学为期5个月的志愿支教任务返厦。

▲21日　厦门海关与厦门市商务局联合召开新闻发布会，通报厦门市2020年外贸有关情况。

▲28日　厦门海关通过视频参加全国海关工作会议和全国海关全面从严治党工作会议。

2月

▲1日　厦门海关召开2021年工作会议、全面从严治党工作会议。党委书记、关长郑巨刚作题为“贯彻新理念，奋斗新征程，努力在建设社会主义现代化海关中走在前列”的讲话和“旗帜鲜明讲政治，坚持严的主基调，为建设更有效率的海关提供坚强保证”的讲话。党委委员、纪检组长周力作题为“坚定稳妥、精准有效，高质量推进关区纪检工作迈上新台阶”的

讲话。

厦门海关召开领导班子和署管干部2020年度考核暨选拔任用工作“一报告两评议”工作会。

▲2日 厦门海关党委召开2020年度民主生活会，总署督导工作专班有关负责同志、总署第四督导组成员通过视频会议系统全程参会指导。

▲3日 关领导郑巨刚、张毅东、陈宇、娄传永、周力、张冬冬出席关区2020年度基层党建工作述职评议会。

副关长叶超俊参加泉州首个保税物流中心——泉州石湖港保税物流中心（B型）验收工作会议。泉州石湖港保税物流中心（B型）顺利通过由厦门海关牵头组成的联合验收组验收。

总关党委委员、泉州海关关长叶云主持召开泉州海关党委2020年度民主生活会。

▲7日 厦门海关与厦门市公安局、市场监督管理局签署《关于进一步健全进口食品安全监管联动机制合作备忘录》。

▲8日 厦门海关启动知识产权保护专项行动（代号“龙腾行动2021”），该行动持续到年底。

▲9日 福建省委常委、厦门市委书记赵龙率队来厦门海关调研，对该关严防疫情、强化监管、便利通关等工作给予充分肯定。

福建省副省长郭宁宁在“厦门海关工作报告”上批示肯定该关防控疫情和促进外贸等工作。

▲23日 厦门海关启动党史学习教育工作。

厦门海关启动对关区近3年进口固体废物加工企业专项稽查行动，专项稽查持续至5月底。

▲24日 总署H2018通关管理系统3.0版在厦门关区9个业务现场顺利切换。

▲25日 东渡海关缉私分局立案侦办1起走私成品油案，该案案值约1,700万元。

▲2月 机关党委组织开展2021年元旦、春节“两节”期间困难党员慰问活动，对关区54名困难党员累计发放慰问金5.6万元。

厦门海关完成关区130人专业技术类公务员专业技术任职资格首次评定及职级套转。

3月

▲1日 关党委全体成员出席厦门海关教育整顿大会，关长郑巨刚、纪检组长周力分别讲话并作出工作部署，明确工作要求。

机场海关、邮轮海关启用新版流行病学快速调查表。

▲2日 福建省第2个获批的国家级市场采购贸易方式试点——福建晋江国际鞋纺城市场采购贸易方式试点正式启动运营，总关党委委员、泉州海关关长叶云出席试点启动仪式。

▲3 日 东山海关缉私分局立案侦办一起海上成品油走私案。该案案值 2,600 多万元。

▲6 日 总署批复同意厦门象屿综合保税区通过验收。

▲8 日 厦门海关党委审议通过中共厦门海关委员会关于强化政治机关建设的决定等议题。

厦门关区首票“两段准入”通关模式进口原油顺利通关，该通关模式节约货物周转时间五分之一。

▲9 日 厦门海关印发跨境贸易便利化专项行动 2021 年工作方案。

▲11 日 缉私局开展“忠诚 21—02”打击非设关地禁止进口的境外煤炭走私专项行动，查获案件案值 5,423 万元。

▲12 日 厦门海关举办新闻发布会，发布 2020 年厦门海关检出的进口消费品质量安全问题十大典型案例。

▲16 日 缉私局开展“忠诚 21—03”打击成品油走私专项行动。累计查获案件案值 3.29 亿元。

▲19 日 缉私局立案侦办一起海上成品油走私案。涉案成品油约 4 万吨、案值约 1.2 亿元。

福建省高级人民法院对李某某诉海沧海关投诉举报答复案作出终审判决：驳回上诉，维持原判。

▲23 日 关长郑巨刚主持召开厦门海关“现场监管与外勤执法权力寻租”专项整治工作动员部署会。

漳州市跨境电商公共服务平台正式运营，漳州海关受理首票以跨境电商 B2B 直接出口的货物报关。

缉私局开展“忠诚 21—04”打击“水客”走私集中收网专项行动，成功打掉 4 个“水客”走私团伙。累计案值 1,791.47 万元。

▲23—26 日 关长郑巨刚就深入推进“现场监管与外勤执法权力寻租”专项整治工作到东渡、机场、邮轮、海沧海关督导并与一线科长座谈交流。

▲24 日 东渡海关监管“南昌—厦门—胡志明（越南）”丝路海铁联运开航。

▲27 日 机场海关完成丹麦种猪进口监管任务，该批种猪共计 3,133 头，由 3 架包机运抵厦门。

▲30 日 技术中心“海峡两岸食品农产品质量安全技术服务平台”项目通过验收。平台在把守国门质量安全、加快通关流程、食品安全社会共治等方面发挥技术保障作用。

▲31 日 厦门海关党委召开会议，研究贯彻习近平总书记在福建考察时的重要讲话精神落实措施，审议关区全面从严治党相关管理制度。

4月

▲1 日 关领导郑巨刚、叶超俊、陈宇、娄传永通过视频参加全国海关党史学习教育宣讲报告会。

厦门海关启动“蓝网行动2021”寄递渠道知识产权保护专项行动，该行动持续至12月31日。

▲2日 晋江鞋纺城市场采购贸易方式试点启用厦门关区通关一体化，首票出口报关单由厦门市某公司向泉州海关晋江办申报，经东渡海关验放，出口至文莱。

▲7日 总署副署长王令浚到厦门海关调研，在机场海关慰问抗疫一线干部职工，对厦门海关出色完成抗疫任务给予肯定，要求弘扬伟大抗疫精神，发扬连续作战作风，全力打赢疫情防控阻击战；在海沧海关实地察看新冠病毒采样机器人等“四类机器人”的实操演练，肯定厦门海关发挥基层首创精神、紧贴业务需求推动监管智能化工作。关领导郑巨刚、陈宇陪同调研。

▲8日 总署副署长王令浚出席在厦门海关培训中心召开的2021年全国海关财务工作会议。

▲9日 厦门海关党委召开会议，学习总署2021年第一轮巡视工作动员部署会议精神，审议2021年该关两级党委（领导班子）理论学习中心组学习计划等。

▲12日 总署党委第五巡视组在厦门海关召开巡视厦门海关党委工作动员会，巡视组组长钱葵作巡视动员讲话，关党委书记郑巨刚代表关党委作表态发言。实地巡视工作持续两个月。

▲13日 总署批复同意泉州石湖港保税物流中心（B型）通过验收。

▲15日 厦门海关以《中华人民共和国生物安全法》实施为契机，采取多种形式在关区开展第6个“全民国家安全教育日”主题宣传活动。

▲16日 总署批复同意东渡海关辖区的象屿综合保税区关区代码及全称由3714（象屿保税物流园区）变更为3717（象屿综合保税区），自2021年4月20日实施。

关长郑巨刚到嘉晟集团调研，听取企业对“现场监管与外勤执法权力寻租”、优化口岸营商环境等问题的意见建议。

▲18日 泉州海关综技中心通过中国合格评定国家认可委员会（CNAS）能力验证提供者资质现场复评审。该中心具备提供全球互认的技术检测服务（证书）能力。

▲19日 地方联防联控机制反馈，4月17日经高崎国际机场口岸入境的1位旅客被同时确诊为新冠肺炎及登革热病例，为全国首例双感染病例。

▲20日 厦门海关启动关区公职律师轮值工作，充分发挥公职律师在法治建设中的作用。

▲20—26日 厦门海关围绕“全面加强知识产权保护 推动构建新发展格局”主题，组织开展知识产权宣传周活动。

▲26日 厦门海关查办的“出口侵权卫生用品系列案”入选2020年中国海关知识产权保护十大典型案例。

▲26—27日 缉私局开展“忠诚21—06”打击海上偷运走私香烟专项行

动，查扣走私船舶，查获走私卷烟、烟丝，货值4.6亿元。该案是该年度全国海关单次查获货值最大的一起走私香烟案件。

▲30日　厦门海关迅速做好《中华人民共和国海关法》和《中华人民共和国进出口商品检验法》修订有关取消“23001报关企业注册登记”和“26021进出口商品检验鉴定业务的检验许可”两项海关行政许可事项的配套落实工作。

5月

▲5日　海沧海关检出入境船员新冠病毒核酸阳性，系年内厦门关区检出的首例船员新冠病毒核酸阳性。

▲7日　关领导郑巨刚、张毅东、周力出席关党委巡察工作领导小组扩大会暨日常采购、涉案财物管理专项巡察工作动员部署会。

▲10—11日　党委书记、关长郑巨刚到龙岩海关调研基层党建工作，督导推进“现场监管与外勤执法权力寻租”专项整治工作，参加基层联系点龙岩海关古田监管科支部主题党日活动。

▲12日　副关长叶超俊带队对海沧港综合保税区进行现场验收，并与厦门市副市长张志红共同签署《海沧港综合保税区验收纪要》。

▲13日　厦门海关党委召开会议，审议“进一步贯彻落实中央八项规定精神持续解决形式主义问题为基层减负8项措施”等事项。

▲16日　技术中心动物检疫生物安全二级实验室通过国家认可委员会（CNAS）组织的现场复评审。

▲17—21日　总署选人用人巡视检查组对厦门海关开展专项检查。

▲18日　厦门海关获评省部属驻厦单位2020年度绩效评估优秀等次。

同益码头的海关监管业务职责由东渡海关负责调整为由厦门邮轮港海关负责。

▲20日　海沧海关对某入境船舶实施登临检疫，发现外籍船员新冠病毒核酸检测结果呈阳性。这是福建口岸首起船员聚集性新冠病毒感染事件。

▲24日　缉私局组织开展“忠诚21—07”打击海上偷运走私成品油专项行动，该案案值1亿元。福建省委常委、政法委书记罗东川，副省长郭宁宁分别批示肯定海关打私成效。

厦门快件中心—福州长乐机场跨境电商出口陆运转关业务启动试运行。

▲26日　厦门海关召开“严格遵纪、自觉守法，做合格海关人”专项整顿会议，党委书记、关长郑巨刚对深入开展全员专项整顿进行动员部署。

▲27日　福建省委常委、厦门市委书记赵龙率队实地参观海沧海关智慧指挥中心，听取厦门海关“数字海关”建设工作情况介绍。副关长张冬冬参加调研。

▲31日　党委书记、关长郑巨刚主持召开关党委巡察工作领导小组会议，听取

并审议日常采购专项巡察组、涉案财物管理专项巡察组巡察3个部门单位的情况报告。

▲5月 厦门海关在民法典颁布实施一周年之际，围绕“美好生活·民法典相伴”主题，在关区开展为期1个月的民法典主题宣传活动。

6月

▲2日 总署同意增设泉州石湖港保税物流中心关区代码，关区代码为3735，简称“泉州保B”，自2021年6月10日起实施，用于办理泉州石湖港保税物流中心各项海关业务。

福建省委常委、厦门市委书记赵龙对厦门海关信息专报“一季度中欧（厦门）班列业务下降超两成受三因素制约”作出批示。

▲3日 厦门海关代表队以446分（满分450）的总成绩，荣获华东片海关文化协作区党史知识竞赛一等奖。

龙岩海关承办总署门户网站在龙岩古田举办的“传承红色海关精神，支持革命老区发展”在线访谈。

▲9—11日 总署第二督查组对厦门海关开展新冠肺炎疫情防控专项督查，向关领导反馈督察情况。

技术中心顺利通过ISO14001环境管理及ISO45001职业健康安全管理双体系的现场认证审核。

▲16日 厦门海关提出贯彻落实总署党委关于抗疫工作新要求的实施意见。

缉私局将海防工作职能移交口岸监管处。

▲17日 关长郑巨刚与6名新提任的正处级领导干部逐一开展任前谈话，并组织集体参观廉政警示教育室。

▲18日 厦门海关党委召开会议，学习习近平总书记重要指示批示精神，审议“我为群众办实事”实践活动重点民生项目清单、落实《中共海关总署委员会关于加强巡视巡察上下联动的实施意见的措施》、2021年“四强”支部和“两优一先”评选结果等议题。

关领导集体参观“百年风华今正茂”——厦门海关庆祝建党100周年书画摄影展。

关领导郑巨刚、张毅东、陈宇出席离退休干部庆祝建党100周年暨滨北老干部活动中心启用活动。

厦门海关组织支援机场海关“14+7+7”空港专班轮战队，首批22人参与轮战，其中副处级领导干部15人。

▲21日 厦门海关牵头起草的SN/T5313.1—2021《进出口商品检验鉴定机构业务技术检查规范 第1部分：通则》（2021年海关总署第45号公告）于该日由总署发布。该标准是我国发布的第一部对进出口商品检验鉴定机构的检查标准。

福建省委常委、厦门市委书记赵龙在《厦门海关关于进一步加强对台疫情防控工作的报告》上作出批示。

厦门关区空港口岸和海港口岸全面实施“14+7+7”模式管理和“1天1检”工作要求。

▲22日 厦门海关举办“学百年党史 做忠诚卫士”为主题的庆祝建党百年主题宣讲比赛。

▲23日、25日 在庆祝中国共产党成立100周年前夕，厦门海关组织慰问关区老党员并向“光荣在党50年”的老党员颁发纪念章。

▲28日 厦门机场海关机关党委在全国“两优一先”表彰大会上获中共中央颁发的“全国先进基层党组织”荣誉证书。

总署党委决定，周力任厦门海关一级巡视员，免去其厦门海关党委委员、党委纪检组组长职务。

关长郑巨刚到东山海关调研并为新建成的“东山海关展示厅”揭幕。

东渡海关、海沧海关“14+7+7”模式管理口岸进口冷链食品安全监管工作专班正式开始运作。

▲30日 厦门海关团委举办《共产党宣言》读书分享活动。市直机关团工委书记出席活动。

7月

▲1日 厦门海关隆重举行“七一”升国旗仪式，关领导集体参加。

厦门海关组织全体党员收听收看习近平总书记在庆祝中国共产党成立100周年大会上重要讲话现场直播。

厦门海关全面推行实施“证照分离”改革全覆盖。

▲5日 关领导集体出席厦门海关庆祝建党100周年专场活动并为关区“两优一先”代表颁奖。

▲6日 党委书记、关长郑巨刚为全关党员干部上党史学习教育专题党课。

▲7日 中国（龙岩）跨境电子商务综合试验区跨境电商出口业务正式开通。

▲8日 厦门海关新增全国海关党建示范品牌1个，复核认定示范品牌3个、培育品牌1个。

泉州石湖港保税物流中心（B型）正式封关运营。5家物流综合服务商和7家进出口企业集中签约入区。当日，泉州海关驻石狮办事处为价值1,600万元的货物办理进出区手续。

▲11日 厦门海关“企业集团加工贸易监管模式”改革，被写入《国务院办公厅关于印发全国深化“放管服”改革着力培育和激发市场主体活力电视电话会议重点任务分工方案的通知》（国办发〔2021〕25号）。

▲13日 福建省副省长郭宁宁在厦门调研，听取厦门海关服务福建省稳外贸稳增长工作情况介绍，充分肯定该关积极主动探索创新的工作思路和工作成效，对该关在疫情防控及支持省市经济社会发展方面做出的贡献表示感谢。

▲14日 福建省省长王宁到泉州石狮服装城调研市场采购贸易方式试点工作，

肯定厦门海关支持市场采购贸易试点业务快速发展。

缉私局开展“忠诚21—05”打击跨境电商走私专项行动。查获案值合计16.2亿元。

▲15日 总署总检验师孙文康带队在厦门海关开展智能审图调研。

厦门海关召开2021年上半年厦门市外贸进出口情况新闻发布会。

▲16日 厦门海关党委召开会议，审议厦门海关学习贯彻习近平总书记《在庆祝中国共产党成立100周年大会上的讲话》实施方案等议题。

▲19日 厦门海关全面启用第8版健康申明卡，取消快速流调环节，对有症状者开展详细流调。

▲20日 关长郑巨刚主持召开厦门海关2021年第2次关务会，审议同意废止法规处提交的关区198项制度。

缉私局开展“忠诚21—08”打击台货走私专项行动。查获案值合计16亿元。

▲21日 泉州海关缉私分局立案侦查某贸易有限公司走私普通货物案，该案案值约1亿元。

▲22日 泉州海关缉私分局立案侦查一起涉嫌走私成品油进境案，该案案值约2,900万元。

▲25日 经联合国教科文组织第44届世界遗产大会审议，“泉州：宋元中国的世界海洋商贸中心”被列入《世界遗产名录》。泉州古代市舶司作为泉州申遗的22个系列遗产地之一，是泉州作为宋元时期世界海洋商贸中心贸易制度和开放体系不可缺少的一个组织部分，该遗址是我国目前仅存的古海关遗址，设置于宋元祐二年（1087年）。

▲26日 中共厦门海关机关第八次代表大会选举产生新一届机关党委和机关纪委。党委书记、关长郑巨刚出席会议并讲话，党委委员、政治部主任张毅东主持大会各项议程，全关各基层党组织119名党代表参加会议。厦门市委组织部副部长、市直机关党工委常务副书记曾丽娟应邀参会。

▲30日 厦门海关依托自贸区海关知识产权保护展示中心的系列知识产权协同普法与执法创新工作，入围司法部全国普法办第二批普法依法治理创新案例，是该批入围案例中唯一的海关元素案例，获全国普法办推广。

厦门海关完成2021年度进口再生金属行业专项稽查行动。

8月

▲2—13日 厦门海关围绕“深入学习宣传贯彻习近平法治思想，奋力谱写海关法治建设新篇章”主题，多举措创新开展第19个海关法治宣传日系列活动。

▲3日 驻署纪检监察组组长、总署党委委员、总署党委巡视工作领导小组副组长陶治国在京出席总署党委第五巡视组巡视厦门海关党委反馈会。会前，陶组长

向郑巨刚关长传达了倪岳峰署长在听取厦门海关巡视情况汇报时的讲话精神。会上，陶组长对厦门海关巡视整改工作提出3点要求：一是统一思想认识，提高政治站位，把巡视整改作为重要政治任务抓紧抓实；二是明确整改要求，加大工作力度，确保巡视反馈意见整改到位；三是加强组织领导，落实工作责任，确保整改落实工作扎实推进。总署党委第五巡视组组长钱葵反馈了巡视情况，郑巨刚代表关党委表态发言。4日、18日，召开关党委会审议落实总署党委第五巡视组巡视反馈意见整改工作方案等议题，印发上述方案。

▲9日 关领导郑巨刚、陈宇陪同国务院联防联控机制工作组到东渡海关开展疫情防控督导检查。

▲10日 党委书记、关长郑巨刚陪同福建省委常委、厦门市委书记赵龙一行察看机场疫情防控工作情况。

▲12日 厦门海关召开巡视整改工作动员部署会，党委书记、关长郑巨刚传达学习习近平总书记关于巡视工作重要讲话精神及中央关于巡视工作的新部署新要求，并就做好关区巡视整改作动员部署。

厦门海关召开上半年关区党风廉政建设和反腐败工作例会暨警示教育会，党委书记、关长郑巨刚对关区各部门单位“一把手”和派驻纪检组长履行“两个责任”情况进行集体约谈。

厦门海关部署开展“以案为鉴，重点加强关区酒驾醉驾、黄赌毒、治安管理”等警示教育月活动。

▲12—13日 福建省省长王宁，副省长李德金、郭宁宁在厦门海关关于从印度尼西亚入境的某船舶中检出新冠病毒核酸阳性的相关报告上作出批示。

▲17日 缉私局立案侦查一起海上偷运走私香烟进境案，涉案案值2,348万元。

▲18日 厦门海关党委召开会议，审议“现场监管与外勤执法权力寻租”专项整治整改工作方案等议题。

缉私局侦办的“忠诚21—03”打击走私成品油专案大幅扩案，案值由立案初期的3,400万元扩至3.29亿元。

▲23日 厦门海关党委召开会议，审议厦门海关事业单位所属企业脱钩工作方案。

▲25日 东渡海关缉私分局侦办的厦门某公司涉嫌低报价格走私进口碳纤维纱线案扩案，该案案值从500万元扩大至1.95亿元。

▲26日 邮轮海关辖区内厦门国际邮轮中心码头1号、2号、3号泊位通过省级开放验收。

▲27日 厦门海关党委召开会议，审议贯彻落实“三重一大”决策制度实施细则、关党委巡视整改专题民主生活会相关材料等。

9月

▲1日 缉私局开展“忠诚21—08”第二轮打击伪报贸易性质走私专项行动，

5名目标对象全部到案。经深挖扩线，案值从1.8亿元扩至10亿元。

泉州海关完成总署2021年第44号公告正式实施后厦门关区首票货物的公式定价备案。该批货物为泉州某石化公司申报进口的27万吨原油。

▲3日　厦门海关党委召开专题民主生活会，上海特派办主任唐庆涛和巡视工作处负责人通过视频全程参会指导，关党委委员参加会议。

▲10日　缉私局开展打击走私冻品集中收网行动，抓获涉案嫌疑人10名，该案案值6,500万元。

▲12日　厦门海关疫情防控指挥部办公室印发试行口岸新冠肺炎疫情防控工作人员个人防护指南。

▲13日　厦门海关党委召开会议，因受本土疫情影响，决定启动单位办公和居家线上办公的“AB班”工作机制。

▲14日　厦门海关启动并完成厦门行政辖区海关单位首次全员核酸检测工作；18日，进行厦门行政辖区海关单位第2次全员核酸检测。两次核酸检测结果均为阴性。

泉州海关驻泉港办事处监管的首批6,833吨豆粕在印度港口顺利通关，此为我国首次成功向印度出口豆粕，实现开拓印度豆粕市场“零”的突破。

▲16日　海沧保税港区跨境电商公共查验中心正式投入使用。

▲24日　厦门海关召开2021年第9次形势分析及工作督查例会暨巡视整改工作推进会，听取巡察办等11个部门关于巡视整改工作推进情况汇报，研究部署下阶段工作任务。

海沧海关收取本年度厦门关区跨境电商保税备货（监管方式1210）单笔金额最大的担保，该笔银行保函金额为2,500万元。

▲28日　厦门海关党委召开会议，学习习近平总书记近期重要讲话精神，审议修订“厦门海关党委全面从严治党主体责任清单”和变更部分事业单位所属企业脱钩处置方式等议题。

10月

▲8日　截至该日，厦门关区各部门单位党委（领导班子）均已召开巡视整改和全面从严治党整改专题民主生活会。关领导通过现场或视频形式分别对部分部门单位专题督导。

▲9日　厦门海关党委召开会议，集体收看和专题学习习近平总书记在纪念辛亥革命110周年大会上的重要讲话精神。

缉私局立案侦办一起毒品走私进境案，在海沧口岸进境货柜中查获毒品可卡因61.28千克。

厦门海关“企业集团加工贸易监管模式”改革，作为自贸试验区海关监管创新举措，被总署正式下文在全国复制推广。

▲13日　厦门海关召开2021年第二轮党委巡察工作动员部署会，党委书记、

关长郑巨刚作动员部署讲话。

厦门海关调整关区部分机关部门主要职责和机构编制，共涉及法规处、卫生处、企管处、财务处、人事处和机关党委6个内设职能部门。

厦门海关“进境维修货物坏损件直通送修”“国际贸易口岸物流公共服务平台”“通关全流程状态可视化服务”3项创新成果，入选福建自贸试验区第18批创新举措，并被第三方评估机构评为“全国首创”。

石狮市人民法院依法对李某宗等人走私海马干案作出一审判决，被告人李某宗、李某亮、张某宝等人被判处有期徒刑并处罚金。

▲14—15日　厦门行政区内17个海关基层工会组织117名志愿者参加义务献血活动，共计献血32,320毫升。

▲15日　厦门海关举办2020年以后新提任处级领导干部培训班，31人参加培训。

▲21日　总署副署长邹志武在厦门海关培训中心出席加强海关统计工作专题会议。

总署副署长邹志武在厦门海关调研，充分肯定厦门关区统筹推进疫情防控和经济社会发展取得的成效。要求强化政治机关建设，发挥政治引领保障作用；各级领导干部切实履行好“一岗双责”，严守政治纪律政治规矩、严守廉政纪律；坚持系统观念，推进全业务领域一体化改革；提高通关效率、降低贸易成本，促进外贸高质量发展。

总署副署长邹志武到厦门关区美亚柏科、天马微电子等企业调研，听取对海关工作的意见建议。

总署综合业务司司长金海一行到厦门海关综合业务处调研。

总署关税征管司司长姜峰一行到厦门海关关税处调研。

▲22日　总署统计分析司司长李魁文一行到厦门海关统计分析处调研。

▲25日　企管处启动关区2021年第二轮进口再生金属专项稽查行动。

▲26日　关领导郑巨刚、张毅东出席厦门海关基层党建实训基地启用仪式，为厦门海关基层党建实训基地（总关实训点）揭牌。

厦门海关举办2021年关区党支部书记培训班，开设基层党建、廉政教育等十多门课目。至10月29日，关区211名党支部书记分两批参加了培训。

▲28日　缉私局办理的缉私部门首起一并管辖的洗钱犯罪案获判决，被告人被判处有期徒刑并处罚金。

▲29日　泉州综合保税区正式启动跨境电商（监管方式9610）零售出口业务。当天共有1,440件包裹通过“海关跨境电商出口统一版”系统完成通关作业后顺利验放出区。泉州综合保税区成为厦门关区首个试点“9610”跨境电商零售出口业务的海关特殊监管区域。

11月

▲**1日**　关长郑巨刚到泉州海关调研并督导巡视整改工作，实地察看该关驻泉港办事处报关大厅全国“青年文明号”、刘李雄专业团队工作室、封闭管理场所，听取巡视整改工作情况汇报，并提出具体要求。

▲**2日**　党委书记、关长郑巨刚主持召开2021年度隶属海关党委书记落实全面从严治党主体责任情况汇报会暨基层党建工作现场述职会。

▲**3日**　党委书记、关长郑巨刚主持召开派驻纪检组工作汇报会，逐一听取12个派驻纪检组工作汇报。

福建省团省委副书记李腾为海沧海关查验一科颁授“全国‘青年文明号’”牌匾。

▲**4日**　厦门海关举办关党委理论学习中心组（扩大）专题学习，邀请厦门市委党校副教授、法学博士谢进作习近平法治思想专题辅导。

▲**10日**　厦门海关召开“青年文明号”授牌仪式暨关区共青团工作会议，听取部分团支部工作情况汇报，研究部署青年工作。

▲**12日**　厦门海关党委召开会议，专题学习中国共产党第十九届中央委员会第六次全体会议精神。

▲**13—14日**　厦门海关公职律师代表首次获邀参加福建律师论坛，并获表彰。

▲**16日**　厦门海关调整部分事业单位内设机构和领导职数，共涉及后管中心、技术中心、海峡中心、保健中心、泉关综技中心5个事业单位。

▲**17日**　厦门海关成立权责清单编制领导小组和专项工作组，印发权责清单编制工作方案，统筹部署推动总署权责清单编制试点任务落实。

▲**18日**　厦门海关召开2021年关区第11次形势分析及工作督查例会暨关务会，学习《中共中央关于党的百年奋斗重大成就和历史经验的决议》。

厦门海关召开关务会，审议通过试行厦门海关安全生产工作规范。

▲**19日**　党委书记、关长郑巨刚陪同福建省委常委、厦门市委书记崔永辉一行调研厦门自贸片区。

▲**23日**　厦门海关党委召开会议，审议通过厦门海关贯彻落实总署“十四五”海关发展规划细化措施、试行厦门海关党委问责工作指引。

▲**24日**　缉私局2个党建品牌获评全国“海关缉私部门基层党建示范品牌”。

▲**11月**　党委书记、关长郑巨刚当选中国共产党福建省第十一次代表大会代表；党委委员、政治部主任张毅东当选中国共产党厦门市第十三次代表大会代表。

12月

▲**1日**　关领导通过视频方式参加总署党委理论学习中心组（扩大）学习暨党

的十九届六中全会精神专题宣讲会。

厦门海关20名新提任处科领导进行宪法集体宣誓，关领导郑巨刚、张毅东出席仪式。

厦门海关有关自贸试验区创新举措“减免税快速审核系统”通过总署备案。

福建省委常委、泉州市委书记王永礼到泉州石湖港保税物流中心（B型）调研，对海关主动作为支持推动保税物流中心发展予以肯定。

▲2—9日　厦门海关围绕“以习近平法治思想为指引，坚定不移走中国特色社会主义法治道路”主题，以多种形式在关区开展第4个“宪法宣传周”学习宣传活动。

▲6日　厦门海关党委召开会议，听取关区落实落细管党治党责任、提升全面从严治党治关实效工作情况以及配合总署巡视、关区巡视整改阶段性工作情况报告。

海沧海关监管海沧港综合保税区进口毛燕2.2吨，价值1,422.58万元，该批进口毛燕重量刷新全国纪录。

▲7—8日　关领导郑巨刚、张毅东赴南平建瓯市小桥镇、南雅镇乡村振兴定点帮扶村调研慰问，听取厦门海关委派的吴建隆、陈国华2名驻村第一书记工作汇报，慰问贫困户。

▲9日　总署副署长邹志武批示肯定厦门海关贸易统计数据监测研判成果。

▲17日　泉州海关缉私分局立案侦查一起涉嫌走私香烟进境案，涉案案值约2,000万元。

▲20日　自贸区和特殊区域发展处张晓晖获评厦门经济特区建设40周年“先进模范人物”。

泉州海关缉私分局立案侦办一起跨境电商走私案，该案案值约1亿元。

▲21日　总署副署长邹志武在厦门参加厦门经济特区建设40周年庆祝大会，关长郑巨刚陪同。

▲21—22日　总署副署长邹志武在泉州海关调研，肯定该关工作成效，要求持之以恒做好疫情防控工作；坚持稳中求进，强化监管优化服务，促进经济高质量发展；深入学习贯彻十九届六中全会精神，认真总结2021年工作，提前谋划2022年工作。邹志武还参观了泉州海外交通史博物馆，并到企业调研，听取对海关工作的意见建议。关领导郑巨刚、叶云陪同调研。

▲22日　关长郑巨刚到泉州海关驻晋江办事处调研，实地察看该办文化长廊，慰问现场干部职工。

▲23日　厦门海关党委召开会议，学习习近平总书记致厦门经济特区建设40周年的贺信，审议关区党史学习教育专题民主生活会工作方案等议题。

厦门海关“口岸提效降费系统提升跨境贸易便利化水平”入选厦门经济特区建设40周年40个全面深化改革优秀案例。

▲24日　党委书记、关长郑巨刚主持

召开关党委巡察工作领导小组会议，听取并审议第二轮党委巡察情况报告。

▲27 日　关长郑巨刚到漳州海关调研，与该关处科级领导干部座谈；会见漳州市市长王进足、副市长张翼腾。

▲28 日　缉私局对一货运渠道走私枪支入境团伙开展连续查缉行动，共抓获犯罪嫌疑人 4 名，查扣涉案枪支 12 支。

关党委委员在厦门海关分会场参加直属海关单位党委书记向总署党委述责述廉述党建视频会议。

▲29 日　泉州海关为 1 家石化公司办理一笔金额为 5, 263 万元的石脑油政策性退税，系泉州海关两年来办理的数额最大的政策性退税。

▲30 日　厦门海关召开 2021 年专业能力提升行动总结表彰会，泉州海关等 5 个单位获评优秀组织单位，林志建等 21 人获评“业务标兵”。

海沧海关选送的微视频作品《百年奋斗史，基石坚如磐》获评总署第 2 批“微党课视频展播”最佳组织奖。

▲31 日　厦门海关“落实习近平总书记在闽考察重要讲话精神，促进闽西老区金铜产业释放‘链’效应”“创新‘3+1’监管模式，助力地方市场采购贸易方式出口预包装食品倍速增长”入选总署“我为群众办实事”百佳项目。

厦门海关正式启用行邮税征管应用系统。

厦门海关分别被福建省住房和城乡建设厅、厦门市市政园林局授予“省级节水型单位”“市级节水型单位”称号。

附录

厦门海关统计资料

厦门海关进出口商品年度总值表

年度	人民币(亿元)			美元值(亿美元)		
	进出口	出口	进口	进出口	出口	进口
1992	226	102	124	41	19	22
1993	296	129	167	51	22	29
1994	565	268	297	66	31	35
1995	757	368	389	91	44	47
1996	840	393	447	101	47	54
1997	1, 019	559	460	123	67	56
1998	960	558	402	116	67	49
1999	788	433	355	117	66	51
2000	1, 193	701	492	144	85	59
2001	1, 313	802	511	159	97	62
2002	1, 740	1, 080	660	210	130	80
2003	2, 281	1, 424	857	275	172	103
2004	2, 993	1, 917	1, 076	362	232	130
2005	3, 504	2, 311	1, 193	425	280	145
2006	3, 910	2, 607	1, 303	488	325	163
2007	4, 353	2, 941	1, 412	568	384	184
2008	4, 659	3, 086	1, 573	662	439	223
2009	4, 185	2, 710	1, 475	613	397	216
2010	5, 774	3, 600	2, 174	851	531	320
2011	6, 702	4, 179	2, 523	1, 033	644	389
2012	7, 005	4, 263	2, 742	1, 110	675	435
2013	7, 381	4, 620	2, 761	1, 189	744	445
2014	7, 917	4, 824	3, 093	1, 289	785	504

续表

年度	人民币(亿元)			美元值(亿美元)		
	进出口	出口	进口	进出口	出口	进口
2015	7, 366	4, 891	2, 475	1, 187	788	399
2016	7, 462	5, 186	2, 276	1, 131	786	345
2017	8, 284	5, 600	2, 684	1, 222	826	396
2018	8, 997	5, 903	3, 094	1, 364	895	469
2019	9, 264	6, 235	3, 029	1, 344	904	440
2020	8, 883	6, 197	2, 686	1, 283	895	388
2021	11, 330	7, 622	3, 708	1, 754	1, 180	574

2021 年厦门海关进出口商品月度总值表

月份	进出口				出口				进口			
	人民币（亿元）	同比（%）	美元值（亿美元）	同比（%）	人民币（亿元）	同比（%）	美元值（亿美元）	同比（%）	人民币（亿元）	同比（%）	美元值（亿美元）	同比（%）
合计	11,330.1	27.5	1,753.7	36.6	7,622.1	23.0	1,179.8	31.7	3,708.0	38.0	573.9	48.0
2021 年 1 月	874.9	7.2	133.8	14.7	614.9	3.4	94.0	10.6	260.0	17.4	39.8	25.7
2021 年 2 月	699.1	73.3	107.6	84.2	482.4	144.7	74.2	159.9	216.7	5.1	33.4	11.8
2021 年 3 月	814.2	22.8	126.3	32.9	516.4	20.1	80.1	30.1	297.8	27.8	46.2	38.1
2021 年 4 月	885.6	47.9	136.4	60.1	590.5	42.6	91.0	54.4	295.1	59.8	45.4	72.8
2021 年 5 月	971.6	54.2	149.4	67.0	663.6	49.4	102.0	61.8	308.0	65.7	47.4	79.5
2021 年 6 月	978.8	24.9	152.0	37.4	652.4	20.1	101.3	32.2	326.4	35.6	50.7	49.2
2021 年 7 月	974.5	24.4	151.9	37.5	662.0	13.8	103.2	25.8	312.5	55.0	48.7	71.3
2021 年 8 月	1,015.8	21.9	157.1	32.2	686.9	13.8	106.2	23.4	328.9	43.3	50.9	55.4
2021 年 9 月	1,041.2	15.5	160.5	23.5	677.6	15.0	104.5	22.9	363.6	16.5	56.0	24.6
2021 年 10 月	987.5	26.0	152.8	32.8	631.8	8.1	97.8	14.0	355.7	78.3	55.0	87.9
2021 年 11 月	1,069.3	28.5	166.8	34.4	708.2	22.6	110.4	28.1	361.1	42.0	56.4	48.5
2021 年 12 月	1,017.6	19.1	159.1	22.6	735.3	15.3	114.9	18.8	282.3	30.0	44.2	34.0

2021年厦门海关进出口商品国别(地区)前30位总值表

进口原产国(地) 出口最终目的国(地)	进出口		出口		进口	
	人民币(亿元)	同比(%)	人民币(亿元)	同比(%)	人民币(亿元)	同比(%)
总计	11,330.1	27.5	7,622.1	23.0	3,708.0	38.0
美国	1,753.5	25.7	1,513.1	24.4	240.4	34.5
中国台湾	747.2	13.2	379.0	19.1	368.2	7.7
菲律宾	706.7	8.2	673.0	7.0	33.7	38.6
日本	627.7	21.3	381.9	7.7	245.8	51.0
沙特阿拉伯	515.2	32.8	81.6	-0.7	433.6	41.8
韩国	402.0	43.5	257.8	29.1	144.2	79.2
德国	390.0	35.4	327.4	48.8	62.6	-8.1
越南	371.9	21.4	267.4	28.9	104.5	5.8
英国	361.0	79.9	326.3	78.8	34.7	90.0
中国香港	344.0	13.8	341.1	17.1	2.9	-73.4
印度尼西亚	320.3	69.9	110.5	24.9	209.8	109.6
马来西亚	318.5	30.9	167.7	20.9	150.8	44.2
泰国	274.7	31.3	201.3	43.2	73.4	6.9
澳大利亚	273.7	12.5	160.7	7.2	113.0	21.0
荷兰	240.7	32.8	226.9	34.4	13.8	10.8
俄罗斯联邦	195.5	35.7	105.7	14.4	89.8	73.8
伊拉克	190.7	10.2	21.8	-24.6	168.9	17.2
加拿大	173.8	23.1	106.9	15.9	66.9	36.6
印度	165.1	16.6	87.0	25.8	78.1	7.9
墨西哥	154.8	39.7	137.6	37.5	17.2	59.5
阿联酋	154.1	67.3	98.3	36.5	55.8	177.7
巴西	145.3	1.0	67.6	19.9	77.7	-11.2
卡塔尔	130.6	174.6	7.2	23.1	123.4	195.9
波兰	130.3	36.4	125.3	36.0	5.0	46.6
法国	115.5	18.7	90.1	17.9	25.4	21.6
意大利	115.1	14.7	83.1	9.9	32.0	29.4
中国	114.1	16.6	—	—	114.1	16.6
西班牙	108.3	30.0	93.1	31.5	15.2	21.5
智利	102.6	25.7	73.5	44.4	29.1	-5.4
秘鲁	99.0	91.8	29.3	33.8	69.7	134.6

续表

进口原产国(地) 出口最终目的国(地)	进出口		出口		进口	
	人民币 (亿元)	同比 (%)	人民币 (亿元)	同比 (%)	人民币 (亿元)	同比 (%)
* 亚太经济合作组织	7,123.6	24.1	4,985.6	19.8	2,138.0	35.7
* 东南亚国家联盟	2,157.3	24.7	1,537.6	17.9	619.7	45.4
* 欧洲联盟	1,430.9	30.0	1,217.5	34.3	213.4	10.0

注：

1. 本表根据进出口总值排序，取前30位国别（地区），带*不参与排序。

2. 亚太经济合作组织包括：文莱、中国香港、印度尼西亚、日本、马来西亚、菲律宾、新加坡、韩国、泰国、越南、中国、中国台北、俄罗斯、智利、墨西哥、秘鲁、加拿大、美国、澳大利亚、新西兰、巴布亚新几内亚。

3. 东南亚国家联盟包括：文莱、缅甸、柬埔寨、印度尼西亚、老挝、马来西亚、菲律宾、新加坡、泰国、越南。

4. 欧洲联盟包括：比利时、丹麦、德国、法国、爱尔兰、意大利、卢森堡、荷兰、希腊、葡萄牙、西班牙、奥地利、芬兰、瑞典、塞浦路斯、匈牙利、马耳他、波兰、爱沙尼亚、拉脱维亚、立陶宛、斯洛文尼亚、捷克、斯洛伐克、保加利亚、罗马尼亚、克罗地亚27国。

2021年厦门海关进出口商品贸易方式总值表

贸易方式	进出口		出口		进口	
	人民币（亿元）	同比（%）	人民币（亿元）	同比（%）	人民币（亿元）	同比（%）
合计	11,330.1	27.5	7,622.1	23.0	3,708.0	38.0
一般贸易	7,629.3	30.7	5,021.4	25.2	2,607.9	42.8
国家间、国际组织无偿援助和赠送的物资	0.2	12.3	0.2	12.3	—	—
其他捐赠物资	0.0	-93.7	0.0	-47.2	—	-100.0
来料加工装配贸易	79.0	-11.0	32.8	1.9	46.2	-18.3
进料加工贸易	1,825.9	20.9	1,179.5	18.9	646.4	24.8
寄售、代销贸易	0.0	—	0.0	—	—	—
加工贸易进口设备	0.3	102.8	—	—	0.3	102.8
对外承包工程出口货物	1.7	-25.5	1.7	-25.5	—	—
租赁贸易	4.5	21,878.4	0.0	-47.9	4.5	204,968.4
外商投资企业作为投资进口的设备、物品	14.1	131.9	—	—	14.1	131.9
出料加工贸易	0.6	-56.0	0.3	-50.9	0.3	-60.5
保税监管场所进出境货物	477.4	9.0	311.6	9.1	165.8	8.8
海关特殊监管区域物流货物	698.7	12.5	504.0	-3.3	194.7	95.3
特殊监管区域进口设备	0.2	-19.3	—	—	0.2	-19.3
其他贸易	598.2	58.6	570.6	62.5	27.6	5.9
免税品	0.0	-93.7	—	—	0.0	-93.7

注：表中“—”代表无数据。

2021年厦门海关进出口企业性质总值表

企业性质	进出口		出口		进口	
	人民币（亿元）	同比（%）	人民币（亿元）	同比（%）	人民币（亿元）	同比（%）
合计	11, 330. 1	27. 5	7, 622. 1	23. 0	3, 708. 0	38. 0
国有企业	1, 763. 8	20. 8	766. 6	0. 6	997. 2	42. 9
中外合作企业	19. 9	37. 9	11. 6	41. 0	8. 3	33. 7
中外合资企业	1, 096. 5	21. 8	590. 2	19. 0	506. 3	25. 3
外商独资企业	2, 432. 9	14. 1	1, 603. 8	16. 9	829. 1	8. 9
集体企业	38. 7	-19. 8	21. 3	-29. 8	17. 4	-2. 8
私营企业	5, 966. 3	38. 3	4, 626. 5	31. 2	1, 339. 8	70. 1
个体工商户	0. 5	64. 3	0. 4	65. 0	0. 1	59. 6
其他	11. 5	-21. 3	1. 6	-57. 7	9. 9	-8. 7

2021年厦门海关进出口商品收发货人所在地总值表

收发货人所在地	进出口		出口		进口	
	人民币（亿元）	同比（%）	人民币（亿元）	同比（%）	人民币（亿元）	同比（%）
合计	11,330.1	27.5	7,622.1	23.0	3,708.0	38.0
北京市	751.3	57.2	151.5	10.0	599.8	76.3
天津市	13.7	-7.1	9.2	-11.3	4.5	2.6
河北省	11.2	56.7	9.5	70.1	1.7	8.8
山西省	6.5	42.8	4.7	28.4	1.8	100.6
内蒙古自治区	8.4	14.6	7.3	5.0	1.1	172.9
辽宁省	3.7	9.6	2.8	11.7	0.9	3.6
吉林省	0.9	-44.9	0.2	-28.3	0.7	-48.3
黑龙江省	2.2	1.2	1.0	-38.2	1.2	137.2
上海市	126.9	28.2	55.9	33.2	71.0	24.5
江苏省	128.0	2.3	65.8	-6.8	62.2	14.1
浙江省	173.4	33.6	122.9	31.3	50.5	39.4
安徽省	37.9	86.4	26.5	66.4	11.4	158.9
福建省	9,500.2	24.7	6,763.5	22.5	2,736.7	30.6
江西省	99.0	47.4	91.2	47.6	7.8	45.1
山东省	86.8	128.0	64.0	96.2	22.8	318.8
河南省	6.5	-2.5	5.6	25.3	0.9	-57.5
湖北省	19.0	-12.9	17.1	131.0	1.9	-86.7
湖南省	36.4	26.5	34.4	28.3	2.0	2.3
广东省	212.2	31.3	148.1	13.7	64.1	104.2
广西壮族自治区	14.3	123.1	5.8	234.8	8.5	81.8
海南省	24.3	297.1	2.3	-32.7	22.0	701.3
重庆市	17.9	249.6	8.0	145.0	9.9	435.5
四川省	21.1	56.2	9.6	132.7	11.5	22.7
贵州省	9.9	80.6	9.4	77.5	0.5	170.7
云南省	2.8	44.3	2.6	38.7	0.2	188.5
西藏自治区	0.1	7.8	—	—	0.1	7.8
陕西省	8.7	191.1	1.9	70.3	6.8	260.9
甘肃省	0.3	-63.6	0.3	-64.9	0.0	48.5

续表

收发货人所在地	进出口		出口		进口	
	人民币（亿元）	同比（%）	人民币（亿元）	同比（%）	人民币（亿元）	同比（%）
青海省	0.0	528.1	0.0	528.1	—	—
宁夏回族自治区	0.3	195.2	0.2	514.3	0.1	53.4
新疆维吾尔自治区	6.0	-12.9	0.8	224.6	5.2	-21.9

注：表中“—”代表无数据。

2021年厦门海关进出口商品关别总值表

关别	进出口		出口		进口	
	人民币（亿元）	同比（%）	人民币（亿元）	同比（%）	人民币（亿元）	同比（%）
合计	11,330.1	27.5	7,622.1	23.0	3,708.0	38.0
泉州海关	1,889.8	32.3	912.4	22.2	977.4	43.4
机场海关	875.2	20.2	485.1	19.7	390.1	20.9
邮轮海关	32.7	50.3	18.7	55.8	14.0	43.5
邮局海关	249.0	10.4	106.8	68.0	142.2	-12.2
高崎海关	0.3	353.9	0.0	-87.1	0.3	485.3
集同海关	154.1	34.9	104.0	25.1	50.1	60.9
翔安海关	314.0	105.3	106.9	36.2	207.1	178.2
东渡海关	3,158.5	16.0	2,525.1	16.9	633.4	12.3
海沧海关	3,881.1	26.0	3,132.2	24.9	748.9	31.1
漳州海关	185.9	63.5	53.1	94.6	132.8	53.8
东山海关	43.5	-0.1	41.4	1.7	2.1	-25.5
古雷海关	221.0	157.9	1.1	227.0	219.9	157.7
龙岩海关	325.0	95.4	135.3	88.4	189.7	100.8

2021年厦门海关进出口商品运输方式总值表

运输方式	进出口		出口		进口	
	人民币（亿元）	同比（%）	人民币（亿元）	同比（%）	人民币（亿元）	同比（%）
合计	11, 330. 1	27. 5	7, 622. 1	23. 0	3, 708. 0	38. 0
水路运输	9, 489. 0	27. 6	6, 668. 1	22. 4	2, 820. 9	41. 9
铁路运输	68. 1	9. 8	68. 0	10. 5	0. 1	-79. 1
公路运输	653. 5	29. 3	282. 4	20. 2	371. 1	37. 2
航空运输	1, 090. 0	25. 7	575. 2	30. 2	514. 8	21. 0
邮件运输	4. 3	-53. 1	3. 4	-57. 3	0. 9	-27. 2
旅客携带	—	-100. 0	—	—	—	-100. 0
其他运输	25. 2	360. 7	25. 1	365. 7	0. 1	25. 0

注：表中“—”代表无数据。

2021 年厦门海关进出口商品类章总值表

商品类章	进出口		出口		进口	
	人民币（亿元）	同比（%）	人民币（亿元）	同比（%）	人民币（亿元）	同比（%）
合计	11,330.1	27.5	7,622.1	23.0	3,708.0	38.0
第一类　活动物；动物产品	207.5	15.8	122.5	17.6	85.0	13.3
1 章　活动物	1.1	-15.3	0.0	—	1.1	-15.3
2 章　肉及食用杂碎	15.6	4.5	0.0	35.6	15.6	4.4
3 章　鱼、甲壳动物、软体动物及其他水生无脊椎动物	171.3	17.2	121.8	17.6	49.5	16.4
4 章　乳品；蛋品；天然蜂蜜；其他食用动物产品	19.0	15.7	0.4	34.6	18.6	15.3
5 章　其他动物产品	0.4	23.1	0.2	-13.0	0.2	78.5
第二类　植物产品	243.7	16.7	72.4	10.4	171.3	19.6
6 章　活树及其他活植物；鳞茎、根及类似品；插花及装饰用簇叶	6.6	9.0	6.5	10.9	0.1	-60.2
7 章　食用蔬菜、根及块茎	24.8	1.3	22.6	0.3	2.2	12.5
8 章　食用水果及坚果；柑橘属水果或甜瓜的果皮	28.4	-23.5	12.7	-26.1	15.7	-21.2
9 章　咖啡、茶、马黛茶及调味香料	20.9	73.0	19.3	85.1	1.6	-3.6
10 章　谷物	41.7	90.1	0.0	-98.5	41.7	92.5
11 章　制粉工业产品；麦芽；淀粉；菊粉；面筋	8.2	44.7	0.1	10.1	8.1	45.3
12 章　含油子仁及果实；杂项子仁及果实；工业用或药用植物；稻草、秸秆及饲料	101.7	9.7	1.0	-8.6	100.7	9.9
13 章　虫胶；树胶、树脂及其他植物液、汁	10.3	28.7	9.4	23.3	0.9	137.0
14 章　编结用植物材料；其他植物产品	1.1	45.6	0.8	67.2	0.3	7.2
第三类　动、植物或微生物油、脂及其分解产品；精制的食用油脂；动、植物蜡	38.8	4.7	0.5	-39.5	38.3	5.8
15 章　动、植物或微生物油、脂及其分解产品；精制的食用油脂；动、植物蜡	38.8	4.7	0.5	-39.5	38.3	5.8

续表1

商品类章	进出口		出口		进口	
	人民币（亿元）	同比（%）	人民币（亿元）	同比（%）	人民币（亿元）	同比（%）
第四类 食品；饮料、酒及醋；烟草、烟草及烟草代用品的制品；非经燃烧吸用的产品，不论是否含有尼古丁；其他供人体摄入尼古丁的含尼古丁的产品	327.5	32.3	274.5	39.5	53.0	4.2
16章 肉、鱼、甲壳动物、软体动物及其他水生无脊椎动物以及昆虫的制品	184.8	57.0	184.5	57.6	0.3	-50.2
17章 糖及糖食	22.0	24.1	10.5	44.9	11.5	9.8
18章 可可及可可制品	6.0	156.8	4.9	205.7	1.1	48.1
19章 谷物、粮食粉、淀粉或乳的制品；糕饼点心	10.6	-0.4	8.8	9.5	1.8	-31.3
20章 蔬菜、水果、坚果或植物其他部分的制品	45.7	0.6	42.2	-2.1	3.5	51.0
21章 杂项食品	16.6	21.6	12.7	38.8	3.9	-13.4
22章 饮料、酒及醋	25.7	-1.3	5.8	20.4	19.9	-6.2
23章 食品工业的残渣及废料；配制的动物饲料	9.7	14.5	3.2	-26.6	6.5	59.5
24章 烟草、烟草及烟草代用品的制品；非经燃烧吸用的产品，不论是否含有尼古丁；其他供人体摄入尼古丁的含尼古丁的产品	6.3	14.0	1.8	44.6	4.5	4.8
第五类 矿产品	1,640.0	54.4	162.7	11.6	1,477.3	61.2
25章 盐；硫磺；泥土及石料；石膏料、石灰及水泥	167.6	17.8	6.2	-0.5	161.4	18.7
26章 矿砂、矿渣及矿灰	209.3	54.7	0.6	33.6	208.7	54.7
27章 矿物燃料、矿物油及其蒸馏产品；沥青物质；矿物蜡	1,263.1	61.0	155.9	12.0	1,107.2	71.5
第六类 化学工业及其相关工业的产品	529.3	60.8	357.7	82.2	171.6	29.2
28章 无机化学品；贵金属、稀土金属、放射性元素及其同位素的有机及无机化合物	74.6	62.2	58.0	57.0	16.6	83.4
29章 有机化学品	98.0	18.2	38.5	37.0	59.5	8.6
30章 药品	163.7	250.7	163.0	253.0	0.7	36.2
31章 肥料	8.1	18.2	5.2	30.4	2.9	1.5

续表2

商品类章	进出口		出口		进口	
	人民币（亿元）	同比（%）	人民币（亿元）	同比（%）	人民币（亿元）	同比（%）
32章 鞣料浸膏及染料浸膏；鞣酸及其衍生物；染料、颜料及其他着色料；油漆及清漆；油灰及其他类似胶粘剂；墨水、油墨	10.6	35.8	3.7	77.4	6.9	20.4
33章 精油及香膏；芳香料制品及化妆盥洗品	31.3	36.8	21.2	11.8	10.1	156.9
34章 肥皂、有机表面活性剂、洗涤剂、润滑剂、人造蜡、调制蜡、光洁剂、蜡烛及类似品、塑型用膏、“牙科用蜡”及牙科用熟石膏制剂	13.2	-14.2	6.7	-34.2	6.5	24.4
35章 蛋白类物质；改性淀粉；胶；酶	13.4	9.1	2.8	-2.9	10.6	12.9
36章 炸药；烟火制品；火柴；引火合金；易燃材料制品	0.0	309.3	0.0	329.1	0.0	13.6
37章 照相及电影用品	39.8	15.7	9.4	19.9	30.4	14.5
38章 杂项化学产品	76.7	41.9	49.3	25.7	27.4	84.9
第七类 塑料及其制品；橡胶及其制品	531.6	16.3	355.8	19.7	175.8	10.1
39章 塑料及其制品	463.7	15.2	309.8	18.2	153.9	9.5
40章 橡胶及其制品	67.9	24.9	46.0	30.3	21.9	14.8
第八类 生皮、皮革、毛皮及其制品；鞍具及挽具；旅行用品、手提包及类似容器；动物肠线（蚕胶丝除外）制品	156.9	18.1	127.9	13.9	29.0	41.5
41章 生皮（毛皮除外）及皮革	37.5	41.8	9.1	39.4	28.4	42.6
42章 皮革制品；鞍具及挽具；旅行用品、手提包及类似容器；动物肠线（蚕胶丝除外）制品	118.5	12.1	118.0	12.1	0.5	0.6
43章 毛皮、人造毛皮及其制品	0.9	35.3	0.8	40.6	0.1	15.4
第九类 木及木制品；木炭；软木及软木制品；稻草、秸秆、针茅或其他编结材料制品；篮筐及柳条编结品	104.6	30.0	61.2	24.8	43.4	38.1
44章 木及木制品；木炭	102.5	29.9	59.2	24.4	43.3	38.2
45章 软木及软木制品	0.1	26.9	0.0	177.2	0.1	-6.2
46章 稻草、秸秆、针茅或其他编结材料制品；篮筐及柳条编结品	2.0	35.9	2.0	35.2	0.0	353.3

续表3

商品类章	进出口		出口		进口	
	人民币（亿元）	同比（%）	人民币（亿元）	同比（%）	人民币（亿元）	同比（%）
第十类　木浆及其他纤维状纤维素浆；回收（废碎）纸或纸板；纸、纸板及其制品	128.5	0.4	77.5	10.3	51.0	-11.7
47章　木浆及其他纤维状纤维素浆；回收（废碎）纸或纸板	28.6	-14.8	1.2	192.2	27.4	-17.3
48章　纸及纸板；纸浆、纸或纸板制品	84.5	0.7	65.0	5.2	19.5	-12.0
49章　书籍、报纸、印刷图画及其他印刷品；手稿、打字稿及设计图纸	15.5	46.5	11.4	40.2	4.1	66.9
第十一类　纺织原料及纺织制品	1,271.5	-0.8	1,241.0	-0.6	30.5	-10.5
50章　蚕丝	0.0	-14.6	0.0	-54.7	0.0	9.4
51章　羊毛、动物细毛或粗毛；马毛纱线及其机织物	0.3	-3.7	0.1	-52.6	0.2	30.3
52章　棉花	60.4	-30.1	52.6	-31.9	7.8	-14.4
53章　其他植物纺织纤维；纸纱线及其机织物	0.4	31.5	0.0	-29.3	0.4	36.0
54章　化学纤维长丝；化学纤维纺织材料制扁条及类似品	61.5	24.7	55.7	29.2	5.8	-6.2
55章　化学纤维短纤	19.0	22.7	16.3	39.8	2.7	-29.0
56章　絮胎、毡呢及无纺织物；特种纱线；线、绳、索、缆及其制品	41.6	-11.5	39.7	-10.2	1.9	-33.0
57章　地毯及纺织材料的其他铺地制品	2.5	12.2	2.4	12.5	0.1	7.1
58章　特种机织物；簇绒织物；花边；装饰毯；装饰带；刺绣品	15.8	14.6	15.4	15.0	0.4	1.0
59章　浸渍、涂布、包覆或层压的纺织物；工业用纺织制品	19.0	13.2	14.4	9.9	4.6	24.9
60章　针织物及钩编织物	92.8	20.7	90.1	21.0	2.7	11.3
61章　针织或钩编的服装及衣着附件	611.3	17.3	610.0	17.4	1.3	-7.8
62章　非针织或非钩编的服装及衣着附件	267.8	-6.9	266.2	-6.9	1.6	-8.0
63章　其他纺织制成品；成套物品；旧衣着及旧纺织品；碎织物	79.0	-52.0	78.1	-52.0	0.9	-52.8
第十二类　鞋、帽、伞、杖、鞭及其零件；已加工的羽毛及其制品；人造花；人发制品	775.8	24.3	770.2	24.4	5.6	15.8

续表4

商品类章	进出口		出口		进口	
	人民币（亿元）	同比（%）	人民币（亿元）	同比（%）	人民币（亿元）	同比（%）
64章　鞋靴、护腿和类似品及其零件	718.1	26.7	714.5	26.8	3.6	10.4
65章　帽类及其零件	9.3	15.5	7.6	14.3	1.7	21.6
66章　雨伞、阳伞、手杖、鞭子、马鞭及其零件	41.6	-7.8	41.6	-7.8	0.0	-23.7
67章　已加工羽毛、羽绒及其制品；人造花；人发制品	6.9	75.5	6.5	76.3	0.4	63.5
第十三类　石料、石膏、水泥、石棉、云母及类似材料的制品；陶瓷产品；玻璃及其制品	447.6	25.6	418.0	22.8	29.6	84.4
68章　石料、石膏、水泥、石棉、云母及类似材料的制品	191.0	9.1	184.6	8.7	6.4	21.6
69章　陶瓷产品	203.4	31.4	200.7	31.4	2.7	32.3
70章　玻璃及其制品	53.3	100.3	32.8	83.5	20.5	134.7
第十四类　天然或养殖珍珠、宝石或半宝石、贵金属、包贵金属及其制品；仿首饰；硬币	170.2	100.2	87.8	78.6	82.4	129.9
71章　天然或养殖珍珠、宝石或半宝石、贵金属、包贵金属及其制品；仿首饰；硬币	170.2	100.2	87.8	78.6	82.4	129.9
第十五类　贱金属及其制品	708.3	48.5	487.8	40.7	220.5	69.3
72章　钢铁	256.1	83.4	100.5	87.8	155.6	80.7
73章　钢铁制品	145.0	27.4	133.7	26.5	11.3	39.0
74章　铜及其制品	69.5	62.8	46.8	61.8	22.7	65.0
75章　镍及其制品	1.8	-20.8	0.7	-45.1	1.1	10.1
76章　铝及其制品	92.2	22.7	80.3	20.0	11.9	44.5
78章　铅及其制品	0.1	10.2	0.0	23.3	0.1	6.4
79章　锌及其制品	1.0	33.3	0.4	-42.4	0.6	480.7
80章　锡及其制品	0.2	-16.7	0.0	-1.8	0.2	-21.1
81章　其他贱金属、金属陶瓷及其制品	18.3	49.0	8.4	45.7	9.9	52.0
82章　贱金属工具、器具、利口器、餐匙、餐叉及其零件	38.8	28.3	36.3	29.1	2.5	18.9
83章　贱金属杂项制品	85.2	42.6	80.7	44.7	4.5	13.7

续表5

商品类章	进出口		出口		进口	
	人民币（亿元）	同比（%）	人民币（亿元）	同比（%）	人民币（亿元）	同比（%）
第十六类　机器、机械器具、电气设备及其零件；录音机及放声机、电视图像、声音的录制和重放设备及其零件、附件	2,513.9	27.4	1,666.6	25.6	847.3	31.0
84章　核反应堆、锅炉、机器、机械器具及零件	1,066.2	28.7	632.6	17.8	433.6	48.9
85章　电机、电气设备及其零件；录音机及放声机、电视图像、声音的录制和重放设备及其零件、附件	1,447.7	26.4	1,034.0	30.9	413.7	16.4
第十七类　车辆、航空器、船舶及有关运输设备	289.4	40.1	253.7	50.3	35.7	-5.6
86章　铁道及电车道机车、车辆及其零件；铁道及电车道轨道固定装置及其零件、附件；各种机械（包括电动机械）交通信号设备	48.7	395.8	48.7	396.4	0.0	-99.1
87章　车辆及其零件、附件，但铁道及电车道车辆除外	197.6	34.4	182.8	41.8	14.8	-18.5
88章　航空器、航天器及其零件	34.9	-1.6	14.6	-10.8	20.3	6.2
89章　船舶及浮动结构体	8.2	-42.5	7.6	-44.6	0.6	9.5
第十八类　光学、照相、电影、计量、检验、医疗或外科用仪器及设备、精密仪器及设备；钟表；乐器；上述物品的零件、附件	437.7	54.5	300.4	65.0	137.3	-1.5
90章　光学、照相、电影、计量、检验、医疗或外科用仪器及设备、精密仪器及设备；上述物品的零件、附件	408.8	16.9	272.5	26.5	136.3	1.4
91章　钟表及其零件	20.6	14.0	20.3	15.2	0.3	-30.7
92章　乐器及其零件、附件	8.2	23.6	7.5	23.3	0.7	27.8
第十九类　武器、弹药及其零件、附件	1.8	30.2	1.8	30.2	0.0	51.7
93章　武器、弹药及其零件、附件	1.8	30.2	1.8	30.2	0.0	51.7
第二十类　杂项制品	738.2	22.5	728.3	22.8	9.9	4.7

续表6

商品类章	进出口		出口		进口	
	人民币（亿元）	同比（%）	人民币（亿元）	同比（%）	人民币（亿元）	同比（%）
94章　家具；寝具、褥垫、弹簧床垫、软坐垫及类似的填充制品；未列名灯具及照明装置；发光标志、发光铭牌及类似品；活动房屋	366.9	23.2	359.4	23.7	7.5	4.8
95章　玩具、游戏品、运动用品及其零件、附件	283.9	28.1	282.7	28.3	1.2	-6.6
96章　杂项制品	87.4	4.8	86.2	4.7	1.2	18.6
第二十一类　艺术品、收藏品及古物	4.3	-18.6	0.8	-82.4	3.5	413.3
97章　艺术品、收藏品及古物	4.3	-18.6	0.8	-82.4	3.5	413.3
第二十二类　特殊交易品及未分类商品	62.9	93.7	52.9	145.8	10.0	-8.8
98章　特殊交易品及未分类商品	56.9	82.3	46.9	131.7	10.0	-8.8
99章　跨境电商B2B简化申报商品	6.0	370.4	6.0	370.4	0.0	—

注：表中“—”代表无数据。

厦门海关各部门单位全称与简称对照表（2021 年）

序号	部门单位名称	简称
1	办公室（党委办公室）	办公室
2	法规处	法规处
3	综合业务处	综合处
4	自贸区和特殊区域发展处	自贸处
5	关税处	关税处
6	卫生检疫处	卫生处
7	动植物检疫处	动植处
8	进出口食品安全处	食品处
9	商品检验处	商检处
10	口岸监管处	监管处
11	统计分析处	统计处
12	企业管理和稽查处	企管处
13	缉私局	缉私局
14	财务处	财务处
15	科技处	科技处
16	督察内审处	督审处
17	人事处（党委组织部）	人事处
18	教育处	教育处
19	机关党委（思想政治工作办公室、党委宣传部、党委巡察工作办公室）	机关党委
20	监察室（党委纪检组）	监察室
21	离退休干部办公室	离退办
22	泉州海关	泉州海关
23	厦门机场海关	机场海关
24	厦门邮轮港海关	邮轮海关
25	东山海关	东山海关

续表

序号	部门单位名称	简称
26	翔安海关	翔安海关
27	厦门邮局海关	邮局海关
28	高崎海关	高崎海关
29	集同海关	集同海关
30	东渡海关	东渡海关
31	海沧海关	海沧海关
32	古雷海关	古雷海关
33	漳州海关	漳州海关
34	龙岩海关	龙岩海关
35	厦门海关风险防控分局	风控分局
36	厦门海关后勤管理中心	后管中心
37	厦门海关技术中心	技术中心
38	厦门海关海峡两岸农产品技术中心	海峡中心
39	厦门国际旅行卫生保健中心（厦门海关口岸门诊部）	保健中心
40	中国质量认证中心厦门海关评审中心	评审中心
41	厦门海关培训中心	培训中心
42	中国电子口岸数据中心厦门分中心	数据分中心

缩略语

AEO：经认证的经营者（Authorized Economic Operator）的英文简称。在世界海关组织制定的《全球贸易安全与便利标准框架》中被定义为："以任何一种方式参与货物国际流通，并被海关当局认定符合世界海关组织或相应供应链安全标准的一方，包括生产商、进口商、出口商、报关行、承运商、理货人、中间商、口岸和机场、货站经营者、综合经营者、仓储业经营者和分销商。"

B2B：指互联网市场领域企业对企业之间的营销关系。它将企业内部网通过专业网站与客户紧密结合起来，通过网络的快速反应，为客户提供更好的服务，从而促进企业的业务发展。

CNAS：中国合格评定国家认可委员会（China National Accreditation Service for Conformity Assessment）的英文简称。

ERP：企业资源计划（Enterprise Resource Planning）的英文简称，是建立在信息技术基础上，以系统化的管理思想，为企业决策层及员工提供决策运行手段的管理平台。

RCEP：《区域全面经济伙伴关系协定》（Regional Comprehensive Economic Partnership）的英文简称。

SPS 协定：实施卫生与植物卫生措施协定（Agreement on the Application of Sanitary and Phytosanitary Measures）的英文简称。世界贸易组织制定的贸易协定之一，目的是保护成员方人类、动物或植物的生命或健康所必须采取的一些限制措施，但这些措施必须基于科学原理和相关国际标准，且不能在成员方之间构成任意或不合理的歧视与限制。

WCO：世界海关组织（World Customs Organization）的英文简称。

WTO：世界贸易组织（World Trade Organization）的英文简称。

汇总征税：指海关对符合条件的进出口纳税义务人在一定时期内多次进出口货物应纳税款实施汇总计征。

厦金航线、泉金航线：指往来厦门与金门、泉州与金门的海运直航航线。

洋垃圾：进口垃圾在中国也被称为洋垃圾，是指非本国产生的废弃的工业用品、日用品等，主要为进口固体废弃物，也包括进口液态废弃物。

中欧（厦门）班列：指按照固定车次、线路等条件开行，往来于中国（厦门）与欧洲及“一带一路”沿线国家（地区）的集装箱国际铁路联运班列。

“14+7+7”：指 14 天在岗集中封闭管理、7 天离岗集中封闭管理、7 天居家健康监测。

“安智贸”：指“中欧安全智能贸易航线试点计划”项目，这是由总署与欧盟委员会税务与海关同盟总司共同发起并持续推进的中国—欧盟海关最具实质性意义的重大合作项目，也是全球第一个全面实施世界海关组织《全球贸易安全与便利标准框架》的国际合作项目。

“单一窗口”：指参与国际贸易和运输的各方，通过单一的平台提交标准化的信息和单证以满足相关法律法规及管理的要求。其功能涵盖货物申报、舱单申报、运输工具申报、原产地申报、野生动植物进口证书、农药放行通知单、企业资质申请等。

“放管服”：简政放权、放管结合、优化服务的简称。“放”即简政放权，降低准入门槛。“管”即创新监管，促进公平竞争。“服”即高效服务，营造便利环境。这是党的十八大以后深化行政体制改革、推进政府职能转变的一项重大举措。

“关银一 KEY 通”：指集海关电子口岸密钥与建设银行企业网银证书于一体的“共享盾”产品。企业使用“共享盾”既可登录国际贸易“单一窗口”等渠道办理进出口通关相关业务，也可以在建行网上银行等渠道办理相关金融业务。

“海关检疫 E 码通”：厦门海关于 2020 年 4 月 13 日开发上线“海关检疫 E 码通”，依托旅客健康申报时生成的二维码，实现扫描一体机放行、采样标签绑定、密切接触者自动判定等多重人性化功能设计。

“两步申报”：指企业无须一次性提交全部申报信息及单证，第一步凭提单概要申报即可提货，第二步在规定时间内完成完整申报。

“两段准入”：指将进口货物准予提离口岸监管作业场所视为口岸放行，以口岸放行为界，根据“是否允许货物入境”和“是否允许货物进入国内市场销售或使用”，分段实施“准许入境”“合格入市”监管。

“两优一先”：指党建工作表彰先进时，“优秀共产党员”“优秀党务工作者”和“先进基层党组织”三者合在一起的简称。

“六稳”：指稳就业、稳金融、稳外贸、稳外资、稳投资、稳预期，涵盖我国经济生活的主要方面。2019 年 9 月 4 日，国务院总理李克强主持召开国务院常务会议，部署精准施策加大力度做好“六稳”工作。

“六保”：指保居民就业、保基本民生、保市场主体、保粮食能源安全、保产业链供应链稳定、保基层运转。2020 年 4 月 17 日，中共中央政治局会议强调统筹推进疫情防控和经济社会发展，在疫情防控常态化前提下，做好“保”这六方面的工作。

“三查三排一转运”：“三查”即查验健康申报、开展体温筛查、实施医学巡查；“三排”即流行病学排查、医学排查、实验室检测排查；“一转运”即海关关员对“三排”当中判定的确诊病例、疑似病例、有症状人员、密切接触者四类人员一律按照有关规定落实转运、隔离、留观等防控措施。

“三重一大”：指重大事项决策、重要干部任免、重大项目投资决策，大额资金使用。

“三智”：智慧海关、智能边境、智享联通的简称。

“四个最严”：指对食品安全实施的监管措施，即“最严谨的标准、最严格的监管、最严厉的处罚、最严肃的问责”，以确保广大人民群众“舌尖上的安全”。

“四强”支部：指党支部建设要体现出支部班子强、政治功能强、党员队伍强、发挥作用强。

“四自一简”：指企业可自主备案、合理自定核销周期、自主核报、自主补缴税款，海关简化业务核准手续。

“提前申报”：指在进出口货物的品名、规格、数量等已确定无误的情况下，经海关批准的企业可以在进口货物启运后、抵港前或出口货物运入海关监管场所前 3 日内，提前向海关办理报关手续，并按照海关的要求交验有关随附单证、进出口货物批准文件及其他需提供的证明文件。

“五个坚持”：2014 年 5 月 8 日，习近平总书记在考察中央办公厅工作时提出“坚持绝对忠诚的政治品格、坚持高度自觉的大局意识、坚持极端负责的工作作风、坚持无怨无悔的奉献精神、坚持廉洁自律的道德操守”的“五个坚持”要求。“五个坚持”是党办干部的行为准则，对加强各级党办机关作风建设具有重要的指导意义。

“五关”建设：指总署党委提出的海关工作五个方面的要求，即政治建关、改革强关、依法把关、科技兴关、从严治关。

“一案双查”：外查走私案件与内查违纪违法问题同步进行。

“一带一路”：“丝绸之路经济带”和“21 世纪海上丝绸之路”的简称。2013 年

9 月和 10 月，习近平主席分别提出建设“丝绸之路经济带”和“21 世纪海上丝绸之路”的合作倡议。“一带一路”旨在借用古代丝绸之路的历史符号，高举和平发展的旗帜，积极发展与沿线国家的经济合作伙伴关系，共同打造政治互信、经济融合、文化包容的利益共同体、命运共同体和责任共同体。

索引

说 明

1. 本索引中文条目名称按汉语拼音顺序排列，同音字按笔画数多少排列。首字为阿拉伯数字或英文字母的条目名称，排列在本索引之首。

2. 索引名称后的阿拉伯数字表示内容所在的页码，拉丁字母 a、b 分别表示左、右栏。

3. 本年鉴的特载、专记、荣誉榜、大事记、附录均未作索引。

AEO 认证 105a
RCEP 政策措施试点 70a
RCEP 政策研究宣传准备工作 77b

A

安全生产 153a 166b 180b
安全生产隐患排查整改 198b
安全生产专项整治三年行动 98a

B

帮扶厦门燕窝产业发展 88a
保税物流中心（B 型）监管 136b
保税物流中心转型指导 154a
报关单申报项目调整 101a
报关单证档案管理 101b
濒危动植物及其制品、野生动物及其产品走私查处 73b
病媒生物检出 81a

C

查获出口侵权卫生用品系列案 175a
查缉走私 137b 154b 168b
场所场地监管 97a
承接同益码头业务 147a
出口防疫医疗物资检验监管 92b
出口食品化妆品风险管理 89a
出口食品生产企业境外注册 105a
出入境检验监管 179b
出入境检疫监管 184b
创设“骐骥工作室”和“一线工作站” 185b
促进外贸稳增长 167b

D

打击跨境电商进口走私 158b
打私效能提升 1742b
大嶝对台小额商品交易市场管理升级 155a
大数据应用 74b
代管事业单位跨越发展 190a
党建工作 134a 141a 145b 148b 151b 156b 160b 166a 169b 173b 178b 184a 187b 203b
党史学习教育 41a 193b 196b 200b
党委派驻监督 50a
党委巡察监督 47b
档案管理及开发利用 117a
地方疫情防控支援 204b
电子口岸专网分节点运行维护和网络安全保障 208a
动植物检疫 83b 135a 188b
动植物检疫鉴定 197b
动植物疫情防控 179a
督查督办 115b

督察监督　124b
督促进出口食品安全各方责任进一步落实　89a
队伍管理　138b
队伍管理与文化建设　172a
对标国际政策研究　70a
对台贸易监管　97a
“多病同防”　80b

F

防护督导常态化　144b
防疫物资保障　122a
非法进口固体废物风险防控　73a
“非贸业务一体化监管平台”投入使用　74a
非涉税走私查缉　107b
“非执法领域管理联动平台”优化升级　111b
风险布控　72b
扶持空港免税店复工　142b
扶持特色农产品出口　185a
服务地方经济发展　172a　175b
服务农林渔特色产业发展　181b
服务特色农产品出口　150a
服务外贸发展　147b
服务中菲（律宾）“两国双园”项目　150b

G

改革试点经验在关区复制推广　69a
概况　41a　46a　49a　52a　55a　59a　63a　68a　72a　76a　79a　83a　87a　91a　95a　100a　103a　107a　110a　115a　120a　123a　127a　133a　140a　145a　148a　151a　156a　160a　165a　169a　173a　178a　183a　187a　193a　196a　200a　203a　206a
干部监督　53a
干部录用及选拔任用　52a
干部培养锻炼　52b
高崎片区海关单位后勤保障　204b
工资管理　53a
公职律师管理　60b
供厦食品标准体系建设　89b
关税队伍素质能力提升　78b
关税技术支持　77a
关衔授予与调整　53b
国际到达第二通道启用　144a
国家税收优惠政策落地落实　76a
“国门利剑2021”行动　158a　163b　185b
“国门绿盾2021”行动　158a
国门生物安全保障　152b
国企改革　204a

H

海关后续管理风险防控　74b
海关检疫监管业务实训点建立　186b
“海关检疫E码通”功能优化　111a
海关立法　59b
“海关内部控制与监督子系统”应用　125b
海关特殊监管区域高水平开放高质量发展　69b
海关统计专项调查　100a
海关学会工作　118b
夯实党建工作基础　42b
核查工作　154b
核查业务改革　104a
后勤服务　194a
会议培训及疗养服务保障　205a

J

机构及职能配置优化　52a
机构人员调整与岗位聘用　202a
机关财务管理　121b

机要保密 117a
缉私国际执法合作 108b
缉私执法规范化建设 109a
稽查发展与改革 168a
稽查业务改革 104a
稽核查后续监管 104a
集成电路保税检测 70b
集中封闭管理二级专班管理 204a
技术规范标准制定 65b
技术性贸易措施应对 65b
寄递渠道监管 157b
加工贸易保税监管 162a
加工贸易内销便利化水平进一步提升 70b
加贸保税监管 153a
监测预警分析研究 102a
监管工作用犬管理 98b
监管新模式创新 186a
监管装备管理 98b
监控指挥体系建设 99a
检验检疫 171a
检疫便利化措施 84b
检疫处理资质管理 85b
检疫规范化管理 85b
检疫审批便利化措施 82b
建议提案办理与信访工作 117b
奖励 53b
教学资源建设 56a
教育培训研究 56b
接受巡视巡察审计监督 193b
金门供水监管 137a
“进出口双信息放行应用系统”优化升级 207a
进出口危化品检验监管 92a
进出口信息发布与服务 101b
进口冷链食品疫情防控 87b
进口食品“国门守护”行动 88b
禁止进境废物鉴定 197b
禁止洋垃圾入境 64a 91a

K

开拓服务发展空间 205b
开拓检测市场业务 198b
考核机制建设 52b
科技创新 111a
科技助力抗疫 144a
科研成果 198a 201b
空港航空器监管 142a
空港进出境检验检疫 141b
空港口岸卫生监督 141b
空港口岸营商环境优化 143b
口岸安全风险联合防控机制 75a
口岸安全生产管理 146b
口岸公共卫生核心能力建设 81b
口岸货物监管 96a
口岸监管 171a 174b
口岸监管进一步加强 150a
口岸监管涉恐查缉 98a
口岸开放与发展 67a
口岸卫生监督 81a
口岸新冠肺炎疫情防控 79b
口岸疫情防控 146a
口岸营商环境持续优化 63a
跨境电商监管 96b
快件邮件监管 96b 136a

L

离退休干部服务保障 128b
离退休干部信息化建设 129a
离退休干部正能量活动 128a
离退休干部政治建设 127b
廉政教育及内务规范等工作 44a
廉政警示教育 51b

“两步申报”改革　64b
“两段准入”信息化监管　64b
落实党建主体责任　42b
落实减免税优惠政策　162a

N

内部风险防控　170b
内部新冠肺炎疫情防控　80b
内控机制建设　125a　201b
内控评估　75a
培树先进典型　43a
培训疗养机构改革　203b

P

配合总署党委巡视及推进巡视反馈问题整改“见底清零”　46a
“平安建设”综合治理　109a
普法工作　61b

Q

企业管理和稽查　137b
企业核查　163a
“企业集团加工贸易监管模式”创新　69a
企业监督管理　195a
企业信用管理　163a
企业信用管理及业务改革　105b
企业资质管理　162b
企业资质管理及业务改革　104b
区外加工贸易业务　70b
泉州市舶司遗址申遗成功　139a
群团工作　44b

S

涉案财物管理　121a
涉税走私查缉　107a
深化改革服务发展　159a
深化国际贸易“单一窗口”标准版应用　207b
审计监督　123b
审计整改　124a
生物安全监测　84b
实验室检测　201b
实验室建设　138a
实验室能力建设　110b　199a
食品安全监管　135a
食品安全监控　152b
食品安全两部规章宣传贯彻　88a
食品安全社会共治　89b
食品安全专业能力提升　89b
市场采购贸易方式出口预包装食品试点　88a
市场采购贸易监管　97b
市场采购试点监管　135b
事业单位财务管理　121b
事业单位岗位设置管理　53a
数据分中心对外服务网站下线　207b
数据监测与统计监督　101a
数据质量控制　100b
水产业发展帮扶工作　149b
水生动物智能物流监管　142a
税费财务管理　120a
税收征管　134a
税收征管质量提升　76b
税政调研　77b

T

台湾水果入境检验检疫　146b
通关纳税便利措施持续优化　77a
通关运行管理　65a
推动古雷口岸公共卫生核心能力建设　179b
推动“关银一 KEY 通”项目落地　207a
推动加工贸易发展　180a
推动五通客运码头三期核心能力建设　147a

推行商品检验便利化措施　93b

W

外来入侵物种防控　84a
“外贸转内贸”业务办理　154b
外事及港澳台事务管理　118b
完善进出口商品质量安全风险预警和快速反应监管体系　92b
网购保税业务发展　71a
网络安全和数据安全保障　112a
网络通信畅通保障　112b
危化品监管　189a
危化品监管与安全生产　135b
维护国门安全行动　142b
维护国门生物安全　166b
卫生检疫　134b
卫生检疫专题宣传　81b
文物及出口违禁品走私查处　73b

X

厦金客轮“外贸转内贸”推进　147b
厦门关区电子口岸用户服务　208a
厦门海关获评“2021—2023 年全国公共机构水效领跑者”称号　122a
厦门海关 2021 年工作会议及全面从严治党工作会议　115a
厦门海关疫情防控专项应用开发上线　111b
“厦门海关政治保卫成果展厅”改造升级　43b
厦门机场海关机关党委被中共中央授予“全国先进基层党组织”荣誉称号　43a
厦门口岸首家码头生产作业数据联网接入　207b
“现场监管与外勤执法权力寻租”专项整治　50a
宪法宣传　62a
消费品等重点敏感商品检验监管　93b
新冠肺炎疫情防控　149a　152a　157a　161b　166a　170a　174a　179a　184a　197a　201a
新闻宣传　116b
新一代通关管理系统 3.0 版切换　65a
信息编发与报送　116b
信息情报收集利用　72a
行李物品监管　96b
行业性伪瞒报情事查处　72b
行政复议　59b
行政应诉　60a
巡察反馈及巡察“回头看”　48a
巡察制度和干部队伍建设　48a
巡视整改监督　50a

Y

压缩通关时间　63b　137a　175b
业务风险防范　71b
业务改革评估　65a
业务统计指标调整　100b
业务统计质量管控　101a
业务现场分拣线网络接入模式逐步统一　207b
疫情防控监督　49a　125a
疫情防控人力资源调配和健康管理　53b
应急值守　116a
优化口岸营商环境　175a
优化营商环境　149b　154a　167a　181a　185a
邮递渠道“清邮”行动　157b
预决算管理　120b
预算绩效管理　120b
运输工具监管　95b

Z

在途监管平台上线运行　142b
张晓晖获“厦门经济特区建设 40 周年先进模范人物”荣誉　68b
“掌上单一窗口”手机 App 推广应用　207a

“证照分离”改革　60b
政策研究　116a
政务服务事项管理　61a
政务公开　117b
政务运行提质增效　177a
政治监督　49a
政治能力培训　55b
支持古雷口岸扩大开放　179b
支持跨境电商发展　143a
支持跨境电商综合试验区建设　189b
支持林浆纸一体化项目　182a
支持平行进口汽车业务发展　94a
支持特色农产品出口　85a
支持厦门燕窝产业发展　176b
支持漳州核电项目建设　150b
知识产权海关保护　66a
“执法办案动态监控应用”二期部署上线　112a
执法保障能力建设　197a
执法规范化管理　103b
执法规范化建设　60a
执法评估　125b
执纪问责　51a
智慧动植检建设　86a
智慧缉私及刑事科学技术　108a
智能审图　162b
智能审图建设　159b
智能审图应用　98b
中欧班列监管　97b
中欧（厦门）班列监管　176a
种牛及水生动物种苗入境检疫　85a
重点进出口商品检验监管　93a
属地查检　106b
属地纳税人管理　78a
属地纳税人管理优化　161b
助力海沧港综合保税区通过验收　176a
助力航空维修产业复苏　143a
助力龙岩革命老区高质量发展　189a
助力石化产业加速发展　181a
专题评估　126a
专项督察　124b
专项教育整顿　44a
专项审计“百日自查”　124a
专业技术评定与职称评审　53a
专业能力提升行动　55a
自由贸易试验区监管制度创新　68b
综合保税区监管　136b
综合培训　55b
走私关联犯罪查缉　108a

“中国海关史料丛书” 编委会